Moi, Christiane F., 13 ans, droguée, prostituée…

Moi, Christiane F., 13 ans, droguée, prostituée...

TÉMOIGNAGES RECUEILLIS
PAR KAI HERMANN
ET HORST RIECK
PRÉFACE
DE HORST-EBERHARD RICHTER

ÉDITIONS FRANCE LOISIRS

Titre original : CHRISTIANE F.
WIR KINDEP VOM BAHNHOF ZOO
Traduit de l'allemand par Léa Marcou

Édition France Loisirs,
avec l'autorisation des Éditions Mercure de France

Éditions France Loisirs,
123, boulevard de Grenelle, Paris
www.franceloisirs.com

ISBN : 2-7441-5012-6

Préface

Ce livre nous parle d'une détresse que notre société refoule de sa conscience. Et il me paraît plus important, par ce qu'il en révèle, qu'une masse d'analyses sociologiques ou de travaux d'experts. Ce document unique fera enfin comprendre à un large public — du moins nous l'espérons — que la toxicomanie juvénile, de même que l'alcoolisme juvénile aujourd'hui en constante progression et l'attirance des jeunes pour les sectes, ne sont pas des importations mais des phénomènes engendrés par notre société même. C'est dans nos familles, nos écoles, les discothèques — tout un chacun peut y avoir accès — que naît ce fléau encore généralement considéré comme une maladie exotique. Et le document que la jeune Christiane nous présente (avec l'aide de Kai Hermann et Horst Rieck) nous apprend encore autre chose : le chemin qui mène à la drogue n'est pas pavé des bizarreries d'une catégorie particulière d'enfants et d'adolescents fondamentalement marginaux, mais de tout un ensemble de problèmes étroitement imbriqués : conditions de logement inhumaines, impossibilité de s'épanouir dans le jeu, crises dans le couple parental, sentiment général d'aliénation et d'isolement au sein de la famille comme à l'école, etc. Après avoir refermé ce livre, plus d'un lecteur se demandera, et à juste titre, qui est le plus « humain », de la malheureuse Christiane, droguée et délinquante, ou des membres de son entourage représentant la société dite « normale » — les « gens convenables ».

Depuis que le soulèvement des jeunes contre l'autorité a amorcé son déclin, la plupart d'entre nous se bercent de l'illusion que tout est rentré dans l'ordre. Qu'à l'exception des terroristes et de leurs émules, la jeunesse d'aujourd'hui vit une intégration sociale sans conflits. Cette idée est le fruit d'un travail obstiné de refoulement. Comme les années soixante-dix ont vu s'éteindre la contestation activiste et ses pénibles provocations quasi quotidiennes, on a tendance à minimiser, voire à négliger — parce qu'elles sont moins bruyantes, moins spectaculaires — les nouvelles formes de refus. Or ce sont celles d'une importante fraction de la jeune génération.

Heureux de voir cesser le conflit permanent dans les familles, les écoles, les universités, et les rues débarrassées des perpétuelles manifestations, nous préférons ne pas nous rendre compte que, sous la façade de l'adaptation, des symptômes inquiétants se font jour chez un nombre croissant de jeunes : une étrange apathie, une tendance au repli sur soi-même. La grande masse des adultes, des gens bien insérés dans la société, a adopté une attitude résignée, essentiellement défensive : « Allez-y pour vos "contre-cultures", vos modes de vie excentriques, pourvu que vous ne per-

turbiez pas notre petit monde. Vous finirez bien par comprendre que, pour survivre dans notre société hyperorganisée et impitoyable, on est bien forcé de rentrer dans le rang !» L'indifférence, les manifestations de rejet de tant d'enfants et d'adolescents, nous les traduisons par «fichez-nous la paix», «laissez-nous entre nous». Seulement, cette interprétation n'est qu'une projection du désir des adultes, un aveuglement volontaire. En réalité, Christiane et des centaines de milliers d'autres enfants et adolescents ne se sont détournés de notre monde que par déception, parce que les adultes n'ont pas su leur donner l'image d'une communauté humaine où ils auraient leur place, à laquelle ils aimeraient s'intégrer et où ils trouveraient compréhension, sécurité et chaleur. Christiane, comme tous ses amis des bandes de drogués et de prostitués, a des parents qui eux-mêmes connaissent de graves difficultés, et ont inconsciemment reporté sur leurs enfants leur désespoir, leur solitude — physique et morale —, leur amertume et leur ressentiment.

Souvent, ce sont précisément des enfants comme Christiane, particulièrement sensibles, tout à la fois vulnérables et pleins de dignité, qui, tirant les conséquences de l'échec de la génération parentale, se réfugient dans la marginalisation pour échapper aux contraintes de l'adaptation, de la «normalité», pour se protéger de la dépersonnalisation où vivent leurs parents. Il est triste de voir ces petits êtres fragiles se constituer en bandes pour essayer de se fabriquer, clandestinement, un monde irréel mais répondant à leurs besoins profonds. Et ces tentatives irrémédiable-

ment vouées à l'échec. Que cherche Christiane, inlassablement, au sein de la bande ? Un peu de vraie solidarité, de paix loin de l'agitation ambiante. Elle cherche à être acceptée, à l'abri des oppressions en tout genre. « Je ne suis pas sûre qu'il existe encore une amitié comme celle qui nous lie, nous autres de la bande, chez les jeunes qui ne se droguent pas. » La bande est pour elle un refuge contre ces institutions mêmes qui, théoriquement, devraient répondre à ses aspirations — elle l'exprime, avec des accents désespérés, dans sa diatribe contre l'école : « Qu'est-ce que ça veut dire, la "protection de l'environnement" ? C'est d'abord apprendre aux gens à vivre avec les autres. Voilà ce qu'on devrait nous apprendre dans cette foutue école. A s'intéresser les uns aux autres. Au lieu que chacun essaie d'avoir la plus grande gueule, d'être plus fort que le voisin, et qu'on passe son temps à se faire des crasses pour avoir une meilleure note. »

Et si, désireux de se rassurer, le lecteur cherchait à se convaincre que les révélations contenues dans ce livre ne concernent que quelques grandes villes, qu'il s'agit après tout d'un phénomène marginal, nous lui disons : l'héroïnomanie précoce, l'alcoolisme juvénile, et leurs effets secondaires — prostitution enfantine, délinquance liée à la drogue — sont des maux largement répandus. Mais pourquoi sont-ils mal connus ? La confession de Christiane nous fournit quelques explications :

Rares, parmi ceux qui savent — et il s'agit pour partie d'institutions officielles (police, écoles, instances sanitaires et sociales, cliniques) —, sont ceux qui vont au fond du problème ou qui sonnent l'alarme. Tout se passe comme s'il existait une conspiration du silence, comme si l'on avait décidé de ne régler la question que par des mesures de routine. On se contente d'observer, d'enregistrer, éventuellement d'enfermer. Rien ne transpire à l'extérieur des souffrances et du désespoir de ces enfants en détresse et de leur monde. On s'efforce plutôt de présenter le problème de la drogue uniquement comme la conséquence de l'activité criminelle des trafiquants et des revendeurs, la lutte étant en quelque sorte une question de désinfection. Les institutions concernées feraient certainement plus de thérapie et de prévention si elles y étaient encouragées par davantage de soutien politique. Mais celui-ci continue à faire défaut. Et l'action politique, à son tour, subit la pression d'une opinion publique caractérisée par une tendance généralisée au refoulement. Une tendance soigneusement entretenue par certaines forces politiques qui, soucieuses de ne laisser aucune ombre, si légère soit-elle, peser sur l'ordre établi, imputent systématiquement l'échec ou l'inadaptation soit à l'inadapté lui-même soit à des corrupteurs étrangers.

Il ne s'agit pas seulement d'améliorer l'information sur le problème de la drogue, mais encore d'un changement d'attitude de la grande masse des adultes : nous devons avoir le courage de prendre conscience d'un état de choses déplorable, et du fait que nous en sommes largement responsables. Car dans un certain sens le problème de la drogue n'est qu'un symptôme, particulièrement frappant, de notre incapacité, à nous les adultes — je parle en général —, à convaincre la jeune génération qu'elle a des chances de trouver, dans la société dont nous lui présentons l'image, un véritable épanouissement humain. En réalité, si les enfants se jettent dans la drogue ou dans les bras de sectes douteuses, ce n'est pas pure lubie surgie du néant. C'est que la génération des parents leur a — involontairement et inconsciemment, bien sûr — refusé l'aide, les possibilités d'épanouissement dans les relations avec autrui, qu'ils vont finalement chercher dans ces subcultures. Écouter les enfants, prendre conscience de leurs problèmes, voilà qui ne se fait plus guère. Ce sont souvent les parents, au contraire, qui font porter aux enfants le fardeau de leurs propres conflits, soit en les y impliquant, soit même — le cas est fréquent — en les chargeant de les résoudre à leur place. L'exemple de Christiane illustre parfaitement ce mécanisme psychologique : on pourrait analyser très précisément la manière dont cette enfant assume, inconsciemment, les ressentiments et les aspirations inassouvies de son père et de sa mère, et dont elle échoue, inévitablement, dans cette tâche trop lourde Un échec qui aura d'autres formes que celui de ses parents.

En tout état de cause, c'est une erreur fondamentale de croire que la plongée des enfants dans la marginalité marque le point de départ de leur irrémédiable isolement. Cet isolement était préexistant. On ne peut donc pas l'imputer à quelque mauvaise volonté, à un refus de communication de la part des enfants. Mais, au contraire, à la douloureuse privation d'une relation confiante et solide avec ceux qui ont pour mission de leur apporter amour et soutien.

Ce serait une fois encore se faciliter la tâche que de se contenter d'accuser personnellement ce père et cette mère. Beaucoup d'autres facteurs, intriqués, exercent une influence nocive à travers les parents. Christiane décrit, avec une rare acuité, les méfaits d'un urbanisme qui programme quasiment la désagrégation de la communication entre les hommes. Les déserts de béton de beaucoup de nos « zones d'assainissement » modernes enferment les gens dans un environnement totalement artificiel, froid, mécanique, qui aggrave dans des proportions catastrophiques tous les conflits — et la plupart des familles en ont dans leurs bagages quand elles s'installent ici. La « cité Gropius[1] *» n'est qu'un exemple : ils sont nombreux, ces grands ensembles construits uniquement dans une perspective fonctionnelle, technique, en oubliant les besoins affectifs des êtres humains, et devenus un bouillon de culture pour les troubles psychiques ainsi que — ce n'est pas un hasard — des « points chauds » de l'alcoolisme et de la toxicomanie juvéniles. En outre, les écoles sont pareilles à de grandes usines où règnent l'anonymat, la solitude morale, et une concurrence acharnée et brutale. Dans ces conditions, lorsque des enfants pleins de vie, incapables de se résigner et de se plier au nivellement de rigueur, se réfugient secrètement dans un monde parallèle embelli par leurs rêves, et ne participent plus qu'extérieurement aux rituels*

1. Le grand ensemble où Christiane habitait.

familiaux et scolaires, c'est à peine, souvent, si l'on s'en aperçoit. La manière dont Christiane a pu mener pendant si longtemps une double vie, à l'insu de son entourage, et tromper par une apparence d'adaptation ceux-là mêmes qui auraient encore pu, en lui donnant un énergique coup de main, empêcher la chute et la déchéance totale, est sur ce point tout à fait caractéristique.

C'est là la première *leçon que nous donne ce document poignant : la glissade est presque toujours longue et lente. Et elle pourrait se reconnaître à un certain nombre d'indices permettant aux parents et aux enseignants d'intervenir et de porter assistance au jeune en péril. Il faudrait en tout cas, si un enfant ne paraît plus tout à fait « présent », semble ne plus participer à la vie familiale que de manière superficielle et automatique, s'en rendre compte et ouvrir l'œil. Il faudrait essayer de comprendre ce qui se passe en lui lorsque, peu à peu, il devient un étranger aux yeux de ceux-là mêmes en qui il mettait jadis sa confiance. Ensuite ? Tout dépend bien sûr de ce que souhaitent parents, enseignants, éducateurs : reconnaître en ce repli de l'enfant sur lui-même un signal de danger, ou y voir surtout l'avantage d'être débarrassé de ses importunes exigences.*

Deuxième *leçon : il faudrait pouvoir disposer de possibilités d'interventions thérapeutiques précoces — aussi précoces que possible —, rapides et approfondies. Lorsqu'on peut obtenir un travail en équipe, une bonne coopération des parents — si possible aussi des enseignants — avec le conseiller ou le thérapeute, un traitement du type « thérapie familiale » peut avoir de bonnes chances de succès s'il est entrepris assez tôt, avant que ne s'installe la dépendance physique. Naturellement, la thérapie est encore plus nécessaire lorsque le jeune en est déjà aux drogues dures, mais elle est beaucoup plus difficile. Et il est vraiment irresponsable de négliger comme on le fait le soutien aux moyens thérapeutiques éprouvés et à la création de nouveaux centres. Se contenter d'incarcérer les drogués — méthode préconisée par certaines tendances politiques et actuellement largement employée — c'est tout simplement abandonner définitivement, et avec cynisme, ces jeunes êtres à leur sort. En dépit de toutes les difficultés que rencontre la thérapeutique, une société qui se veut humaine n'a d'autre choix que la mobilisation de toutes les aides possibles — pour peu qu'elles soient efficaces — dans le* traitement *de la maladie toxicomaniaque. Nous ne manquons pas de connaissances sur la manière de renforcer la motivation des intéressés et, une fois qu'ils sont motivés, de les aider à remonter du fond de l'abîme grâce à ces thérapies de longue durée, pratiquées dans certains centres ou des communautés thérapeutiques. Certes, il ne s'agit souvent de rien moins que de soutenir et d'accompagner un jeune sur la longue route menant d'une désagrégation intérieure quasi totale à une véritable reconstruction de son être. Une entreprise extraordinairement coûteuse, et une tâche difficile à réaliser dans un monde où règnent l'égoïsme et l'indifférence. Un monde qui, par exemple, cherche et exploite de très jeunes victimes pour les mettre sur le marché institutionnalisé de la prostitution enfantine.*

*Il va de soi que la solution du problème ne passe pas uniquement par la multiplication du nombre des thérapeutes et des subventions aux centres de traitement. Aussi longtemps que — force de l'habitude — des choses comme le « Baby-tapin » bénéficieront, comme Christiane le montre clairement, de la tolérance générale, la thérapie ne pourra que se trouver en opposition avec les intérêts, ouvertement ou secrètement reconnus, de ceux qui réclament, au nom de leurs libertés, le droit de « consommer sexuellement » des jeunes drogués. Pour des enfants comme Christiane ce sont les mêmes citoyens, ceux de l'autre côté, celui des « bien-adaptés » à la société, qui tantôt veulent les soigner en qualité d'*êtres humains, *tantôt les utiliser et les rabaisser au rang de* marchandise. *Mais cette contradiction même est une caractéristique générale de notre situation socio-culturelle. La jeune Christiane nous en renvoie l'image du fond de sa détresse. Elle nous permet de mesurer, bien mieux que dans la quiétude des séminaires des instituts de recherche réputés, le délabrement de cette société dont on nous vante quotidiennement la bonne santé. C'est la raison profonde pour laquelle ce livre extraordinaire est — et devrait être — presque insoutenable.*

HORST-EBERHARD RICHTER

L'ACCUSATION

Extrait de l'acte d'accusation du procureur devant le tribunal de grande instance de Berlin, le 27 juillet 1977.

Christiane Vera F., collégienne, mineure non irresponsable, est accusée d'avoir fait l'acquisition à Berlin, à partir du 20 mai 1976 et de façon continue, de substances et préparations relevant des dispositions de la loi sur les stupéfiants, sans l'autorisation du ministère de la Santé.

L'accusée est consommatrice d'héroïne depuis le mois de février 1976. Elle s'en est injecté — au début par intermittence, par la suite quotidiennement — environ un quart de gramme par jour. Elle est pénalement responsable depuis le 20 mai 1976. L'accusée a été interpellée et a fait l'objet d'une vérification d'identité à l'occasion de deux contrôles, en date des 1er et 13 mars 1977, respectivement dans le hall de la gare du Zoo et à la station de métro Kurfürstendamm. Elle avait en sa possession la première fois 18 mg, la seconde fois 140,7 mg d'une substance contenant de l'héroïne.

En outre, le 12 mai 1977, il a été trouvé, dans les biens personnels de l'accusée, un sachet de papier d'étain contenant 62,4 mg d'une substance contenant de l'héroïne. On a également trouvé chez elle des ustensiles servant à l'injection de la drogue. L'examen de laboratoire a montré que ces ustensiles présentaient des traces d'héroïne. L'analyse d'urine a également révélé la présence de morphine. Le 12 mai 1977, la mère de l'accusée, Mme F., a trouvé dans les affaires personnelles de sa fille 62,4 mg d'une substance contenant de l'héroïne. Elle l'a fait parvenir à la police judiciaire. Au cours de son audition, l'accusée a déclaré consommer de l'héroïne depuis le mois de février 1976. En outre, elle s'est livrée durant l'hiver 1976 à la prostitution, afin de se procurer les sommes nécessaires à l'achat d'héroïne.

Il faut en conclure que l'accusée n'a pas cessé de consommer de la drogue.

LE JUGEMENT

Extrait du jugement rendu par le tribunal d'instance de Neumünster le 14 juin 1978, au nom du peuple

Dans l'affaire Christiane F., collégienne, inculpée pour infraction à la loi sur les stupéfiants. L'accusée est coupable d'acquisitions répétées de stupéfiants, et concurremment de dissimulation fiscale. La cour sursoit à la décision de prononcer une condamnation pénale pour mineurs.

Motifs : Le développement de l'accusée a été normal jusqu'à sa treizième année. Son intelligence est supérieure à la moyenne, elle était donc pleinement consciente que l'achat d'héroïne constituait un acte passible de sanctions. Cependant, nous avons suffisamment d'indices pour penser que l'accusée se trouvait, avant la date du 20 mai 1976 (celle de sa majorité pénale), en état de dépendance à la drogue. Ceci, cependant, n'excluait ni sa responsabilité pénale ni sa capacité à avoir conscience de sa culpabilité. Entre-temps, l'accusée a constaté sa situation et s'est, de son propre chef, efforcée de se désintoxiquer. Elle était donc parfaitement en mesure de comprendre le caractère répréhensible de son comportement et d'agir en conséquence. En ce qui concerne l'avenir, le pronostic est, du moins à l'heure actuelle, favorable, bien que l'on ne puisse exclure dans le cas de l'accusée l'éventualité d'une rechute. L'évolution de l'accusée devra être suivie avec attention, au moins pendant la prochaine période.

Christiane

C'est follement excitant. Ma mère passe ses journées à emballer, à remplir des caisses et des valises. Je comprends que nous allons commencer une nouvelle vie.

Je viens d'avoir six ans, et après le déménagement j'entrerai à la grande école. Pendant que ma mère s'affaire à tout emballer et devient de plus en plus nerveuse, je passe presque toute la journée chez le fermier Völkel. J'attends le retour des vaches à l'étable pour la traite, je nourris les cochons et les poules, je me roule dans le foin avec les copains, je me promène avec les chatons dans les bras. Un merveilleux été, le premier dont j'ai pleinement conscience.

Je sais que bientôt nous allons partir très loin, pour habiter une grande ville qui s'appelle Berlin. Ma mère est partie avant nous pour s'occuper de l'appartement. Ma petite sœur, mon père et moi devons la rejoindre quelques semaines plus tard. Par avion. Pour nous, les enfants, ce sera notre baptême de l'air. Tout ça est passionnant.

Mes parents nous avaient raconté plein d'histoires merveilleuses. Nous allions habiter un immense appartement de six grandes pièces. Ils gagneraient beaucoup d'argent. Ma mère a dit que nous aurions une grande chambre pour nous toutes seules. On va acheter des meubles sensass. Elle nous avait décrit très précisément le décor de notre chambre. Je m'en souviens encore parce que, toute mon enfance, je n'ai pas cessé d'y penser. Et plus les années passent, plus mon imagination l'embellit.

Je n'ai pas oublié non plus à quoi ressemblait l'appartement quand nous y avons débarqué. Sans doute parce qu'il m'a d'emblée inspiré un véritable sentiment d'horreur. Il était si grand et si vide que j'avais peur de m'y perdre. Quand on parlait un peu fort, les voix résonnaient de manière inquiétante.

Trois pièces seulement étaient vaguement meublées. Deux lits et une vieille armoire de cuisine où ma mère avait rangé nos jouets, voilà pour la chambre d'enfants. Dans la deuxième pièce, le lit de mes parents. La troisième, la plus grande, était garnie d'un vieux divan et de quelques chaises. Tel était notre appartement de Berlin-Kreutzberg, quai Paul-Linckle.

Après quelques jours, je prends mon vélo et je m'aventure toute seule dans la rue. J'y avais vu jouer des enfants un peu plus âgés que moi et chez nous, au village, les aînés jouent toujours avec les petits et veillent sur eux. Les enfants berlinois s'exclament : « Qu'est-ce qu'elle veut celle-là ? » et s'emparent de mon vélo. Quand je le récupère, il a un pneu à plat et un garde-boue cabossé.

Mon père m'a flanqué une trempe parce que mon vélo est esquinté. Je ne m'en sers plus que pour rouler dans nos six pièces.

Trois de ces pièces étaient en fait prévues pour servir de bureaux. Mes parents voulaient ouvrir une agence matrimoniale. Mais les bureaux et les fauteuils annoncés par mes parents ne sont jamais arrivés. Et la vieille armoire de cuisine est restée dans la chambre d'enfants.

Un jour, le divan, les lits et l'armoire sont chargés sur un camion qui les transporte jusqu'à une tour de la cité Gropius. Nous nous installons dans un appartement de deux pièces et demi, des pièces petites, au onzième étage. La demi-pièce c'est la chambre d'enfants. Toutes les belles choses dont nous avait parlé ma mère n'y auraient jamais tenu.

La cité Gropius abrite, dans ses tours, 45 000 personnes. Entre les bâtiments, de la pelouse et des centres commerciaux. De loin, tout ça a l'air neuf et très soigné, mais quand on se trouve dedans, entre les tours, ça pue le pipi et le caca. A cause de tous les chiens et de tous les enfants qui vivent dans cette cité. Et, dans la cage de l'escalier, ça pue encore plus fort.

Mes parents sont furieux, ils disent que c'est la faute aux enfants de prolétaires, que c'est eux qui salissent l'escalier. Mais ce n'est pas la faute aux enfants de prolétaires. Je m'en suis rendu compte la première fois que, pendant que je jouais dehors, j'ai eu brusquement envie d'aller aux cabinets. Le temps d'attendre l'ascenseur et d'arriver au onzième étage, j'avais fait dans ma culotte. Mon père m'a battue. Après trois ou quatre expériences du même genre — ne pas remonter à temps et recevoir une raclée — j'ai fait comme les autres : j'ai cherché un coin discret pour m'accroupir. Mais comme, des tours, on est visible de pratiquement partout, l'endroit le plus sûr c'est encore l'escalier.

Les enfants de la cité me considèrent, eux, comme une petite péquenaude arriérée : je n'ai pas les mêmes jouets qu'eux, pas même un pistolet à eau, je m'habille autrement, je parle autrement, et je ne connais pas leurs jeux. Ils ne me plaisent pas non plus. Au village, on prenait souvent nos vélos pour aller en forêt, jusqu'à un ruisseau qu'enjambait un petit pont. On y construisait des barrages et des châteaux d'eau. Tantôt tous ensemble, tantôt chacun pour soi. Et quand on démolissait nos œuvres, c'était avec l'accord général, et on s'amusait bien aussi. Par ailleurs, personne ne faisait la loi. Chacun pouvait proposer de jouer à ceci ou à cela. Après on discutait. Quelquefois les aînés cédaient aux plus jeunes, et personne n'y trouvait à redire. C'était une vraie démocratie enfantine.

A la cité Gropius, nous avons un chef. C'est le garçon le plus fort et il a aussi le plus beau pistolet à eau. Nous jouons souvent aux brigands. Naturellement, c'est lui le capitaine des brigands. Et la principale règle du jeu consiste à lui obéir aveuglément.

La plupart du temps, on ne joue pas vraiment ensemble, mais plutôt les uns contre les autres. En fait il s'agit surtout d'embêter l'autre. Par exemple, de lui prendre son nouveau jouet et de le casser. Tout le jeu consiste à démolir l'autre et à obtenir quelque avantage pour soi-même. A conquérir le pouvoir et à faire étalage de son pouvoir.

Les plus faibles reçoivent le plus de coups. Ma petite sœur n'est pas très robuste, elle est un peu craintive.

Ils lui en font voir de toutes les couleurs, et je ne peux pas venir à son secours.

La rentrée arrive. Je m'étais fait une joie d'aller à l'école. Mes parents m'avaient dit qu'il faudrait toujours être sage et obéir au maître. Je trouvais ça tout naturel. Au village, les enfants respectaient les adultes. Et, je crois, je me disais qu'à l'école les autres aussi seraient bien forcés d'obéir au maître.

Mais il en va tout autrement. Au bout de quelques jours, les élèves se baladent et se bagarrent en pleine classe. La maîtresse est totalement dépassée. Elle n'arrête pas de crier : « Assis ! » Sans autre résultat que de faire rire les uns, et chahuter encore plus fort les autres.

Toute petite, j'aimais déjà beaucoup les animaux. Tout le monde les aimait dans notre famille. Une véritable passion. Et moi j'en étais fière : aucune autre famille, à ma connaissance, n'aimait autant les bêtes. Et je plaignais les enfants dont les parents ne veulent pas d'animaux à la maison.

Nos deux pièces deviennent petit à petit un vrai zoo. J'ai quatre souris, deux chats, deux lapins, un canari — en plus d'Ajax, notre dogue brun que nous avons amené de la campagne.

Ajax dort toujours à côté de mon lit. Quand je dors, je laisse un bras pendre hors des couvertures pour m'assurer de sa présence.

Je fais la connaissance d'enfants qui eux aussi ont des chiens. Avec ceux-là, je m'entends plutôt bien. Je découvre qu'à Rudow, pas loin de la cité, subsiste un peu de vraie nature. Dorénavant, c'est là qu'on va avec nos chiens. Nous avons pour terrain de jeux d'anciennes décharges comblées avec de la terre. Nos chiens jouent toujours avec nous. Notre jeu favori, c'est « le limier » : l'un de nous se cache, pendant que les autres retiennent son chien. L'animal doit ensuite retrouver son maître. C'est mon Ajax qui a le meilleur flair.

Mes autres bestioles, je les emmène parfois au tas de sable ou même à l'école. L'institutrice s'en sert comme matériel d'observation pour les cours de biologie. On me permet même parfois de garder Ajax en classe. Elle ne dérange jamais, elle reste couchée à mes pieds, immobile, jusqu'à la sonnerie annonçant la récréation.

Grâce à mes bêtes, je serais assez heureuse si ça n'allait pas de mal en pis avec mon père. Ma mère travaille. Lui, il reste à la maison. Le projet d'agence matrimoniale est tombé à l'eau. Mon père attend qu'on lui propose un boulot à sa convenance. Il passe ses journées assis sur le vieux divan râpé et il attend. Et ses explosions de fureur deviennent de plus en plus fréquentes.

Le soir, en rentrant de son travail, ma mère m'aide à faire mes devoirs. Pendant un certain temps, j'ai eu du mal à distinguer la lettre H de la lettre K. Ma mère m'explique, avec une patience d'ange. Mais je l'écoute à peine, car je vois monter la colère de mon père. Je connais la suite : il va chercher la balayette dans la cuisine et me tape dessus. Après, il faut que je lui dise la différence entre le H et le K. Bien entendu, je mélange tout, j'ai droit à une fessée supplémentaire et on m'envoie au lit.

Telle est sa manière de m'aider à faire mes devoirs. Il veut que je sois bonne élève, que je devienne « quelqu'un». Après tout son grand-père avait beaucoup d'argent, il possédait même une imprimerie et un journal, entre autres. Après la guerre, il a été exproprié par la RDA (c'était en Allemagne de l'Est). Alors mon père est furieux quand il pense que ça ne marche pas bien à l'école.

Je me souviens encore aujourd'hui de certaines soirées dans leurs moindres détails. Une fois, le devoir consistait à dessiner des maisons sur le cahier de calcul : six carreaux de large, quatre de haut. J'en ai fait une et je sais parfaitement comment m'y prendre. Soudain, mon père s'assoit à côté de moi. Il me demande d'où à où doit aller la prochaine maisonnette. J'ai si peur que je ne compte plus les carreaux, je réponds au hasard. Quand je me trompe, je reçois une baffe. Bientôt, tout en larmes, je suis incapable de formuler la moindre réponse. Alors il se lève, se dirige vers le caoutchouc. Je sais ce que cela signifie. Il prend le bambou qui sert de tuteur au caoutchouc et hop, sur mon derrière, jusqu'à ce que j'aie les fesses à vif.

Je commence à trembler dès qu'on se met à table : si je fais une saleté c'est un drame, si je renverse quelque chose gare à mes fesses. C'est à peine si j'ose toucher mon verre de lait. J'ai si peur qu'il m'arrive un malheur à chaque repas, ou presque.

Tous les soirs, je demande très gentiment à mon père s'il va sortir. Il sort souvent et nous, les trois femmes, on respire alors un bon coup. Ces soirées-là sont merveilleusement paisibles. A son retour, il est vrai, il arrive que les choses se gâtent. La plupart du temps, il a bu. Au moindre prétexte — par exemple des jouets ou des vêtements mal rangés — c'est l'explosion. Une des formules favorites de mon père c'est que l'important dans la vie est d'avoir de l'ordre. Et si, rentrant au beau milieu de la nuit, il estime que mes affaires sont en désordre, il me tire du lit et me flanque une raclée. Après, c'est au tour de ma petite sœur. Ensuite il jette toutes nos affaires par terre et nous donne cinq minutes pour tout ranger impeccablement. En général nous n'y arrivons pas et les coups pleuvent à nouveau.

La plupart du temps, ma mère assiste à la scène, debout au seuil de la porte et pleurant. Il est rare qu'elle ose prendre notre défense car il la bat, elle aussi. Seule Ajax, ma chienne, s'interpose souvent. Elle se met à gémir, le regard plein de tristesse. C'est encore elle qui sait le mieux ramener notre père à la raison car, comme nous tous, il aime les chiens. Il lui est arrivé d'engueuler Ajax, mais il ne l'a jamais frappée.

Malgré tout, j'aime et je respecte mon père. Je le trouve de loin supérieur aux autres. J'ai peur de lui, mais son comportement me paraît somme toute normal. Les autres enfants de la cité Gropius ne sont pas mieux lotis. Ils ont même parfois des coquarts, et leur mère aussi. On trouve certains pères gisant ivres morts dans la rue ou sur le terrain de jeux. Mon père à moi ne se soûle jamais à ce point. On voit aussi, quelquefois, des meubles voler d'une fenêtre et s'écraser dans la rue, pendant que des femmes crient au secours et que quelqu'un appelle la police. Chez nous, ça n'est donc pas si grave que ça.

Mon père reproche constamment à ma mère de trop

dépenser. Alors que c'est elle qui nous fait vivre. Parfois elle riposte, elle lui dit que ses beuveries, ses femmes et la voiture mangent le plus clair de notre argent. Alors ils en viennent aux mains.

La voiture, la Porsche, c'est ce que mon père aime le plus au monde. Il l'astique tous les jours. C'est sûrement la seule Porsche de la cité Gropius. En tout cas, je ne vois pas d'autre chômeur roulant en Porsche.

A l'époque, bien sûr, je ne comprenais pas ce qu'avait mon père, la raison de ses crises répétées. Plus tard seulement, quand j'ai commencé à en parler un peu plus souvent avec ma mère, j'ai pressenti l'explication. Il n'était pas à la hauteur, tout simplement. Il était dévoré d'ambition, et il ratait tout. Son père le méprisait à cause de cela. Grand-père avait mis ma mère en garde dès avant son mariage. Il qualifiait son fils de vaurien. C'est qu'il avait nourri pour lui de grandes espérances : mon père devait restaurer la famille dans sa splendeur passée d'avant l'expropriation.

S'il n'avait pas rencontré ma mère, il serait peut-être devenu administrateur de biens — il s'y préparait lorsqu'ils se sont connus — et aurait eu un élevage de chiens. Mais ma mère est tombée enceinte de moi, il a arrêté ses études et l'a épousée. Par la suite, il a dû se mettre dans l'idée que ma mère et moi étions responsables de son échec. De tous ses rêves, il ne lui restait que sa Porsche et quelques amis forts en gueule.

Non seulement il haïssait sa famille, mais encore il nous rejetait, purement et simplement. Au point qu'aucun de ses amis ne devait apprendre qu'il était marié et père de famille. Lorsque nous les rencontrions ou qu'ils venaient le chercher à la maison, nous devions l'appeler « Oncle Richard ». J'avais — à grand renfort de taloches — si bien appris la leçon que je ne me trompais jamais : en présence d'étrangers, il devenait mon oncle.

Pareil pour ma mère. Il lui était interdit de révéler aux amis de son mari qu'elle était sa femme, et surtout de se comporter comme telle. Je crois qu'il la faisait passer pour sa sœur.

Les amis de mon père étaient plus jeunes que lui. Ils avaient encore leur avenir devant eux, du moins ils en étaient persuadés. Mon père voulait être comme eux, pas un homme chargé de famille et incapable de subvenir à ses besoins.

Naturellement, à cette période — entre six et huit ans — tout cela m'échappe complètement. Le comportement de mon père confirme simplement à mes yeux la règle de vie que m'enseignent la rue et l'école : battre ou être battu. Ma mère, qui a reçu sa dose de gnons dans l'existence, est arrivée à la même conclusion. Elle ne cesse de me répéter : « Ne commence jamais. Mais rends coup pour coup. Et tape aussi fort et aussi longtemps que tu peux. » Elle, elle ne peut plus rendre les coups.

Petit à petit j'apprends la leçon. A l'école, je commence par m'attaquer au plus faible de nos professeurs. Je fais systématiquement le pitre à ses cours, ça fait rire les autres. Quand je me mets à perturber la classe de profs plus redoutés, j'ai la considération de mes condisciples.

Ces premiers succès m'ont encouragée à essayer de jouer de mes muscles. En réalité je suis plutôt frêle, mais la rage décuple mes forces. Bientôt je n'hésite plus à m'en prendre à plus fort que moi, je suis presque contente quand quelqu'un s'aventure à me chercher et que je le retrouve à la sortie. La plupart du temps, je n'ai même plus besoin de me battre, les autres enfants me respectent.

Maintenant j'ai huit ans. Mon vœu le plus cher est de grandir vite, de devenir adulte, adulte comme mon père. D'exercer vraiment un pouvoir sur autrui. En attendant, je mesure celui que je détiens.

Mon père a trouvé du travail. Il ne lui apporte pas de satisfactions, mais de quoi entretenir sa Porsche et ses habitudes de jeune homme. Après l'école, je me retrouve donc seule à la maison avec ma petite sœur (elle a un an de moins que moi). J'ai une amie, de deux ans plus âgée que moi, ce dont je suis très fière. En sa compagnie, je me sens encore plus forte.

Nous jouons presque tous les jours avec ma petite sœur. Au jeu que nous avons appris. Entre l'école et la maison, nous fouillons cendriers et poubelles pour ramasser les mégots. Nous les lissons du revers de la main, et puis nous les fumons. Quand ma sœur demande à tirer une bouffée, nous lui tapons sur les doigts. Nous lui donnons nos ordres : faire la vaisselle, passer le chiffon à poussière, bref, effectuer les tâches ménagères dont nos parents nous ont chargées. Après quoi nous prenons nos poupées, nous enfermons la gamine dans l'appartement et nous allons nous promener. Nous ne libérons la petite que quand elle a fini tout le travail.

A cette époque — j'ai donc huit ou neuf ans — un poney-club s'installe à Rudow. Au début, nous sommes furieux de voir clos de barrières le dernier îlot de nature des environs, le coin où nous allions nous réfugier avec nos chiens. Mais bientôt je sympathise avec les employés, je leur rends quelques services, j'aide à bouchonner les chevaux et à nettoyer les écuries. En retour, j'ai droit chaque semaine à quelques quarts d'heure de monte gratuits. Je trouve ça fantastique.

J'adore les chevaux, et je me sens pleine de tendresse pour le petit âne qui appartient lui aussi au club. Mais autre chose encore me fascine. Monter, pour moi, c'est une démonstration de force et de pouvoir. Mon cheval est plus fort que moi, mais il se plie à ma volonté. Quand je tombe je remonte aussitôt. Jusqu'à ce que le cheval m'obéisse.

Mais un jour je suis « renvoyée ». Dorénavant, si je veux monter, il faudra que je paye. De l'argent de poche, on ne m'en donne pas souvent. Alors je commets quelques menues malhonnêtetés : je me fais rembourser, en cachette, les coupons de la coopérative et les consignes des bouteilles de bière.

Aux alentours de mon dixième anniversaire, je commence aussi à voler. Je chaparde dans les supermarchés. Des choses dont nous sommes privées à la maison. Surtout des sucreries. Presque tous les autres enfants ont le droit d'en manger. Pas nous. Mon père dit que c'est mauvais pour les dents.

A la cité Gropius, on apprend pour ainsi dire automatiquement à transgresser les interdictions. D'ailleurs, tout ou presque est interdit, et surtout de jouer à ce qui vous amuse. La cité est hérissée de panneaux. Les prétendus parcs qui séparent les tours sont de véritables forêts de panneaux. Et presque tous ces panneaux interdisent quelque chose aux enfants (quelques années plus tard j'ai d'ailleurs recopié les « défense de » dans mon journal).

Le premier panneau se dresse à la porte d'entrée de notre immeuble. En fait, les enfants ne devraient se déplacer, aussi bien dans l'escalier qu'aux abords de la tour, qu'en marchant sur la pointe des pieds. Défense de jouer, de courir, de faire du vélo ou du patin à roulettes. Partout où il y a un peu d'herbe, il y a aussi des panneaux : « Interdiction de marcher sur la pelouse. » Nous n'avons même pas le droit de nous y asseoir avec nos poupées. Un minable massif de roses s'orne de l'inscription : « Espace vert protégé », assortie de toutes sortes de menaces si on s'avisait de s'approcher un peu trop des fleurs.

Nous sommes donc relégués au terrain de jeux. Il y en a un pour chaque groupe de tours. Il se compose d'un tas de sable puant la pisse, de quelques agrès cassés et, évidemment, d'un gigantesque panneau. Un panneau protégé par de solides grilles de fer, pour que nous ne puissions pas le démolir : « Règlement du terrain de jeux. » En dessous, on peut lire qu'il est « à la disposition des enfants », pour « leur joie et leur détente ». Seulement, pas question de venir s'y détendre quand on en a envie car — souligné d'un trait gras — « l'accès est autorisé de 8 à 13 heures et de 15 à 19 heures ». En d'autres termes, pas de détente à l'heure de la sortie de l'école, en général à 13 heures.

Ma sœur et moi ne devrions même pas y venir car, toujours selon le panneau, on ne peut utiliser le terrain de jeux « qu'avec l'accord et sous la surveillance d'une personne chargée de l'éducation » du joueur. Et encore, à condition de ne pas faire de bruit : nous sommes priés « de respecter le besoin de repos des locataires ». On a tout juste le droit de se lancer une balle, bien sagement. Mais « les jeux de ballon à caractère sportif sont interdits ». Pas de balle au prisonnier, bien entendu pas de foot. C'est particulièrement pénible pour les garçons, qui, faute d'un autre exutoire, dépensent leur énergie inemployée aux dépens des installations et bien sûr des panneaux. Ça doit en coûter du fric, de les remplacer tout le temps.

Les gardiens d'immeubles sont chargés de veiller au respect des interdictions. Le nôtre ne m'a pas à la bonne, et depuis longtemps. Dès notre arrivée, j'ai trouvé effroyablement ennuyeux le terrain de jeux, son béton, son sable et son minuscule toboggan métallique. Il y avait beaucoup plus intéressant : les bouches d'égout aménagées dans le béton pour l'écoulement des eaux de pluie. A l'époque, elles étaient encore recouvertes d'une grille amovible (par la suite ils l'ont fixée). Je m'amusais à soulever la grille et, ma sœur et moi, on jetait toutes sortes de trucs dans le trou. Le gardien nous a surprises, il nous a empoignées, traînées au bureau de la gérance, où on nous a sommées de décliner nos identités. Pour autant qu'avec nos cinq et six ans nous en étions capables. Ils ont averti nos parents, et mon père a eu une bonne raison de nous flanquer une raclée. Je ne comprenais pas très bien pourquoi c'était si grave d'avoir bouché cet écoulement. Au village, quand on jouait au bord du ruisseau, on en faisait bien d'autres, et jamais un adulte n'y a trouvé à redire. Ce que j'ai à peu près saisi cependant, c'est qu'à la cité Gropius les seuls jeux autorisés sont ceux prévus par les adultes. A savoir faire des pâtés de sable ou des glissades sur le toboggan. Avoir ses idées à soi, c'est dangereux.

Ma rencontre suivante avec le gardien s'est encore plus mal passée. Voilà ce qui est arrivé. Me promenant avec Ajax, j'ai l'idée de cueillir quelques fleurs pour ma mère. Autrefois, au village, je lui en rapportais presque à chacune de mes promenades. Mais entre les tours ne poussent que ces quelques roses chétives. J'en cueille trois ou quatre, en m'écorchant les doigts. Le panneau qui l'interdit, je ne sais pas encore le lire, ou peut-être ne l'ai-je pas compris.

Mais je comprends immédiatement quand je vois le gardien courir vers moi en poussant de grands cris, agitant les bras et traversant la pelouse interdite. Prise de panique, je m'écrie : « Ajax, attention ! »

Mon Ajax pointe les oreilles, se raidit, les poils de sa nuque se hérissent, elle regarde le mec de son air le plus méchant. Le gardien bat en retraite en toute hâte et en piétinant une fois de plus la fameuse pelouse. Il n'émet plus un son avant d'avoir atteint l'entrée de l'immeuble, où il se remet à crier. Je suis contente mais je dissimule les fleurs, car je me rends bien compte que, une fois de plus, j'ai fait quelque chose d'interdit.

A mon arrivée à la maison, la gérance avait déjà téléphoné : j'avais, paraît-il, menacé le gardien de le faire mordre par un chien. Au lieu du baiser maternel escompté, mes fleurs m'ont valu une correction paternelle.

L'été, à la cité Gropius, la chaleur est parfois insupportable. Tout ce béton, l'asphalte, les pierres l'emmagasinent et la renvoient. Nos quelques arbres maigrichons ne donnent pas d'ombre. Les tours arrêtent les vents. Il n'y a ni piscine ni même un bassin où les petits pourraient barboter, juste un jet d'eau au centre de la place. Nous y allons parfois ; on patauge un peu, on se jette de l'eau. Naturellement c'est interdit, et on a vite fait de nous chasser.

Un moment, nous avons eu la passion des billes. Mais où jouer aux billes à la cité Gropius ? Sur le béton, l'asphalte, les pelouses interdites — impossible. Sur le tas de sable, ça ne va pas non plus. Il faut un sol à peu près ferme, dans lequel on peut creuser des petits trous.

Nous avons trouvé un terrain presque idéal : sous les jeunes érables. Pour qu'ils n'étouffent pas, on a laissé autour de leurs troncs une ouverture circulaire dans le bitume. Un magnifique rond de terre ferme, propre et bien ratissée. Le rêve pour jouer aux billes.

Mais, dès qu'on s'y installe, on a sur le dos non seulement le gardien, mais aussi le jardinier. Ils viennent nous chasser, à grand renfort d'épouvantables menaces. Et puis un jour, malheureusement, ils ont une idée : au lieu de ratisser, ils bêchent. Adieu les jeux de billes.

Quand il pleut, le hall d'entrée des immeubles devient une fantastique piste de patins à roulettes. Du moins il pourrait en être une. Et comme il n'y a pas de logements au rez-de-chaussée, ça ne dérange personne si on fait du bruit. Effectivement, les premières fois, personne ne se plaint. Mais, un beau jour, la gardienne décrète que nous rayons le revêtement de sol. Adieu patins. J'ai droit, en prime, à une fessée magistrale.

C'est fou ce qu'on peut s'emmerder à la cité Gropius quand il fait mauvais. Aucun d'entre nous n'a le droit d'amener des copains à la maison. D'ailleurs, les chambres d'enfants sont bien trop petites pour ça : comme chez nous, la plupart des enfants se sont vu attribuer la demi-pièce. Quand il pleut, je reste parfois assise à la fenêtre à me rappeler tout ce qu'on faisait au village par temps de pluie. Par exemple travailler le bois. On était bien organisés : quand il faisait beau, on rapportait de la forêt de gros morceaux d'écorce de chêne, et les jours de mauvais temps on y taillait des petits bateaux. Quand la pluie se prolongeait, on n'y tenait plus : on mettait nos impers et on courait au ruisseau essayer les bateaux. On construisait des ports, et on engageait dans de véritables compétitions nos esquifs d'écorce.

Traîner encore dans les tours sous la pluie, ça n'a rien de très amusant. Il fallait trouver une idée. Quelque chose de strictement interdit. Par exemple, jouer avec les ascenseurs.

Évidemment, il s'agit en premier lieu d'embêter les

autres enfants. On en attrape un, on l'enferme dans un ascenseur, et on appuie sur tous les boutons pendant qu'on immobilise l'autre ascenseur. Le prisonnier est obligé d'aller jusqu'au dernier étage, avec un arrêt à chaque étage. On m'a fait ça assez souvent, de préférence quand je rentrais de promener ma chienne et que j'étais pressée de remonter pour ne pas être en retard au dîner. Ça durait un temps fou jusqu'à ce qu'on arrive au onzième étage, et Ajax s'énervait drôlement.

Là où ça devenait dégueulasse, c'était de faire « le coup de l'ascenseur » à un môme qui a envie d'aller aux cabinets. En général, il n'arrive pas à se retenir. Mais ce qui était plus dégueulasse encore, c'était de prendre leur cuillère de bois aux petits. La cuillère de bois est pour eux un accessoire indispensable : son long manche leur permet d'atteindre les boutons de l'ascenseur, sans elle on est perdu, il ne reste qu'à grimper ses huit, neuf, dix ou onze étages à pied. Car bien évidemment les autres enfants ne vous aident pas, et les adultes pensent qu'on veut juste s'amuser avec l'ascenseur et qu'on va le casser.

Les ascenseurs sont souvent en panne, et nous ne sommes pas toujours innocents. On fait des courses d'ascenseurs. En principe ils ont tous la même vitesse, mais il y a un certain nombre d'astuces permettant de gagner quelques secondes : fermer la porte palière très vite mais avec beaucoup de douceur, si on a le geste trop brusque elle se rouvre ; la porte intérieure de sécurité se ferme automatiquement, mais on peut accélérer le mouvement en la guidant de la main (quelquefois ça met l'engin en panne). Je suis assez forte dans les courses d'ascenseurs.

Bientôt nos treize étages ne nous suffisent plus. En outre, on a constamment le gardien sur le dos. L'accès des autres immeubles est strictement interdit aux enfants, et d'ailleurs on n'a pas de clés. Mais il y a toujours une seconde entrée, fermée d'une grille, pour les meubles et autres objets encombrants. J'ai trouvé le moyen de passer à travers la grille : d'abord la tête, en la tournant d'une certaine façon. Après, en se tortillant bien, le corps suit. Seulement, il ne faut pas être gros.

Nous accédons ainsi à un véritable paradis du jeu des ascenseurs : une tour de trente-deux étages, avec des ascenseurs extraordinairement sophistiqués. Nous ne soupçonnions même pas tout ce qu'on peut faire avec un ascenseur. Un de nos jeux favoris c'est « le saut » : quand l'appareil est en marche et qu'on saute tous en même temps il s'arrête, et la porte de sécurité s'ouvre. C'est génial.

Un autre truc extra : quand on tourne la manette du frein de secours vers le côté, au lieu de l'abaisser, la porte de sécurité reste ouverte même quand l'ascenseur est en marche. Ça permet de se rendre compte de la vitesse prodigieuse de ces machins. On voit défiler à une allure folle le béton et les portes palières.

Le comble de la témérité — la grande démonstration de courage — c'est d'appuyer sur la sonnerie d'alarme. On entend un bruit strident, puis la voix du gardien qui parle dans un micro. Après quoi il s'agit de détaler. Une tour de trente-deux étages offre pas mal de possibilités d'échapper aux recherches. De toute façon le gardien nous guette tout le temps, mais nous attrape rarement.

Mais le jeu le plus passionnant, par mauvais temps, c'est encore celui de « la cave ». Bien entendu, strictement interdit. On a trouvé le moyen de s'introduire dans le sous-sol de la tour. Chaque locataire y dispose d'un box fermé d'un grillage, mais qui ne va pas tout à fait jusqu'au plafond. On peut donc passer par-dessus. Ça fait de formidables parties de cache-cache. C'est déjà délicieusement terrifiant de se trouver blotti dans la pénombre au milieu de tout ce bric-à-brac inconnu. En plus, on a peur d'être surpris par un des locataires. Nous savons bien que ce jeu-là est au moins doublement interdit.

On s'amuse aussi à fouiller les boxes, à la recherche de trucs marrants : jouets, fringues ; on se déguise avec. Après, bien sûr, on ne sait plus très bien où on a pris ceci ou cela, alors on le jette par-dessus un grillage, au hasard. Quelquefois, quand on a fait une trouvaille vraiment extra, on l'emporte. Naturellement, le bruit ne tarde pas à se répandre que le sous-sol reçoit la visite de « cambrioleurs ». Mais on ne nous a jamais attrapés.

Ainsi, à la cité Gropius, on apprend pour ainsi dire automatiquement que tout ce qui est permis est affreusement ennuyeux, et que ce qui est interdit est amusant.

Le centre commercial, vis-à-vis de notre immeuble, est également un quartier plus ou moins interdit, « défendu » par un gardien particulièrement féroce qui nous chasse impitoyablement. Ce qui le met dans tous ses états, c'est quand il me voit arriver avec mon chien.

Il dit que c'est de notre faute si le centre commercial est sale. C'est vrai que ça pue, si on fait un peu attention. Les magasins sont plus modernes, plus snobs, et plus élégants les uns que les autres, mais les poubelles dans les arrière-cours débordent constamment et puent, on marche partout dans de la crème fondue ou des crottes de chien, et on se cogne dans les boîtes de bière ou de Coca.

Le soir, le gardien doit nettoyer tout ça. Pas étonnant qu'il passe ses journées à guetter les gens qui salissent. Seulement, il ne peut rien dire aux commerçants qui jettent des ordures à côté des poubelles. Il n'ose pas se frotter aux loubards ivres qui jettent des boîtes de bière n'importe où. Quant aux mémés qui promènent leur chien, elles l'envoient sèchement sur les roses. Il ne lui reste que nous, les enfants, pour passer sa rage.

Les commerçants ne nous aiment pas non plus. Quand l'un de nous a reçu de l'argent de poche ou s'est fait un peu de fric d'une façon ou d'une autre, il va à la « Boutique du Café » qui fait aussi confiserie. Naturellement, les autres l'accompagnent, car il s'agit d'un petit événement. Quand les vendeuses voient entrer une demi-douzaine de gosses qui vont discuter pendant un quart d'heure avant d'acheter quelques sous de bonbons, ça les met dans tous leurs états. Et nous, on se sent peu à peu envahis d'une espèce de haine envers les commerçants, et on trouve très bien de les rouler.

Au centre commercial, il y a aussi une agence de voyages. Nous collons souvent le nez à sa vitrine, jusqu'à ce qu'on nous chasse. Elle est pleine d'affiches merveilleuses encadrant une maquette d'avion : des plages, des palmiers, des Noirs, des animaux sauvages — que de splendeurs ! Nous nous imaginons à bord de l'avion, en route pour cette plage-ci, avant de grimper sur ce palmier-là d'où on regardera les lions et les rhinocéros.

A côté de l'agence de voyages, la « Banque pour le Commerce et l'Industrie ». A l'époque, nous ne nous demandions pas encore ce que vient faire une Banque pour le Commerce et l'Industrie à la cité Gropius, où vivent des gens qui n'ont d'autre relation avec le commerce et l'industrie que d'en être éventuellement des salariés. Nous aimons bien cette banque. Les messieurs tirés à quatre épingles ne sont jamais désagréables avec nous. Ils sont aussi bien moins bousculés que les vendeuses. Je viens y changer contre des pièces de dix pfennings celles de un que je chipe dans la boîte où ma mère les stocke. A la « Boutique du Café », on nous engueule quand on paie en petite monnaie. De plus, quand nous le leur demandons poliment, ces messieurs nous donnent des tirelires. Ils doivent penser que nous sommes vraiment très économes pour en faire si grande consommation. En réalité, nous nous servons de ces cochons et éléphants tirelires pour jouer au zoo, sur le tas de sable.

Quand ils ont vu qu'on faisait de plus en plus de bêtises, ils nous ont construit un « terrain d'aventures ». Je ne sais pas ce que les gens qui conçoivent ces trucs-là entendent par « aventure ». Mais sans doute ne les baptise-t-on ainsi que pour faire croire aux adultes que leurs enfants pourront y vivre des expériences extraordinaires, et non pas pour que les enfants puissent y faire des choses marrantes. Ça a sûrement coûté un tas de fric. En tout cas ils ont mis un temps fou à le construire. Et quand on nous a enfin autorisés à y aller, nous avons été accueillis fort aimablement par des éducateurs : « Voyons, que voulez-vous faire ? », etc. L'aventure, ici, consistait à être constamment sous surveillance.

Il y avait de vrais outils, des planches bien rabotées et des clous. On avait donc le droit de faire des constructions. Un éducateur veillait à ce que personne ne se donne un coup de marteau sur les doigts. Quand on avait enfoncé un clou, c'était fini : plus question de changer quoi que ce soit. Alors, quand il vous arrive de changer d'idée en cours de route...

Un jour, j'ai raconté à un des éducateurs comment, au village, on bâtissait des vraies cabanes, sans marteau ni clous. Juste avec des branchages et des bouts de bois qu'on ramassait par-ci par-là. Et chaque fois qu'on revenait sur le « chantier », on redéfaisait et on changeait tout. Et c'est ça qui est amusant. L'éducateur a certainement compris. Mais il avait ses responsabilités et un règlement à respecter, n'est-ce pas ?

Au début, nous avions encore quelques idées à nous. Par exemple, on a proposé de jouer à « la famille de l'âge de pierre » et de nous faire cuire une vraie soupe au-dessus du feu. L'éducateur a trouvé l'idée géniale. Malheureusement, dit-il, on n'a pas le droit d'allumer du feu et de faire de la soupe. Pourquoi est-ce qu'à la place on ne construirait pas une cabane ? Avec des clous et des marteaux ! A l'âge de pierre !

Bientôt, le terrain d'aventures tout neuf a été fermé. Ils nous ont dit que c'était pour travaux, pour nous aménager un endroit où jouer par mauvais temps. On a vu arriver des chargements de poutrelles métalliques, des bétonnières, une troupe de maçons. Ils ont construit un bunker. Pas une case, un chalet ou quelque chose dans ce goût-là, un vrai blockhaus percé de deux ou trois fenêtres. Les carreaux ont tout de suite été cassés. Je ne sais pas si les garçons s'en sont pris aux fenêtres parce que ce truc en béton les a rendus agressifs, ou si on nous a délibérément construit un bunker parce que, à la cité Gropius, tout ce qui n'est pas en fer ou en béton est démoli en moins de deux. La salle de jeux-blockhaus bouffe une grande partie du terrain d'aventures. Ensuite ils ont construit, juste à côté, une école, avec son propre terrain de jeux équipé d'un toboggan, d'un portique et de quelques gros piquets de bois, bien commodes pour pisser. Ce terrain de jeux mord sur notre terrain d'aventures, et ils l'ont entouré d'un grillage. Il ne nous reste qu'un mouchoir de poche.

Le bout de terrain d'aventures qu'on nous a laissé est peu à peu devenu le rendez-vous d'une bande de grands que nous appelions les Rockers. Ils arrivaient dans le courant de l'après-midi, déjà ivres, terrorisaient les enfants et se mettaient à tout casser. Le vandalisme était pour ainsi dire leur seule occupation. Les éducateurs n'avaient aucune prise sur eux. Du coup, le terrain d'aventures a été fermé les trois quarts du temps.

En revanche, nous, les gosses, on a eu droit à une véritable attraction. La cité a été dotée d'une piste de luge. Le premier hiver, ç'a été sensass. Nous étions libres de choisir nos pistes : il y en avait de faciles, mais aussi un « anneau de la mort ». Les Rockers étaient dangereux : ils faisaient la chaîne avec leurs luges et essayaient systématiquement de nous renverser. Mais nous avons vite appris à leur échapper en nous engageant sur une autre piste. Ces jours de neige restent mes meilleurs souvenirs de la cité Gropius.

Au printemps, on a continué à bien s'amuser sur les pistes de luge. On y gambadait avec nos chiens, on se laissait bouler le long des pentes. Ou mieux : on les dévalait à vélo. Dingue ! Mais c'est moins dangereux que ça n'en a l'air. Les chutes sont amorties par l'herbe épaisse.

L'interdiction, cependant, ne tarde pas. Ils ont déclaré que des pistes de luge ne sont ni un endroit où faire des galipettes ni un vélodrome. D'ailleurs, il faut laisser repousser l'herbe, etc. Nous avons déjà l'âge où les « Défense de » ne nous impressionnent plus, et nous n'en tenons aucun compte. Alors, un jour, débarque une équipe du service d'horticulture : ils entourent le talus d'un véritable rempart de barbelés. Nous nous avouons vaincus... pour quelques jours. Puis quelqu'un se procure des cisailles et on fait une brèche, assez grande pour nous laisser le passage, avec chiens et vélos. Chaque fois qu'ils referment, nous la rouvrons.

Quelques semaines plus tard, voilà à nouveau les maçons. Ils se mettent à murer nos pistes de luge, à cimenter, à goudronner. Notre anneau de la mort devient un escalier. La plate-forme de départ est recouverte de plaques de béton. Ils ont tout de même laissé une bande de gazon.

L'été, l'endroit est dépourvu de tout intérêt. L'hiver, il est dangereux. L'ascension du talus surtout : il faut maintenant gravir des escaliers entrecoupés de paliers dallés. Quand il y a du verglas — il y en a presque tout le temps — on ne compte plus les plaies et les bosses. Plusieurs enfants font de mauvaises chutes : commotion cérébrale.

La cité Gropius arrivait petit à petit à la perfection. Dans l'esprit des urbanistes, elle devait être le grand ensemble modèle, une magnifique réalisation. A notre arrivée, elle n'était pas encore tout à fait terminée. Les environs du quartier des tours, en particulier, n'avaient pas atteint, loin de là, la perfection requise. En quelques minutes de marche — des balades que même de jeunes enfants pouvaient faire seuls — on arrivait à de vrais petits coins de paradis.

Notre préféré s'étendait le long du Mur[1] (la cité Gropius n'en est pas bien loin) et nous l'appelions le no man's land ou le petit bois. C'était une bande de terre de vingt mètres à peine de large, mais d'au moins quinze cents mètres de long. Un enchevêtrement de hautes herbes — aussi hautes que nous —, d'arbres, de buissons, parsemé de trous d'eau et jonché de vieilles planches.

On grimpait aux arbres, on jouait à cache-cache, on était des explorateurs découvrant chaque jour un nouveau morceau, jusque-là inconnu, d'une mystérieuse forêt vierge. On pouvait même faire des feux de camp, envoyer des signaux de fumée et rôtir des pommes de terre sous la cendre.

1. Le Mur de Berlin. (*N.d.T.*)

Jusqu'au jour où ils se sont aperçus que des enfants de la cité Gropius avaient découvert cet endroit et s'y amusaient. Il fallait rétablir l'ordre. Notre coin s'est hérissé de panneaux. On n'avait plus le droit de rien faire. Interdiction de rouler à bicyclette, de grimper aux arbres, de laisser divaguer les chiens. Les flics, toujours en train de faire des rondes par ici, à cause de la proximité du Mur, veillaient à notre bonne conduite. Officiellement, notre no man's land était devenu « zone de protection des oiseaux ». Quelque temps plus tard ils en ont fait une décharge publique.

Restait l'ancienne décharge, recouverte de terre et de sable, où nous allions souvent jouer avec nos chiens. Bientôt, une ceinture de barbelés, puis une palissade, nous en a interdit l'accès. Ils y ont construit un restaurant panoramique.

Nous aimions aussi aller dans les champs. Il y en a quelques-uns près de la cité — en friche, l'État a acheté le terrain pour y faire des installations de loisirs. Il y poussait encore du blé, mais surtout des bleuets, des coquelicots, des orties et une herbe si haute qu'on y disparaissait. Ils ont été clôturés, morceau par morceau, l'un après l'autre. On y a installé le manège des poneys puis, sur ce qui restait, des courts de tennis. Désormais, nous n'avons plus nulle part où aller, où nous évader de la cité Gropius.

Ma sœur et moi sommes favorisées : au moins nous allons travailler au manège, et on nous autorise à monter à cheval. Au début, on pouvait se promener où on voulait. Ensuite ils ont construit une allée cavalière, et tout le reste, rues et chemins, a été interdit. Une belle allée cavalière, sablée et tout, dans les règles. Elle a dû coûter un tas de fric. Seulement, elle longe la voie ferrée. On est à deux pas des rails. A ma connaissance, aucun cheval ne supporte sans broncher le passage, à quelques mètres de lui, d'un train de marchandises dans un grondement de tonnerre. Pas les nôtres en tout cas. Généralement ils se sauvent, et tout ce que nous pouvons faire c'est de prier pour qu'ils ne se jettent pas contre le train.

Moi, j'ai plus de chance que les autres enfants : j'ai mes bêtes. J'emmène quelquefois mes trois souris au terrain de jeux, dans le bac à sable. Au moins le règlement ne déclare-t-il pas : « Souris interdites ». Nous construisons des galeries et les y faisons courir.

Un après-midi, une des souris file sur la pelouse interdite. Nous ne la retrouvons pas. Je suis un peu triste, mais je me console en pensant qu'elle est sûrement plus heureuse que dans une cage.

Juste ce soir-là, mon père vient dans notre chambre, regarde la cage à souris et s'exclame : « Mais elles ne sont que deux ! Où est la troisième ? » Je n'ai aucun pressentiment, tant sa question me paraît drôle. Il n'a jamais aimé les souris et me dit tout le temps de m'en débarrasser. Je lui explique que la souris s'est sauvée du terrain de jeux.

Mon père me regarde d'un air absolument dément. Je comprends que d'ici trente secondes il ne se contrôlera plus. Il se met à hurler et à taper. Je suis au lit. Coincée. Impossible de se sauver. Et il tape. Il n'a jamais frappé aussi fort, je pense qu'il va me tuer. Quand il se détourne pour foncer sur ma sœur, je bondis instinctivement vers la fenêtre. Je crois que j'aurais sauté. Du onzième étage.

Mais mon père me rattrape et me jette sur le lit. Ma mère, pour changer, est debout, en larmes, sur le seuil de la porte. Je ne la vois même pas. Je ne la vois que quand elle se jette entre mon père et moi. Elle lui tape dessus à coups de poing.

Mon père perd complètement les pédales. Il traîne ma mère dans le couloir, sans arrêter de la tabasser. Brusquement j'ai plus peur pour elle que pour moi. Elle essaie de lui échapper et de s'enfermer dans la salle de bains. Mais il l'empoigne par les cheveux. Comme tous les soirs, du linge trempe dans la baignoire — nous n'avons toujours pas de quoi nous payer une machine à laver. Mon père plonge la tête de ma mère dans la baignoire pleine d'eau. Je ne sais pas comment elle est arrivée à se dégager, si c'est mon père qui l'a lâchée ou si elle s'est libérée elle-même.

Mon père, livide, disparaît dans la salle de séjour. Ma mère ouvre le placard, prend son manteau et s'en va. Sans prononcer une parole.

Elle reste l'un des moments les plus terribles de mon existence, cette minute où j'ai vu ma mère partir, sans un mot, et nous laisser seules. Pendant quelques instants, je ne suis capable de penser qu'à une chose : il va remettre ça, recommencer à cogner. Mais rien ne bouge dans la salle de séjour. Le seul son perceptible est celui de la télévision.

Je prends ma sœur dans mon lit. Nous nous blottissons l'une contre l'autre. Ma sœur a envie d'aller faire pipi. Elle n'ose pas aller à la salle de bains, mais elle a aussi peur de mouiller le lit, ça lui vaudrait une nouvelle raclée. Elle tremble. Finalement, je la prends par la main et l'emmène à la salle de bains. La voix de notre père s'élève dans la salle de séjour. Il nous dit : « Bonne nuit. »

Le lendemain matin, personne ne vient nous réveiller. Nous n'allons pas à l'école. Vers la fin de la matinée, ma mère revient. Sans mot dire ou presque, elle emballe quelques affaires, met le chat dans un sac, puis elle me dit de mettre Ajax en laisse, et nous allons prendre le métro. Nous passons les jours suivants chez une collègue de ma mère. Et maman nous explique qu'elle veut divorcer.

L'appartement de la collègue était petit. Trop petit pour accueillir ma mère, ma sœur, le chat, le chien et moi. En tout cas, au bout de quelques jours, la collègue était passablement énervée. Ma mère refait nos bagages, nous prenons les bêtes et retournons à la cité Gropius.

Mon père rentre juste au moment où ma sœur et moi prenons notre bain. Il vient vers nous et, d'une voix tout à fait normale, comme s'il ne s'était rien passé : « Mais pourquoi donc êtes-vous parties ? Vous n'avez vraiment pas besoin d'aller dormir chez des étrangers. On se serait fait une belle vie, nous trois. » Ma sœur et moi nous regardons bouche bée. Ce soir-là, mon père se comporte comme si ma mère n'existait pas. Par la suite, il fait la même chose avec nous. Il ne nous parle plus, il ne nous voit pas. C'est pire que les coups.

Mon père n'a plus jamais levé la main sur moi. Mais

sa manière de se conduire comme s'il n'avait plus rien à voir avec nous me fait un effet horrible. C'est maintenant seulement que je sens vraiment qu'il est mon père. Au fond je ne l'ai jamais haï, j'en avais seulement peur. Et j'ai toujours été fière de lui : parce qu'il aimait les animaux, et parce qu'il avait cette puissante auto, sa Porsche 1962. Et maintenant voilà qu'en quelque sorte il n'est plus notre père, bien que nous habitions toujours sous le même toit, dans ce minuscule appartement. Par-dessus le marché il m'est arrivé un autre gros malheur : mon Ajax, mon dogue, a fait une perforation abdominale et il est mort. Il n'y avait personne pour me consoler. Ma mère ne pensait qu'à ses propres problèmes et à son divorce. Elle pleurait souvent et ne riait plus jamais. Je me sentais très seule.

Un soir, on sonne à la porte. Je vais ouvrir. C'est Klaus, un ami de mon père, qui vient le chercher pour aller au bistrot. Mais mon père est déjà parti.

Ma mère invite le mec à entrer. Il est beaucoup plus jeune que mon père. Il doit avoir dans les vingt-deux vingt-trois ans. Et tout à coup il demande à ma mère si elle accepte d'aller dîner avec lui. Elle répond aussitôt : « Oui, pourquoi pas ? » Elle file se changer, s'en va avec le type et nous laisse seules.

D'autres enfants auraient peut-être éprouvé quelque amertume, ou des craintes pour leur mère. Moi aussi, pendant un moment. Mais, très vite, je pense surtout que je suis contente pour elle. Sincèrement. Elle avait l'air vraiment heureuse en sortant, même si elle ne le montrait pas trop. Ma sœur est du même avis : « Maman est bien contente », dit-elle. Dorénavant, Klaus revient souvent en l'absence de mon père. Un dimanche — je m'en souviens très précisément — ma mère m'envoie vider la poubelle. A mon retour, je ne fais aucun bruit. Intentionnellement peut-être. Quand je jette un œil dans la salle de séjour, je vois que ce Klaus est en train d'embrasser ma mère.

Ça me fait tout drôle. Je me glisse dans ma chambre. Ils ne m'ont pas vue, et moi je ne raconte à personne ce que j'ai vu. Même pas à ma sœur pour qui, d'habitude, je n'ai pas de secrets.

L'homme est tout le temps fourré chez nous maintenant. Je le trouve antipathique. Mais il est gentil avec nous. Il est surtout très gentil avec ma mère. Elle ne pleure plus, on l'entend de nouveau rire. Elle recommence aussi à rêver. Elle parle de la chambre que nous aurons, ma sœur et moi, dans le nouvel appartement où nous vivrons avec Klaus. Mais nous ne l'avons pas encore. Et mon père n'a toujours pas déménagé. Il ne le fait même pas quand le divorce est enfin prononcé. Mes parents se haïssent mais dorment dans le lit conjugal. Et nous n'avons toujours pas d'argent.

Quand nous sommes enfin installés dans un autre appartement, à Rudow, à une station de métro de la cité, tout ne baigne pas dans l'huile pour autant. Klaus est tout le temps fourré chez nous, et ça m'ennuie. Il est toujours gentil. Mais il est un obstacle entre ma mère et moi. En mon for intérieur, je ne l'accepte pas. Je ne veux pas me laisser commander par ce jeune homme. Je deviens de plus en plus agressive à son égard.

On a fini par se disputer. Pour des bricoles. Parfois, c'est moi qui le provoquais. Le plus souvent, c'est à cause de mes disques. Ma mère m'a offert un tourne-disques pour mon onzième anniversaire. Et, le soir, je mets un disque — j'ai quelques tubes, un peu de disco — et je le fais gueuler à en crever les tympans. Un soir, Klaus se pointe dans notre chambre et me dit de baisser le son. Je n'en fais rien. Il revient, enlève le bras de l'électrophone du disque. Je le remets et je me plante devant mon tourne-disques pour en barrer l'accès. Klaus me pousse. Je ne supporte pas que cet homme me touche. J'éclate.

Ma mère, généralement, se range prudemment de mon côté. Ce n'est pas plus malin, parce que l'histoire se termine par une querelle entre Klaus et elle, et du coup je me sens coupable. Il y a quelqu'un de trop dans cet appartement.

En réalité, il y a bien pire que ces disputes, occasionnelles après tout. Ce sont nos soirées tranquilles à la maison : nous sommes tous réunis dans la salle de séjour, Klaus feuillette un illustré ou tourne les boutons de la télé, ma mère essaie de faire la conversation, tantôt avec nous tantôt avec son ami, et personne ne réagit vraiment, tous ses efforts tombent à plat. C'est affreusement pénible. Ma sœur et moi nous sentons de trop dans la pièce. Et quand nous annonçons que nous allons faire un tour, personne ne proteste. Klaus au moins, nous semble-t-il, est carrément content de nous voir partir. C'est pourquoi nous sortons de plus en plus souvent et restons dehors aussi longtemps que possible.

Rétrospectivement, je pense que Klaus n'a mérité

aucun reproche. Il n'avait qu'une vingtaine d'années. Il ne savait pas ce qu'est une famille. Il ne se rendait pas bien compte combien ma mère tenait à nous et nous à elle. Que nous avions besoin de l'avoir toute à nous pendant le peu de temps que nous passions avec elle, le soir et le week-end. Il était probablement jaloux de nous. Nous l'étions certainement de lui. Ma mère voulait être disponible pour nous et garder son ami. Une fois de plus, elle ne s'en sortait pas.

Je réagis à cette situation en me montrant de plus en plus bruyante et agressive. Ma sœur en devenant de plus en plus silencieuse. Elle souffre, et elle ne sait sûrement pas exactement pourquoi. Mais elle parle de retourner chez mon père. A mes yeux c'est totalement insensé, après tout ce qu'il nous a fait. Mais voilà qu'effectivement il nous propose de revenir chez lui. Ce n'est plus le même homme. Il a une jeune amie, et chaque fois que nous le rencontrons, il paraît d'excellente humeur. Il se montre extrêmement gentil avec nous. Il me fait cadeau d'un autre dogue, une femelle.

J'ai douze ans. J'ai déjà un peu de poitrine et je commence à m'intéresser fortement aux garçons et aux hommes. A mes yeux, ce sont des êtres bizarres. Brutaux, tous. Aussi bien les grands garçons qui traînent dans la rue que mon père et même Klaus, à sa manière. Ils me font peur. Mais ils me fascinent aussi. Ils sont forts, ils détiennent le pouvoir. Je les envie. En tout cas, leur force et leur puissance m'attirent.

Il m'arrive d'utiliser le séchoir à cheveux de ma mère. Je me fais une frange aux ciseaux à ongles, je me coiffe sur le côté. Je m'occupe beaucoup de mes cheveux parce qu'on me dit parfois qu'ils sont très beaux, longs comme je les porte. Je ne veux plus mettre mes pantalons écossais de petite fille. Ça fait débile. Je veux des jeans. On m'achète des jeans. Je veux absolument des souliers à hauts talons. Ma mère me donne une paire des siens.

En jean et hauts talons, je traîne presque tous les soirs dans la rue jusqu'à dix heures. J'ai l'impression qu'on ne veut pas de moi à la maison. Mais d'un autre côté je trouve chouette d'avoir autant de liberté. Je crois même que je savoure mes disputes avec Klaus. Ça me donne un sentiment de puissance, de m'engueuler avec un adulte.

Tout ça, ma sœur ne le supporte pas. Elle commet un acte à mes yeux incompréhensible : elle va chez mon père. Elle quitte ma mère, et surtout elle me quitte. Me voici plus seule encore. Mais, pour ma mère, le coup est terrible. Elle recommence à pleurer. Déchirée entre son ami et ses enfants, elle est, encore une fois, débordée par le problème.

Je pensais que ma sœur ne tarderait pas à revenir. Mais elle se plaît bien chez mon père. Il lui donne de l'argent de poche, lui paye des leçons d'équitation et lui a offert une vraie culotte de cheval. Pour moi, c'était dur à avaler. J'avais recommencé à travailler au poney-club où, en échange, on me permettait de monter. Mais ce n'était pas régulier et bientôt ma sœur, avec sa chouette culotte de cheval, est devenue meilleure cavalière que moi.

Mais finalement j'ai eu droit à une compensation. Mon père m'a offert un voyage en Espagne. J'avais eu un excellent bulletin scolaire et j'étais déclarée apte à suivre le cycle long. On m'avait inscrite à l'école polyvalente intégrée[1] de la cité Gropius. Donc, au seuil d'une nouvelle étape de ma vie — une étape qui logiquement devait me mener jusqu'au bac —, je me suis envolée pour Torremolinos en compagnie de mon père et de son amie. Des vacances extra. Mon père s'est montré formidable et j'ai constaté qu'il m'aimait — à sa manière. Maintenant, il me traitait presque en adulte. Et même, il m'a emmenée quelquefois quand il sortait le soir avec son amie.

Il était devenu tout à fait raisonnable. Il avait maintenant des amis de son âge et ne leur cachait pas qu'il avait été marié. Je ne l'appelais plus oncle Richard. J'étais sa fille. Et il paraissait fier de moi. Une seule ombre au tableau : il a — c'était bien de lui — choisi la date des vacances en fonction de ce qui les arrangeait, lui et ses amis. A la fin de mes propres vacances. De sorte que je suis arrivée à ma nouvelle école avec deux semaines de retard.

Je suis très désorientée. Dans ma classe, des amitiés se sont déjà nouées, des bandes se sont formées. Moi, je suis toute seule dans mon coin. Mais le pire, c'est qu'au cours de ces deux semaines où moi j'étais encore en Espagne, on a expliqué aux autres le fonctionnement du collège. C'est un système assez compliqué pour quelqu'un qui vient du primaire, il faut choisir soi-

1. Ces établissements regroupant les divers types d'écoles secondaires servent de banc d'essai pour la future organisation de l'enseignement en RFA. L'expérience est très discutée. *(N.d.T.)*

même ses orientations, s'inscrire dans certains cours. Les autres ont reçu des conseils, ils ont été guidés dans leur choix. Je dois me débrouiller seule. Je suis paumée dans cette école. Et je le serai toujours. Il n'y a plus, comme à l'école primaire, de maître s'occupant individuellement des élèves. Chaque professeur fait cours à plusieurs centaines d'élèves. Si on veut aller jusqu'au bac, il faut se prendre en charge soi-même. Décider qu'on veut travailler. Faire le nécessaire pour être admis dans les groupes du niveau le plus élevé. Ou alors avoir des parents qui vous disent fais ci et ça et qui vous poussent. Moi, je suis paumée.

Je ne me sens pas « quelqu'un » dans cette école. Les autres ont deux semaines d'avance. C'est beaucoup dans une nouvelle école. J'essaie ma recette du primaire : je chahute, j'interromps les profs, je les contredis. Parfois parce que, à mon avis, ils se trompent, parfois par principe. Je suis repartie en guerre. Contre les profs et contre l'école. Je veux être quelqu'un. Exister.

Le caïd, dans notre classe, c'est une fille. On l'appelle Kessi. Elle a déjà une vraie poitrine. Elle paraît au moins deux ans de plus que nous. Elle est également plus mûre. Tout le monde la respecte. Je l'admire. Mon plus cher désir est de devenir son amie.

Kessi a un ami. Un type formidable. Il est dans une classe parallèle à la nôtre, mais il est plus âgé que nous. Il s'appelle Milan. Il mesure au moins 1,70 m, ses cheveux, noirs et bouclés, lui tombent sur les épaules, il porte des jeans moulants et des bottes dernier cri. Toutes les filles sont folles de lui. Et le prestige de Kessi n'est pas dû seulement à son tour de poitrine et à ses allures d'adulte, mais aussi au fait qu'elle est l'amie de Milan.

Nous avons, nous les filles, une image très précise du garçon qui nous plaît. Il ne doit pas se balader en pantalons patte d'éléphant : il arbore des jeans collants, des souliers à la mode (surtout pas des tennis, ça fait débile), de préférence des bottes, décorées et à talons hauts. Nous méprisons les gamins qui s'amusent à lancer des boulettes de papier ou des trognons de pomme en classe. Ce sont les mêmes qui, à la récréation, boivent du lait et tapent dans un ballon de foot. Tandis que les vrais mecs disparaissent dans le coin des fumeurs. Et boivent de la bière. Je me rappelle comme j'étais impressionnée le jour où Kessi m'a raconté que Milan avait pris une cuite terrible.

Je me demande ce que je pourrais faire pour qu'un garçon comme Milan s'intéresse à moi. Ou bien — au fond c'est la même chose — pour que Kessi me considère comme sa copine. Rien que son surnom, Kessi, me paraît classe. Je rêve d'avoir moi aussi, un jour, un chouette surnom.

Je me dis : tu n'as rien à faire des profs que tu vois une heure de temps en temps. A quoi bon se fatiguer pour leur plaire ? L'important, c'est d'être acceptée par les gens avec qui tu passes toute la journée. Du coup, je deviens impossible en classe. Je n'ai aucune relation personnelle avec mes professeurs. La plupart, d'ailleurs, se fichent apparemment de tout, ils n'ont pas de véritable autorité et se contentent de gueuler. Je leur en fais voir de toutes les couleurs. Très vite, je suis capable de désorganiser un cours à moi toute seule.

Naturellement, cela me vaut la considération de mes camarades.

Je racle les fonds de tiroir pour pouvoir m'acheter des cigarettes et rejoindre le coin des fumeurs. Kessi y va à toutes les récrés. Maintenant que j'y vais de plus en plus souvent, je sens qu'elle s'intéresse à moi.

Nous nous retrouvons à la sortie de l'école. Enfin, un jour, elle m'invite chez elle. Nous buvons de la bière — ça me fait tout drôle dans la tête — et nous parlons de nos familles. Elle a eu les mêmes emmerdements que moi. En pire.

Kessi est une enfant naturelle. Sa mère change souvent d'ami et ces hommes, naturellement, n'aiment pas beaucoup Kessi. Elle vient juste de traverser une sale période, à cause du dernier en date, un type qui tapait, lui aussi. Un jour, il a cassé tout le mobilier et, pour finir, flanqué le téléviseur par la fenêtre. Mais la mère de Kessi n'est pas comme la mienne, elle essaie de se montrer sévère : sauf permission exceptionnelle, Kessi doit être rentrée tous les soirs à huit heures.

Maintenant ça marche bien à l'école. Je veux dire que j'ai réussi à gagner la considération de mes condisciples. Ç'a été un combat difficile, quasi permanent, qui ne m'a pas laissé beaucoup de temps pour travailler. Mon jour de gloire, c'est celui où Kessi m'a enfin autorisée à m'asseoir à côté d'elle. Elle m'apprend à sécher l'école. Quand elle n'a pas envie d'aller à un cours, elle se tire, tout simplement, pour aller rejoindre Milan ou faire autre chose, ce qui lui chante. Les premières fois j'ai une trouille bleue. Mais je remarque très vite qu'on peut sécher un cours ou deux dans la journée en étant pratiquement assuré de ne pas se faire piquer. On ne fait l'appel qu'à la première heure. Ensuite, les professeurs sont bien incapables — les classes sont trop nombreuses — de voir qui est là et qui est absent. D'ailleurs beaucoup s'en fichent.

Kessi se laisse déjà embrasser et caresser par les garçons. Et elle fréquente la « Maison du Milieu » : c'est une maison de jeunes, sous l'égide de l'Église réformée. Dans la cave, il y a un genre de discothèque, le « Club ». On n'y est admis qu'à partir de quatorze ans. Mais Kessi fait plus que ses treize ans.

A force de supplications, j'obtiens de ma mère qu'elle m'achète un soutien-gorge. A vrai dire je n'en ai pas encore besoin, mais cela me fait une poitrine plus avantageuse. Je commence aussi à me maquiller. Et Kessi m'emmène au Club, qui ouvre à cinq heures de l'après-midi.

La première personne que je vois dans la cave est un garçon de notre école. Il est en troisième et, à mes yeux, c'est le type le plus formidable de toute la boîte. Encore mieux que Milan. Il est plus beau. Surtout, il a l'air super sûr de lui. Il se promène dans la Maison du Milieu avec l'aisance d'une star. On voit qu'il se sent supérieur à tout le monde. Il s'appelle Piet. Ses copains et lui restent toujours à l'écart. On a l'impression qu'ils ne font pas partie du même univers que les autres jeunes qu'on rencontre par ici. Tout le groupe a l'air super. Tous les garçons sont classe : ils portent des jeans collants, des bottes à talons très hauts, des gilets en jean brodé ou bien des vestes fantaisie, d'un joli tissu qui ressemble à un tapis.

Kessi connaît ces garçons et me présente. Je suis toute émue et trouve génial de pouvoir les approcher grâce à Kessi. A la Maison du Milieu, tout le monde les respecte. Et nous, nous avons même le droit de nous asseoir avec eux.

Le soir suivant, la bande avait apporté une gigantesque pipe à eau. Je ne savais même pas ce que c'était. Kessi m'explique qu'ils fument du haschisch. Je ne sais pas très bien ce que c'est. Seulement que c'est une drogue, et strictement interdit.

Ils allument le truc et font circuler le tuyau. Chacun aspire une bouffée. Même Kessi. Quand vient mon tour, je refuse. Je n'en avais pas l'intention, j'ai tant envie de faire partie de la bande. Mais fumer de la drogue ! Je ne peux pas, pas encore. Ça me fait vraiment peur.

Je me sens très mal à l'aise. Je voudrais disparaître dans un trou de souris. Mais je ne peux pas quitter cette table, j'aurais l'air de rompre avec la bande parce qu'on fume du haschisch. Je déclare que j'ai envie d'une bière. Je ramasse les bouteilles vides qui traînent un peu partout. On vous échange quatre bouteilles vides contre une pleine. Je me soûle, pour la première fois de ma vie, pendant que les autres suçotent le tuyau de la pipe à eau. Ils parlent musique. Je n'y connais pas grand-chose. J'aime bien la guimauve, les groupes Teenie-Bopper. Donc de toute façon je ne pourrais pas participer à la conversation. J'aime autant être paf, ça m'évite un affreux sentiment d'infériorité.

Je comprends vite quel genre de musique ils aiment, et moi aussi je ne jure plus que par ça, David Bowie, etc. A mes yeux, ces garçons sont eux-mêmes des idoles. De dos, ils ont tous l'air de David Bowie, bien qu'ils n'aient que seize ans.

Les gens de la bande sont des êtres supérieurs, et leurs façons me déconcertent. Ils ne crient pas, ne se bagarrent pas, ne jouent pas les terreurs. Ils sont très silencieux. Leur supériorité semble émaner d'eux, tout simplement. Entre eux aussi ils sont terriblement cool. Jamais de disputes. En arrivant, tout le monde s'embrasse — un petit baiser sur la bouche. Ce sont les garçons qui commandent, mais les filles sont bien acceptées. En tout cas il n'y a jamais de ces bagarres idiotes entre filles et garçons.

Kessi et moi séchons l'école, une fois de plus. Les deux dernières heures. Kessi a rendez-vous avec Milan au métro Wutzkyallee. Il n'est pas encore arrivé et nous traînons autour de la station de métro, tout en guettant l'apparition éventuelle d'un prof ; à cette heure-là, c'est un risque à courir.

Kessi est juste en train d'allumer une cigarette quand j'aperçois Piet, un gars de la bande, avec son copain Charly. Voici donc venu le moment dont j'ai tant rêvé. Il y a longtemps que j'ai envie de le rencontrer — Piet ou un autre — dans la journée, pour lui proposer de venir chez moi. Oh, en tout bien tout honneur. Je ne m'intéresse pas encore à l'autre sexe, je n'ai que douze ans et ne suis même pas encore réglée. Ce que je veux, c'est pouvoir raconter que Piet est venu à la maison. Pour que les autres pensent que nous sortons ensemble ou, du moins, que je suis membre à part entière de la bande.

A cette heure-ci il n'y a personne chez moi, ma mère et son ami sont au boulot. Je dis à Kessi : « Allons voir les garçons pour causer un peu. » Mon cœur bat la chamade. Pourtant, c'est d'une voix pleine d'assurance qu'au bout de quelques minutes je demande à Piet : « Ça vous dirait de faire un saut chez moi ? Il n'y a personne, et l'ami de ma mère a quelques disques canon : Led Zeppelin, David Bowie, Ten Years After, Deep Purple, et l'album du festival de Woodstock. »

J'ai déjà beaucoup évolué. Je me suis familiarisée non seulement avec la musique qu'ils aiment, mais aussi avec leur langage, qui est différent, comme le reste. Je me suis appliquée à apprendre leur vocabulaire, si nouveau pour moi. Et cela me paraissait plus important que les maths ou les verbes anglais.

Piet et Charly acceptent immédiatement. Je suis folle de joie, toute gonflée d'orgueil. Une fois à la maison, je m'exclame : « Merde, les mecs, il n'y a rien à boire. » Nous nous cotisons, et je file avec Charly au supermarché. La bière c'est trop cher — il en faut beaucoup pour être un peu paf. Nous achetons, pour deux marks, un litre de vin rouge — du gros rouge qui tache.

Nous vidons la bouteille tout en causant. La conversation roule surtout sur les flics. Piet dit qu'il doit drôlement s'en méfier, à cause du dope (c'est un mot qui vient de l'anglais, et qu'ils utilisent pour désigner le haschisch). Ils disent beaucoup de mal des flics, ils affirment que nous vivons dans un État policier.

Tout ça c'est nouveau pour moi. Jusqu'à présent, je n'ai connu d'autres représentants de l'autorité haïssable que les gardiens d'immeuble, des gens qui vous tombent sur le paletot quand vous vous amusez. Les agents de police incarnent encore un monde intouchable. Et voilà que j'apprends qu'à la cité Gropius nous vivons dans un univers policier. Que les flics sont beaucoup plus dangereux que les gardiens d'immeuble. Et si Piet et Charly le disent, ce ne peut être que la stricte vérité.

Une fois la bouteille vidée, Piet annonce qu'il a encore du dope chez lui. Les deux autres sont ravis. Piet sort par le balcon (c'est ce que je fais généralement — nous habitons maintenant au rez-de-chaussée, et je trouve ça génial après avoir vécu au onzième étage) et revient avec une plaque de la taille d'une main, divisée en morceaux d'un gramme valant chacun une dizaine de marks. Il a aussi apporté un shilom [1], ça se présente comme un tuyau de bois d'une vingtaine de centimètres de longueur. Il y met d'abord du tabac, pour qu'on ne fume pas jusqu'au bois, puis le bourre d'un mélange de tabac et de hasch. On fume en renversant la tête en arrière et en tenant le tuyau aussi vertical que possible, afin de ne pas faire tomber de braise.

Je regarde bien comment ils font. Je sais que je ne peux plus refuser, maintenant que Piet et Charly sont venus chez moi. Je prends un air très cool pour dire : « Je me taperais bien un peu de dope aujourd'hui », comme si j'en avais déjà fumé des tas.

Nous avons baissé les stores. La lumière qui filtre par les interstices révèle d'épais nuages de fumée. J'ai mis un disque de David Bowie. Je tire sur le shilom et

1. Pipe spéciale pour fumer le haschisch (Dico Didro). *(N.d.T.)*

garde la fumée dans mes poumons jusqu'à ce que je sois prise d'une quinte de toux. Personne ne dit mot. Nous écoutons la musique, le regard perdu dans le vide.

J'attends qu'il se passe quelque chose en moi. Je me dis : maintenant que tu t'es droguée, il doit forcément t'arriver quelque chose d'extraordinaire. Mais rien. Je me sens juste un peu somnolente, mais c'est plutôt le vin. Je ne sais pas encore que, dans la plupart des cas, le haschisch ne vous fait rien — consciemment du moins — la première fois, il faut un peu d'entraînement pour en ressentir les effets. L'alcool, ça va beaucoup plus vite.

Piet et Kessi, assis sur le canapé, se rapprochent l'un de l'autre. Piet caresse les bras de mon amie. Au bout d'un moment, tous deux se lèvent et vont s'enfermer dans ma chambre.

Me voici toute seule avec Charly. Il s'assied sur l'accoudoir de mon fauteuil et passe son bras autour de mes épaules. Je le trouve encore mieux que Piet. Je suis heureuse qu'il s'intéresse à moi. J'ai toujours peur que les garçons s'aperçoivent que j'ai douze ans et, me prenant pour un bébé, ne me rejettent.

Charly se met à me peloter. Je ne sais plus si je suis toujours contente. J'ai affreusement chaud. De peur, je crois. Je suis pétrifiée. J'essaie de bredouiller quelque chose au sujet du disque qui tourne sur l'électrophone. Quand Charly commence à me tripoter les seins — enfin, ce qui va devenir mes seins —, je me lève d'un bond et me précipite vers l'électrophone pour faire semblant d'y arranger je ne sais trop quoi.

Piet et Kessi sortent de ma chambre. Ils ont un air

bizarre, troublé, un peu triste. Leurs regards s'évitent. Ils sont étrangement silencieux. Kessi a le visage en feu. J'ai l'impression qu'elle vient de vivre une très mauvaise expérience. En tout cas ça ne lui a rien apporté. Ça a dû être pénible pour tous les deux.

Finalement, Piet me demande si je viendrai ce soir à la Maison du Milieu. Ça me regonfle. J'ai gagné. Tout s'est passé comme je l'avais rêvé : j'ai invité des gars de la bande à la maison, et maintenant j'en fais partie pour de bon.

Piet et Kessi s'en vont en escaladant le balcon. Charly s'attarde. La peur me reprend. Je ne veux pas rester seule avec lui. Je lui dis tout net qu'il faut maintenant que je range l'appartement et me mette à mes devoirs. Tout à coup, je me fiche de ce qu'il va penser. Il s'en va. Je me jette sur mon lit et, les yeux au plafond, j'essaie de faire le point.

Charly a beaucoup d'allure mais, je ne sais pas bien pourquoi, il ne me plaît plus. Une heure, une heure et demie s'écoulent. On sonne. Je colle l'œil au judas. C'est Charly. Je n'ouvre pas, et regagne ma chambre sur la pointe des pieds. J'ai vraiment peur de me retrouver seule avec ce type. Il me dégoûte maintenant. Et puis j'ai un peu honte. A cause du dope ou de Charly, je n'en sais trop rien.

Je suis triste. Me voilà enfin admise dans la bande, mais au fond ce n'est pas ma place. Je suis trop jeune pour les histoires de garçons, je m'en rends très bien compte maintenant. Quant à ce qu'ils racontent à propos de la police, de l'État, etc., ça ne m'intéresse pas du tout.

Pourtant, je file à la Maison du Milieu dès l'ouverture. Nous allons au cinéma. Je tente de m'asseoir entre Kessi et un garçon que je ne connais pas, mais Charly se glisse à côté de moi. Pendant le film, il recommence à me peloter. Il met sa main entre mes cuisses. Je ne me défends pas. Je suis comme paralysée. J'ai horriblement peur. J'ai envie de me sauver à toutes jambes, mais je me dis : « Christiane, c'est le prix de ton admission dans la bande. » Je ne bouge pas et ne dis rien. Du reste, ce type m'impressionne terriblement. Seulement, lorsqu'il me demande de le caresser à mon tour et qu'il saisit ma main pour l'attirer vers lui, je me dégage et croise fermement mes mains sur mes genoux.

Enfin le film s'achève. Soulagée, je me dépêche de rejoindre Kessi. Je lui raconte tout, lui explique que je ne veux pas revoir Charly. Elle le lui a sûrement rapporté car — je l'ai appris par la suite — elle est amoureuse de lui. Elle chiale, en plein Club, parce qu'il ne lui accorde pas plus d'attention qu'aux autres filles. Plus tard, elle m'a avoué qu'à l'époque elle était vraiment folle de lui, et qu'elle avait envie de pleurer dès qu'il se trouvait dans les parages.

En tout cas, je fais désormais partie de la bande. Bien sûr on m'appelle « la petite ». Mais je suis acceptée. Aucun des garçons n'essaie de me toucher. On sait et on admet que je me trouve encore trop jeune pour ça. Sur ce point aussi, notre bande diffère des alcoolos. Les alcoolos, ce sont les jeunes qui se défoncent à la bière et au schnaps. Eux, ils sont très durs avec les filles qui « font des manières ». Ils se moquent d'elles, les insultent, les brutalisent. Chez nous, tout ça n'existe pas, il n'y a jamais de violence. Nous nous acceptons les uns les autres tels que nous sommes. D'ailleurs, d'une certaine façon, nous sommes tous pareils, ou du moins nous sommes tous sur le même bateau. Nous n'avons pas besoin de longs discours pour nous comprendre. Chez nous, personne ne hurle, personne ne dit des obscénités. Les criailleries des autres ne nous concernent pas. Nous sommes au-dessus de ça.

A part Piet, Kessi et moi, tout le monde a déjà un emploi. Et c'est pour tout le monde pareil : on n'est heureux ni à la maison ni au boulot. Mais alors que les alcoolos traînent leurs stress au Club et se défoulent par l'agressivité, les gars de notre bande sont capables de tourner le bouton. Leur journée de travail terminée, ils font les trucs qui leur plaisent : fumer du dope, écouter de la musique cool... Et c'est la paix. Nous oublions toute la merde de la journée.

Je ne me sens pas encore tout à fait comme les autres. Je suis trop jeune, je crois. Mais ils sont mes modèles. Je veux leur ressembler, apprendre d'eux à vivre cool, en se fichant des cons et de toute cette merde. De toute façon, ni parents ni profs n'ont plus aucune influence sur moi. La seule chose qui compte, à part mes bêtes, c'est la bande.

Si les choses en sont là, c'est aussi que la vie à la maison est devenue intenable. Le pire, c'est que Klaus, l'ami de ma mère, a horreur des bêtes. Du moins est-ce mon opinion à l'époque. Dans un premier temps, il s'est contenté de récriminer sans arrêt, disant que l'appartement est trop petit pour y entretenir toute cette ménagerie. Puis il a interdit l'accès de la salle de séjour à mon chien — celui que mon père m'a offert.

Alors j'explose. Nos chiens ont toujours fait partie de la famille. Et voilà que ce type prétend chasser mon dogue de la salle de séjour ! Ce n'est pas tout : il me défend de le faire dormir à côté de mon lit. Il voudrait — sans rire — que je lui construise un box dans ma chambre, qui est déjà minuscule. Naturellement, je n'en fais rien.

Après ça, Klaus m'assène le coup de grâce. Il faut se débarrasser des bêtes, déclare-t-il. Ma mère se range de son côté, disant que je ne m'en occupe plus. C'est le bouquet ! Bien sûr, je rentre souvent tard le soir et ça les oblige à sortir eux-mêmes le chien mais, à part ça, je consacre tout mon temps libre à mes bêtes.

J'ai eu beau pleurer et tempêter, le chien est parti. Ils l'ont donné à une bonne femme, sympa d'ailleurs, et que j'aimais bien, vraiment. Mais elle est tombée malade — un cancer — et n'a pas pu le garder. J'ai entendu dire qu'il a échoué dans un bistrot. C'est un animal extrêmement sensible, qui ne supporte pas d'entendre crier. Dans un endroit pareil, mon chien ne survivra pas, je le sais très bien. S'il meurt, ce sera la faute de Klaus et de ma mère. Je ne veux plus rien avoir affaire avec ces gens-là.

Tous ces événements se situent à l'époque où je commence à fréquenter la Maison du Milieu et à fumer du hasch. On m'a laissé mes deux chats. La nuit, ils dorment dans mon lit. Mais, le jour, ils n'ont pas besoin de moi. Sans mon chien, je n'ai plus aucune raison d'être à la maison. Je n'ai pas envie d'aller me promener toute seule. J'attends impatiemment qu'il soit cinq heures, l'heure d'ouverture de la Maison du Milieu. Quelquefois, je retrouve Kessi et quelques copains de la bande en début d'après-midi.

Je fume tous les soirs. Dans la bande, ceux qui ont du fric en passent aux autres. Ça ne me dérange plus de fumer du hasch. A la Maison du Milieu, d'ailleurs, on ne s'en cache pas. De temps en temps, les animateurs nous font la morale. Mais la plupart d'entre eux reconnaissent qu'il leur est aussi arrivé d'en fumer. Ils viennent de l'Université, du mouvement étudiant, et là on trouvait tout à fait normal de fumer du haschisch. Ils nous disent seulement de ne pas exagérer, de ne pas nous en servir comme d'un moyen de fuir la réalité, etc. Et, surtout, de ne pas passer aux drogues dures.

Leurs conseils ne nous font ni chaud ni froid. De quoi se mêlent-ils, ces mecs ? Ils fument eux-mêmes, n'est-ce pas ? L'un d'entre nous a carrément déclaré à un animateur : « Pour vous, quand un étudiant se kiffe, c'est O.K. Il sait ce qu'il fait. Mais si c'est un apprenti ou un ouvrier, ça ne va plus, c'est dangereux. Qu'est-ce que vous croyez ? Vos histoires, ça ne prend pas. » Le type n'a pas su quoi répondre. Ça lui avait donné mauvaise conscience.

Je ne me contente pas de fumer. Quand je n'ai pas de dope, je bois du vin, ou de la bière. Je m'y mets dès la sortie de l'école, ou même le matin les jours où je sèche la classe. J'ai besoin d'être tout le temps un peu partie, un peu dans les vapes. Et j'en ai envie, pour échapper à toute cette merde, merde à l'école et merde à la maison. L'école, de toute façon, je suis arrivée à m'en fiche complètement. Ma moyenne, bien sûr, dégringole à toute vitesse.

Physiquement aussi j'ai beaucoup changé. Je suis devenue très maigre, car je ne mange presque plus. Je flotte dans tous mes pantalons. Mon visage s'est creusé. Je passe beaucoup de temps devant la glace. Ma nouvelle apparence me plaît bien. Je ressemble de plus en plus au reste de la bande. J'ai enfin perdu mon visage innocent, mon visage d'enfant.

Je suis obnubilée par mon physique. J'oblige ma mère à m'acheter des pantalons collants comme une seconde peau, des chaussures à hauts talons. Je me coiffe avec une raie au milieu, les cheveux mangeant la figure. Je veux avoir l'air mystérieux, personne ne doit pouvoir me percer à jour, personne ne doit se douter que je ne suis pas aussi cool que je m'efforce de le paraître.

Un soir, au Club, Piet me demande si j'ai déjà fait un voyage. « Bien sûr, mon vieux » je lui réponds. J'ai entendu parler du LSD, de ce qu'ils appellent un « voyage ». Piet sourit. Je vois bien qu'il ne me croit pas. Comme j'ai souvent entendu des gens raconter leur dernier voyage j'essaie, avec des bouts de souvenirs, de fabriquer mon propre récit. Mais Piet ne me croit toujours pas. On ne le trompe pas aussi facilement. J'ai honte.

« Si tu veux essayer, dit-il, j'en aurai du bon samedi. Je t'en donnerai un peu. »

J'attends la fin de la semaine avec impatience. Quand j'aurai pris du LSD, je serai tout à fait comme les autres. A mon arrivée à la Maison du Milieu, Kessi a déjà commencé son voyage. Piet me dit : « Si tu es vraiment décidée, je t'en donne la moitié d'un. Ça suffit pour la première fois. » Il me tend un tortillon de papier à cigarettes. J'y trouve un bout de comprimé. Je ne peux pas l'avaler comme ça, devant tout le monde. Je suis affreusement excitée. En plus, j'ai peur d'être prise en flagrant délit. Et puis je voudrais donner à l'événement une certaine solennité. En fin de compte je vais m'enfermer aux toilettes et j'avale le truc.

A mon retour, Piet affirme que j'ai jeté le comprimé dans les W.-C. J'attends avec impatience que ça me fasse de l'effet, pour que les autres voient bien que je l'ai avalé.

Mais dix heures, l'heure de la fermeture du Club, sonnent, et je n'éprouve toujours rien. J'accompagne Piet au métro. On y rencontre Frank et Paulo, deux copains à lui. Ils respirent le calme, un calme extraordinaire. Ils me plaisent bien. « Ils sont défoncés à l'héroïne » me dit Piet. Sur le moment je n'y prête aucune attention. J'ai assez à faire avec moi-même. Le comprimé commence à agir.

Nous prenons le métro. Ça y est, je flippe. C'est complètement dingue. J'ai l'impression d'être à l'intérieur d'une boîte de conserve où quelqu'un touille avec une cuillère géante. Le vacarme que fait cette rame de métro dans le tunnel est effroyable. Insupportable. Les voyageurs ont tous des masques horribles. C'est-à-dire qu'ils ont la même tête que d'habitude, ces salauds. C'est juste que je les vois mieux, que je me rends mieux compte à quel point ils ont l'air dégueulasse, ces bourgeois. Ils doivent rentrer de leur saleté de travail. Après, ils vont regarder la télé, aller au pieu, et remettre ça, métro-boulot-dodo. Je pense : « Tu as bien de la chance de ne pas être comme eux. D'avoir la bande. D'avoir pris ce truc qui te montre ce qui se passe dans le métro. Quelles têtes ils ont ! » C'est le même genre d'idées qui me trottera par la tête au cours de mes voyages suivants. Mais, aujourd'hui, tout à coup les masques me font peur. Je regarde Piet. Lui aussi me paraît plus laid que d'habitude, avec un visage minuscule. Mais il a gardé l'air à peu près normal.

Nous arrivons. Je suis heureuse de me retrouver dehors. Maintenant je suis partie pour de bon. Toutes les lumières sont d'une incroyable intensité. Jamais le soleil ne m'a paru aussi brillant que ce lampadaire au-dessus de nos têtes. Dans le métro j'avais froid, maintenant j'ai trop chaud. Je me crois en Espagne et plus à Berlin. Les rues sont devenues des plages, les arbres des palmiers — comme sur les belles affiches de l'agence de voyages de la cité Gropius. La lumière est éblouissante. Je ne dis pas à Piet que je plane. Mon voyage fantastique, j'ai envie de le faire seule.

Piet, qui plane lui aussi, propose d'aller chez son amie. Une fille qu'il aime beaucoup. Ses parents sont peut-être absents. Nous allons d'abord au parking, au sous-sol de l'immeuble, voir si leur voiture est là. J'ai une crise d'angoisse. Le plafond du garage, qui est bas, descend de plus en plus. On dirait qu'il se voûte. Les piliers de béton oscillent.

La voiture des parents est là.

Piet s'écrie : « Bon Dieu, qu'est-ce que c'est que ce

garage pourri ! » Puis, pensant soudain qu'il est seul à planer, il me demande : « Dis donc, où as-tu jeté le comprimé tout à l'heure ? » Il me regarde et, au bout d'un moment, déclare : « Merde, fillette, je n'ai rien dit. Tu as des pupilles vachement dilatées. »

Dehors, le monde est beau à nouveau. Je m'assieds dans l'herbe. Une maison, au voisinage, a un mur d'un orange éclatant. On dirait que le soleil levant s'y reflète. Les ombres dansent comme si elles voulaient s'effacer devant la lumière. Le mur se creuse et semble soudain se dissoudre en flammes.

Nous allons chez Piet. Il a un talent de peintre tout à fait étonnant. Un de ses tableaux, accroché dans sa chambre, représente un squelette armé d'une faux sur un cheval absolument énorme. Je me précipite vers ce tableau. Ce n'est pas la première fois que je le vois, et j'ai toujours pensé qu'il représente la Mort. Maintenant il ne me fait plus du tout peur. Des pensées très naïves me viennent. Je me dis que ce squelette est incapable de maîtriser un cheval aussi vigoureux. Nous parlons du tableau, longuement. En partant, Piet me prête quelques disques, en disant : « Ils sont formidables pour déplaner.[1] » Je rentre à la maison.

Ma mère, bien entendu, m'attend. C'est l'engueulade habituelle. Où j'étais... Ça ne peut pas continuer comme ça, etc. Je la trouve parfaitement ridicule, grosse et grasse dans sa chemise de nuit blanche, le visage tout tordu de rage. Comme les gens dans le métro.

Je n'ouvre pas la bouche. De toute façon, je ne lui

1. Revenir à la réalité après un « voyage ».

parle plus. Juste l'indispensable et quelques petites phrases sans importance. Je ne veux plus qu'elle me touche, je ne veux plus qu'elle m'embrasse. Je me figure — du moins de temps en temps — que je n'ai plus besoin de mère ni de famille.

Nous vivons maintenant dans deux mondes totalement différents. Ma mère et son ami d'un côté, moi de l'autre. Ils n'ont pas la moindre idée de ce que je fais. Ils pensent que je suis une fille tout à fait normale, juste en cours de puberté. Et que pourrais-je leur raconter ?

De toute façon ils ne comprendraient pas. Ils ne feraient que me bombarder d'interdictions. En tout cas c'est ce que je crois. Le seul sentiment que j'éprouve encore pour ma mère, c'est la pitié. Je la plains quand je la vois rentrer du boulot, stressée, énervée, épuisée, et se jeter sur les travaux ménagers. Mais je me dis que c'est de leur faute, aux vieux, s'ils mènent cette vie de cons.

La mère de Christiane

Comment ai-je pu ne pas voir ce qui arrivait à Christiane ? Je me suis souvent posé la question. La réponse est simple, mais il m'a fallu plusieurs entretiens avec d'autres parents pour être capable de la supporter : je ne voulais pas me rendre compte que ma fille était devenue une droguée. Tout simplement. Je me suis bouché les yeux aussi longtemps que j'ai pu.

Mon ami — l'homme avec lequel je vis depuis mon divorce — avait des soupçons depuis longtemps. Mais je lui disais : « Tu te fais des idées, ce n'est qu'une enfant. » C'est là, sans doute, l'erreur la plus grave : on s'imagine que nos enfants « n'en sont pas encore là ». J'aurais dû commencer à me poser des questions dès que Christiane s'est isolée, que je l'ai vue éviter de plus en plus le contact avec nous, et partir en week-end avec ses amis au lieu de faire quelque chose en famille. J'aurais au moins dû me demander pourquoi elle agissait ainsi. J'ai pris trop de choses à la légère.

Sans doute, quand on travaille, ne veille-t-on pas avec suffisamment d'attention sur ses enfants. On a envie d'avoir la paix et on est au fond assez content de les voir suivre leur propre chemin. Bien sûr, Christiane rentrait quelquefois en retard. Mais elle avait toujours une bonne excuse et je ne demandais qu'à la croire. Tout comme son indocilité croissante, ça me paraissait tout simplement de son âge, et je me disais : ça passera.

Je ne voulais pas exercer de contraintes sur Christiane. J'en ai trop souffert moi-même. J'ai eu un père extrêmement sévère. Dans le village du Hesse où j'ai grandi, c'était un notable, il était propriétaire d'une carrière. Son éducation consistait uniquement en interdictions. Si j'avais le malheur de parler des garçons — rien qu'en parler — j'avais droit à une paire de claques.

Je n'ai jamais oublié ce dimanche après-midi. Je me promenais avec une amie. Deux jeunes gens nous suivaient, à plus de cent mètres de distance. Et voilà que, tout à fait par hasard, mon père passe par là. Il stoppe net, descend de voiture, me flanque une baffe en pleine rue, me fourre dans l'auto et me ramène à la maison. Tout ça parce que deux garçons marchaient derrière nous. Ça m'a révoltée. J'avais seize ans à l'époque, et je n'ai plus pensé qu'à une seule chose : comment fiche le camp ?

Ma mère, c'était une femme au cœur d'or. Mais elle n'avait pas voix au chapitre. On ne m'a même pas permis de choisir mon métier. Je rêvais de devenir sage-femme, mais mon père m'a forcée à faire des études commerciales, pour que je puisse tenir sa comptabilité. C'est à cette époque que j'ai rencontré Richard, mon futur mari. Il avait un an de plus que moi et suivait une formation agricole, il se destinait à l'administration des domaines. Pour obéir à son père, lui aussi. Au début nous étions seulement copains. Mais mon père a bien sûr voulu m'empêcher de le voir. Et plus il s'acharnait, plus je m'entêtais. En fin de compte, je n'ai plus vu qu'une seule solution pour conquérir ma liberté : tomber enceinte, être obligée de me marier.

J'avais dix-huit ans quand c'est arrivé. Richard a aussitôt arrêté ses études et nous sommes partis nous installer dans le Nord, dans le village où habitaient ses parents. Notre mariage a été un échec complet. Dès le début. Je n'ai jamais pu compter sur mon mari qui, même pendant ma grossesse, me laissait seule des nuits entières. Il ne pensait qu'à sa Porsche et à ses grands projets. Aucun travail ne lui paraissait digne de lui. Il voulait à tout prix être quelqu'un d'important. Il répétait tout le temps qu'avant la guerre sa famille était riche et puissante : ses grands-parents étaient propriétaires d'un journal, d'une joaillerie, d'une boucherie, et aussi de vastes domaines.

Il voulait absolument avoir sa propre entreprise. Tantôt il s'agissait de monter une affaire de transports, tantôt de vendre des voitures, ou encore, en association avec un ami, de s'établir horticulteur-pépiniériste. Mais, en réalité, il n'a jamais dépassé le stade des contacts préliminaires. Et, à la maison, il se défoulait sur les enfants. J'avais beau m'interposer, les coups pleuvaient.

C'est moi qui gagnais la plus grande partie de l'argent dont nous avions besoin pour vivre. Christiane allait sur ses quatre ans quand j'ai trouvé un bon job dans une agence matrimoniale. J'étais parfois obligée de travailler le week-end — des contrats à établir — et alors Richard m'aidait. Pendant deux ans, les choses ont relativement bien marché. Puis Richard s'est disputé avec mon patron, et j'ai perdu mon boulot. Richard a décidé d'ouvrir lui-même une agence matrimoniale, quelque chose de grandiose. Avec siège social à Berlin.

Nous avons déménagé en 1968. J'espérais que ce changement de décor signifierait aussi un nouveau départ pour notre couple. Mais, au lieu du bel appartement et des somptueux bureaux attendus, nous avons atterri dans un deux pièces et demi de la cité Gropius, presque la banlieue, Richard n'avait pas pu trouver les fonds nécessaires pour démarrer. Tout recommençait comme avant. Il a passé sa rage sur moi et sur les enfants. Une fois, dans une de ses bonnes périodes, il a pris pour quelque temps un job dans le commerce. Au fond, il était incapable de se résigner à être comme tous les autres habitants de la cité Gropius, à faire partie des petites gens.

J'ai souvent pensé au divorce, mais je n'avais pas le courage d'aller jusqu'au bout. Le peu de confiance en moi que m'avait laissé mon père, mon mari s'était chargé de le détruire.

Heureusement, j'ai vite retrouvé du boulot à Berlin : une place d'employée de bureau, mille marks par mois net. Le sentiment d'être considérée, de faire quelque chose à nouveau, m'a rendu une certaine force. J'ai cessé de tout accepter de mon mari. Je commençais à trouver sa mégalomanie assez ridicule. Nos heurts devenaient de plus en plus fréquents, de plus en plus violents. Nous avons fait plusieurs tentatives de séparation mais ça n'a pas marché. Je tenais encore trop à lui — peut-être parce qu'il avait été le premier. Et aussi à cause des enfants. Je n'avais pas trouvé de place dans un jardin d'enfants pour les petites, et d'ailleurs je n'aurais pas pu la payer. Alors, j'aimais autant savoir Richard de temps en temps à la maison. De sorte que je différais toujours ma décision. Enfin, en 1973, je me suis sentie assez forte pour réparer mon erreur. Je suis allée voir un avocat, et j'ai demandé le divorce.

Ce que j'avais vécu, je voulais l'épargner à Christiane. Je m'en étais fait le serment dès sa naissance : il ne faut pas que, comme moi, elle épouse le premier venu, rien que pour fuir la maison. Il faut qu'elle puisse s'épanouir librement, sans contraintes. Je voulais être une mère moderne. C'est ce qui fait que, plus tard, je me suis sans doute montrée trop permissive.

Une fois le divorce prononcé, il m'a d'abord fallu chercher un nouvel appartement, Richard refusait de déménager. J'en ai trouvé un à six cents marks par mois (garage compris, ce dont je n'avais aucun besoin, n'ayant pas de voiture). C'était beaucoup trop cher pour moi, mais je n'avais pas le choix. Je voulais quitter enfin mon mari, je voulais à tout prix que, pour les enfants et moi, commence une vie nouvelle.

Richard n'avait pas de quoi verser une pension alimentaire. Je me suis dit : « Il n'y a qu'une chose à faire : tu prends sur toi, tu fais au besoin des heures supplémentaires, mais il faut que les enfants aient une vie décente. » Elles avaient maintenant dix et onze ans, et toute leur enfance elles n'avaient connu qu'un appartement meublé du strict minimum, de bric et de broc. Nous n'avions même pas de canapé convenable. Ça me faisait mal au cœur de ne pas pouvoir offrir à mes enfants un foyer confortable.

Maintenant que j'étais divorcée, je voulais que ça change. Je voulais avoir enfin un appartement coquet où nous nous sentirions bien, toutes les trois. C'est pour ça que je travaillais, pour réaliser ce rêve. Mais aussi pour pouvoir de temps en temps acheter un cadeau aux enfants, leur payer de beaux vêtements, et nous offrir quelques sorties le week-end sans trop regarder à la dépense.

Ce but, je le poursuivais avec acharnement et enthousiasme. Elles ont eu une jolie chambre, dont elles ont choisi elles-mêmes le papier peint, et des meubles à leur goût. En 1975, j'ai pu offrir un électrophone à Christiane. Tout cela me remplissait de joie — j'étais si heureuse de pouvoir enfin leur donner un peu de bien-être !

Souvent, je leur rapportais un petit cadeau en rentrant du bureau, en fin d'après-midi. Des bricoles. Mais j'étais si contente de leur acheter quelque chose dans un de ces grands magasins... C'était généralement un article en promotion, un taille-crayon rigolo, un gadget quelconque, un peu de confiserie. Elles me sautaient au cou. Ça me donnait l'impression que c'était tout le temps Noël.

Aujourd'hui, bien sûr, je sais que c'était un moyen de me donner bonne conscience, une compensation parce que je ne m'occupais pas assez d'elles. J'aurais dû ne pas accorder tant d'importance à l'argent, m'occuper de mes enfants au lieu de tant travailler. Aujourd'hui, je ne comprends plus très bien mon attitude : pourquoi les ai-je laissées seules ? Les cadeaux ne remplacent pas le reste. J'aurais mieux fait, tant que les petites avaient besoin de moi, de vivre des allocations mais, pour moi, ç'aurait été la déchéance : mes parents m'avaient appris que ça ne se fait pas, d'être aux crochets de l'État. Peut-être aurais-je dû exiger de mon ex-mari le versement d'une pension alimentaire. Je ne sais pas. En tout cas, à force de me donner du mal pour avoir un intérieur coquet, j'ai complètement perdu de vue les vraies priorités. J'ai beau retourner les choses en tous sens, au bout du compte je me fais toujours le même reproche : j'ai beaucoup trop laissé les enfants livrées à elles-mêmes. Et Christiane avait sûrement besoin d'être guidée, d'être plus solidement soutenue. Elle est plus instable, plus sensible que sa petite sœur. Il ne me venait même pas à l'idée, à l'époque, qu'elle risquait de glisser sur la mauvaise pente. Je voyais bien, pourtant, ce qui se passait autour de nous, dans la cité. Ça se bagarrait tous les jours. On buvait tant et plus, et il n'était pas rare de voir un homme, une femme, ou même un adolescent, couché ivre mort dans le ruisseau. Mais je me figurais que si on leur donne le bon exemple, si on ne se laisse pas aller, les enfants vous prendront pour modèle — et tout ira bien.

Je pensais vraiment que nous étions sur la bonne voie. Le matin les filles allaient en classe, à midi elles se préparaient elles-mêmes leur repas, et l'après-midi elles allaient souvent au poney-club. Toutes les deux, elles ont une passion pour les animaux.

Effectivement, pendant un certain temps, tout a bien marché, à part quelques petites scènes de jalousie entre les enfants et Klaus, mon ami, venu vivre avec nous. Je voulais être un peu disponible pour lui, en plus de mon travail, de la maison et des enfants. Il était en quelque sorte mon havre de tranquillité. Et, là encore, j'ai commis une grave erreur : pour mieux me consacrer à lui, j'ai permis à la sœur de Christiane de retourner chez son père. Richard, qui se sentait seul, l'avait attirée en lui promettant des tas de choses.

Christiane se retrouvait donc seule au retour de l'école. Elle a commencé à avoir de mauvaises fréquentations. Mais je ne m'apercevais de rien. Elle passait souvent l'après-midi avec son amie Kessi, qui me paraissait très raisonnable pour son âge. Et la mère de Kessi jetait de temps en temps un coup d'œil sur les deux filles. Nous étions voisines, et tantôt Christiane allait chez sa copine, tantôt celle-ci venait chez nous.

Elles avaient douze-treize ans, l'âge où on commence à être curieux de tout, à vouloir faire des expériences. Aussi n'ai-je rien trouvé à redire quand elles sont allées, le soir, à la Maison du Milieu, le centre de jeunes patronné par l'Église évangélique. J'étais persuadée que, chez ces gens-là, Christiane ne pouvait qu'être en de bonnes mains. Même dans mes pires cauchemars, jamais je n'aurais imaginé qu'on y fumait du haschisch.

Au contraire, ça me rassurait de voir Christiane, si triste après le départ de sa sœur, devenir une adoles-

cente enjouée. Depuis qu'elle avait Kessi pour amie, elle avait recommencé à rire. Il leur arrivait de débiter des bêtises avec tant d'entrain que je ne pouvais m'empêcher d'en rire. Comment aurais-je pu deviner que leur gaieté, leurs fous rires, étaient l'effet du haschisch ou de quelque autre drogue ?

Christiane

Ma famille c'est la bande. J'y trouve de l'amitié, de la tendresse, quelque chose qui ressemble à de l'amour. Rien que le petit baiser d'accueil me paraît un truc fantastique. Chacun y met pour chacun un peu de tendresse et d'amitié. Mon père ne m'a jamais embrassée comme ça. Les problèmes, dans la bande, ça n'existe pas. Nous ne parlons jamais de nos problèmes. Personne n'embête les autres avec ses emmerdements à la maison ou au boulot. Quand nous sommes ensemble, cette saloperie de monde extérieur n'existe plus. Nous parlons musique et dope, quelquefois fringues, et quelquefois aussi de gens qui d'une manière ou d'une autre ont flanqué un coup de pied au cul de cette société flicardière. Nous trouvons « bien » quiconque vole une auto, cambriole une banque ou un appartement.

Après mon premier voyage, je me sens tout à fait comme les autres. Il a été canon. J'ai eu de la chance. Pour la plupart des gens, le premier voyage est moche, c'est la panique. Mais moi je suis restée cool. J'ai l'impression d'avoir réussi un examen. Et maintenant, quand on me propose un comprimé de LSD, j'accepte.

J'ai une relation toute nouvelle avec les gens et les

choses. Et je redécouvre la nature. Avant, j'avais le contact avec la nature grâce à mon chien, quand j'allais me balader avec lui. Maintenant, je vis une tout autre expérience. Quand je ne suis pas sous acide, je fume un joint avant la promenade. Et je découvre, à présent, une nature inconnue. Tout se dissout en couleurs, formes et sons reflétant mon humeur du moment. La vie que je mène, je la trouve vachement cool. Pendant plusieurs mois, je suis presque tout le temps très contente de moi.

Et puis il se passe quelque chose dans le groupe. Comme un flottement. L'herbe et les trips [1] ne nous stimulent plus vraiment. On s'y est habitués. La vape, c'est à peu près notre état normal. Ça ne nous apporte plus grand-chose.

Un soir, un gars de la bande arrive au Club en annonçant : « Les mecs, j'ai quelque chose de tout nouveau, de l'Éphédrine. Un truc terrible. » Je prends deux comprimés d'Éphédrine — c'est un stimulant — sans savoir au juste ce que j'avale. Je les fais descendre avec une bière, parce que les autres font comme ça. Je me force. J'ai horreur de la bière, sans doute parce que j'ai horreur des gens qui se soûlent à la bière.

Tout à coup, le Club regorge de pilules en tous genres. Un moment plus tard, je prends un Mandrakes — c'est un puissant somnifère. Ce soir-là, le monde redevient vachement cool, et les gens de la bande drôlement sympa. Les semaines suivantes, nous avons fait de vraies razzias dans les pharmacies.

1. Voyages.

A l'école, ça va de mal en pis. J'ai totalement renoncé à faire mes devoirs. Le matin, je ne suis jamais bien réveillée. Je passe pourtant dans la classe supérieure. Je travaille encore un peu dans certaines matières, comme les lettres ou l'instruction civique, où je tombe de temps en temps sur un sujet qui m'intéresse.

Mais c'est précisément dans les matières où je ne démissionne pas complètement que je rencontre de plus en plus de difficultés. Avec les professeurs comme avec les autres élèves. La manière dont on nous traite — et dont on se comporte les uns envers les autres — me paraît abominable. Je me rappelle comment je me suis engueulée avec un prof qui voulait nous parler de protection de l'environnement. La classe était parfaitement apathique, ça n'intéressait personne. Parce qu'il n'y avait pas de notes à prendre, de leçons à apprendre. Moi, le bla-bla-bla du prof m'exaspérait, je trouvais qu'il passait à côté de tout ce qui était vraiment important. Alors j'ai explosé et j'ai hurlé : « Qu'est-ce que ça veut dire, la protection de l'environnement ? C'est d'abord apprendre aux gens à vivre avec les autres. Voilà ce qu'on devrait nous apprendre dans cette foutue école. A s'intéresser les uns aux autres. Au lieu que chacun essaie d'avoir la plus grande gueule, d'être plus fort que le voisin, et qu'on passe son temps à se faire des crasses pour avoir une meilleure note. Et les profs devraient bien apprendre à voir ce qui se passe et à juger les élèves équitablement. » Et ainsi de suite. C'était un prof que j'aimais encore assez — c'est d'ailleurs pourquoi je me suis mise en colère, je me disais que ça valait la peine de l'engueuler.

J'en ai vraiment ras le bol de cette école. Nous n'avons aucun contact, aucune relation personnelle avec les enseignants. Et les liens entre élèves sont de plus en plus distendus parce que nous n'assistons pas aux mêmes cours. L'objectif, une fois de plus, c'est d'écraser le voisin. Personne ne donne un coup de main, chacun veut être le meilleur. Les profs écrasent les élèves ; ils ont le pouvoir, c'est eux qui donnent les notes. Et, à l'inverse, s'ils tombent sur un prof gentil et qui ne sait pas s'affirmer, ce sont les élèves qui, collectivement pour une fois, testent sur lui leur pouvoir.

Je m'en rends compte, mais ça ne m'empêche pas de continuer à perturber le cours chaque fois que j'en ai envie. La plupart de mes camarades ne me comprennent que dans ces moments-là, quand j'interromps le prof en lançant une connerie quelconque. Mais ils ne pigent pas quand j'essaie de parler sérieusement, de dire pourquoi je trouve que, l'école, c'est de la merde.

Au fond ça ne me dérange plus guère, car tout ce qui m'importe désormais c'est d'être reconnue par ceux de la bande. Et dans la bande, toute cette merde, la compétition, le stress, etc., ça n'existe plus. Mais, même là, je finis par me sentir souvent un peu isolée, je participe de moins en moins aux discussions. De toute façon c'est toujours la même chose : la came, la musique, le dernier trip, et puis — il en est de plus en plus souvent question — les prix de l'herbe, du LSD et des divers comprimés. Je me sens généralement si déprimée que je n'ai plus envie de parler et n'aspire qu'à rester toute seule dans mon coin.

Pourtant j'ai un nouvel objectif : le « Sound ». C'est une discothèque. Toute la ville est couverte d'affiches proclamant : « Sound, la discothèque la plus moderne d'Europe ». Les gens de la bande y vont souvent, mais on n'y est admis qu'à partir de seize ans, et moi je viens tout juste d'en avoir treize. J'ai falsifié ma date de naissance sur ma carte d'identité scolaire, mais j'ai quand même peur qu'on ne me laisse pas entrer.

Je sais qu'au Sound il y a la Scène[1]. On y trouve de tout, de l'herbe à l'héroïne en passant par le Mandrakes et le Valium. A mon idée, ça doit être plein de types vachement cool. Un endroit fabuleux pour la petite fille que je suis, qui ne connaît de Berlin que le trajet entre Rudow et la cité Gropius. Le Sound, je me l'imagine comme un vrai palais, étincelant de partout, des effets de lumière déments et une musique géniale. Et bien sûr des mecs tout ce qu'il y a de plus cool.

J'ai déjà projeté plusieurs fois d'y aller avec les autres, mais ça n'a jamais marché. Ce coup-là, Kessi et moi mettons au point un plan de bataille précis : le samedi, je raconte à ma mère que je vais dormir chez Kessi, qui raconte à la sienne qu'elle va dormir chez moi. Nos mères tombent dans le panneau. Une amie de Kessi, nommée Peggy et un peu plus âgée que moi, doit venir avec nous. Nous nous retrouvons chez elle et y attendons son copain, Micha. Kessi, l'air très important, me raconte que Micha se shoote — c'est-à-dire s'injecte de l'héroïne. Je suis fascinée, impatiente de faire sa connaissance. Car c'est la première

1. Lieu de rencontre des drogués et des revendeurs.

fois que je rencontre quelqu'un dont je sais qu'il se fixe[1].

Micha arrive. Il m'impressionne beaucoup. Je le trouve encore plus cool que les mecs de notre bande. Mais, tout de suite, j'ai de nouveau des complexes d'infériorité. Micha nous traite avec beaucoup de condescendance. Je me dis une fois de plus que je n'ai que treize ans, que ce junkie[2] est bien trop loin de moi, bien trop adulte. Je me sens en état d'infériorité.

Micha mourra quelques mois plus tard.

Nous prenons le métro jusqu'à la station Kurfürstenstrasse. Pour moi, à l'époque, c'est un long trajet. Je me sens très loin de la maison. L'endroit a l'air assez minable. Il y a là plein de filles qui ont l'air de traîner. Naturellement, je ne me doute pas qu'elles font le tapin. On voit aussi quelques types arpenter le trottoir. Peggy dit que ce sont des revendeurs. Si quelqu'un m'avait dit que moi aussi, bientôt, je ferais les cent pas sur cet horrible Kurfürstenstrasse, et presque chaque jour, je l'aurais traité de fou.

Nous allons au Sound. Quand je me trouve à l'intérieur, c'est tout juste si je ne tombe pas à la renverse. Ça n'a aucun rapport avec ce que j'imaginais. « La discothèque la plus moderne d'Europe » est une cave, très basse de plafond, sale et bruyante. Des gens sautillent sur la piste de danse, chacun pour soi. Une foule de gens, sans aucun contact entre eux. Ça pue. De temps en temps, un ventilateur brasse les miasmes.

1. S'injecter une drogue par voie intraveineuse, se piquer.
2. Utilisateur de drogues « dures » (Dico Didro).

Je m'assieds sur un banc et n'ose plus bouger. J'ai l'impression qu'on me regarde, que tout le monde voit que je n'ai rien à faire ici. Kessi, elle, est tout de suite dans le bain. Elle cavale à droite et à gauche, à la recherche de types canon. Elle dit qu'elle n'a jamais vu autant de types canon à la fois. Moi je suis comme pétrifiée. Les autres se sont munis de comprimés de je ne sais quoi et boivent de la bière. Je ne veux rien prendre. Je passe toute la nuit devant deux verres de jus de fruits. Si je m'écoutais, je rentrerais à la maison. Mais je ne peux pas, ma mère croit que je dors chez Kessi. J'attends cinq heures, la fermeture. Pendant un moment, je souhaite que ma mère ait tout découvert et qu'elle vienne me chercher. Si je pouvais la voir subitement à côté de moi... Et puis je m'endors.

Les autres me réveillent. Il est cinq heures. Kessi dit qu'elle rentre avec Peggy. J'ai affreusement mal au ventre. Personne ne s'occupe de moi. Toute seule, à cinq heures du matin, je remonte la Kurfürstenstrasse jusqu'à la station de métro. Le métro est plein d'ivrognes. J'ai envie de dégueuler.

Il y a longtemps que je n'ai été aussi heureuse d'ouvrir la porte de l'appartement et de voir ma mère sortir de sa chambre à coucher. Je lui dis que Kessi s'est réveillée de bonne heure, que je rentre pour faire tranquillement la grasse matinée. Je prends mes deux chats avec moi dans le lit et me pelotonne sous les couvertures. Juste avant de m'endormir je me dis : « Christiane, tout ça n'est pas pour toi. Tu te trompes de chemin. »

Je me réveille à midi, toujours patraque. J'ai besoin de parler à quelqu'un de ce qui m'arrive. Dans la bande, personne ne me comprendra, je le sais. Je ne peux parler de ça qu'avec ma mère.

Je ne sais pas comment commencer. Je dis : « Écoute, maman, hier soir, avec Kessi, on est allées au Sound. » Ma mère a l'air horrifié. Je lui dis : « Au fond, c'était pas mal. C'est immense cette boîte. Il y a même un cinéma. »

Aussitôt, ma mère m'adresse quelques-uns de ses reproches habituels. J'attends les questions. Mais maman ne m'en pose pas. Elle est stressée, une fois de plus, en ce dimanche après-midi : le ménage, la cuisine, des ennuis avec Klaus. Elle n'a pas envie de s'énerver encore plus en se lançant dans une grande discussion avec moi. Peut-être aussi n'a-t-elle pas vraiment envie de savoir.

Je n'ai pas le courage de parler. D'ailleurs, je ne suis pas tout à fait consciente d'avoir envie de parler. A cette époque-là, je n'étais tout à fait consciente de rien, je vivais au gré de mes humeurs, je ne pensais jamais au lendemain, je n'avais pas de projets. Quels projets aurais-je pu avoir ? Nous ne parlions jamais de l'avenir.

Le week-end suivant, Kessi vient passer la nuit chez moi, comme convenu avec nos mères. Je la traîne jusqu'à la maison. Elle est complètement défoncée. Moi aussi j'ai pris quelque chose, mais j'ai encore les yeux en face des trous. Kessi reste plantée au beau milieu de la rue, s'extasiant de voir deux lumières foncer sur elle. Je suis obligée de la tirer jusqu'au trottoir pour qu'elle ne se fasse pas écraser.

Je la pousse dans ma chambre. Mais ma mère, bien

sûr, se pointe immédiatement. Et Kessi et moi sommes prises de la même hallucination : elle est trop grosse, ma mère, pour entrer dans la piaule, elle reste coincée dans l'encadrement de la porte. Ça nous fait rire, on n'arrive plus à s'arrêter. Je vois ma mère transformée en dragon — un gros dragon débonnaire avec un os décorativement planté dans la chevelure. Nous sommes pliées en deux de rire, et ma mère rit gaiement avec nous. Elle doit penser : « En voilà deux fofolles d'adolescentes ! »

Désormais, Kessi m'emmène presque tous les samedis au Sound. Au début, je l'accompagne simplement parce que, sinon, je ne saurais quoi faire le samedi soir. Et, peu à peu, je m'habitue au Sound. J'ai dit à ma mère qu'on y allait, et elle m'a donné la permission à condition que je rentre par le dernier métro.

Tout va bien, jusqu'à un certain samedi de l'été 1975. Nous avons décidé de passer toute la nuit au Sound et, comme d'habitude, on a raconté à la maison qu'on dormait l'une chez l'autre. Ça marche toujours, car nous n'avons pas encore le téléphone. Les deux mères ne peuvent donc pas nous espionner. On va d'abord à la Maison du Milieu, où on vide deux bouteilles de vin. Ensuite on se prépare un joint terrible. Kessi avale en plus quelques Éphédrine, et au bout d'un moment elle se met à chialer. Je connais la chanson. L'Éphédrine, quelquefois, ça vous donne une crise de remords.

Mais quand je m'aperçois soudain que Kessi a disparu, je me fais du mouron. J'ai une idée de l'endroit où elle peut être, et je file au métro. Elle est bien là. Elle dort, allongée sur un banc. Par terre, à portée de sa main, un cornet de frites. Avant que j'aie réussi à la réveiller une rame de métro arrive, et la mère de Kessi en descend. Elle travaille dans un sauna et rentre de son boulot vers dix heures du soir. Elle découvre sa fille, qui est censée coucher chez moi. Elle lui flanque une paire de baffes, une à droite, une à gauche. On les entend claquer. Kessi se réveille en dégueulant. Sa mère l'attrape par le bras — une vraie prise de flic — et l'emmène.

Cette paire de gifles sur le quai du métro a probablement évité bien des choses. Sans elle, Kessi aurait sans doute, et avant moi encore, atterri sur la Scène et au « baby-tapin ». Elle ne serait pas en train de passer son bac.

Toujours est-il qu'on interdit à Kessi de me revoir et qu'elle se retrouve bouclée à la maison tous les soirs. Pendant un certain temps, je me sens bien seule. La bande ne m'apporte pas grand-chose. On continue à se réunir en semaine à la Maison du Milieu, mais je ne peux plus me figurer de samedi soir sans le Sound. Je le trouve de plus en plus génial, et aussi les gens que j'y rencontre. Ce sont eux maintenant mes idoles. Ils sont vachement plus terribles que les gars de la bande, qui après tout ne mettent jamais le nez hors de la cité Gropius. Seulement, maintenant, je suis presque toujours fauchée. Kessi recevait cent marks d'argent de poche par mois, et ça nous servait pour l'herbe et les comprimés. Dorénavant, il faut que je trouve le fric moi-même, au besoin en le volant.

Je n'ai plus personne pour m'accompagner au Sound, alors j'y vais toute seule. Le vendredi suivant l'affaire des gifles, je vais à la pharmacie m'acheter une boîte d'Éphédrine — ça se vend sans ordonnance. Je n'en suis plus à deux comprimés, mais à quatre ou cinq. Je m'arrête à la Maison du Milieu pour mendier de quoi me payer un joint, et je file au métro. Je ne pense pas à Kessi, et d'ailleurs je ne pense à rien. Je flotte dans un monde bizarre et fantastique.

A chaque station, je m'amuse énormément à repérer, parmi les gens qui montent, ceux qui vont au Sound. Ça se voit tout de suite : présentation soignée, cheveux longs, bottes à talons de dix centimètres. Mes stars, les stars du Sound ! Je n'ai plus du tout peur d'y aller seule.

Dans l'escalier du Sound, je me cogne dans un garçon. Il me regarde, murmure quelque chose. Je le trouve formidablement cool. Il est grand, mince, avec de longs cheveux blonds et l'air extraordinairement calme. Toujours dans l'escalier, nous engageons la conversation. Je me sens vachement bien. Nous nous entendons vachement bien, chaque phrase nous rapproche, nous aimons la même musique, nous faisons le même genre de voyage. Il s'appelle Atze. C'est le premier garçon que je trouve vraiment sensass. Pour moi, c'est le coup de foudre. Pour la première fois de ma vie j'en pince pour un garçon.

Atze me présente à ses amis. C'est une bande très cool. Je suis tout de suite dans le bain. On cause drogues, et des meilleures méthodes pour planer. Et moi j'en sais maintenant autant qu'eux là-dessus. Ils parlent aussi de l'H, de l'héroïne. Ils sont tous d'accord pour dire que c'est une saloperie, qu'on ferait mieux de se tirer une balle dans la tête plutôt que de se mettre à ce truc-là. Je dis : « Il faut être complètement débile pour se piquer. » Ensuite on cause fringues : comment rétrécir les jeans. Là aussi j'en connais un bout sur la question : je maigris si vite que je dois le faire presque chaque semaine. Les jeans ultra-collants sont d'ailleurs une sorte de marque de fabrique pour les gens du Sound. Je peux leur donner quelques trucs : rétrécir les pantalons, c'est le seul travail de couture que je sais faire.

La bande m'adopte tout de suite, sans que j'aie à me bagarrer pour ça. Et je me sens si calme, avec tant de confiance en moi, que j'en suis tout étonnée. Il y a un autre garçon de la bande que je trouve tout de suite très sympa. Il s'appelle Detlev. Il est très différent d'Atze, très doux, avec un visage très mignon aux traits encore un peu enfantins. Dans la bande on l'appelle Baigneur. Il a seize ans. C'est avec lui que je parle le plus librement. Et il y a encore une nana drôlement marrante, Astrid. Elle est classe. Elle dit de ces trucs, qu'on est tous pliés en deux de rire. Elle trouve toujours le mot qu'il faut. Je l'admire pour ça. Il y a un seul type dont il faut se méfier : Blacky. Il peut être très blessant. La fois où j'ai raconté qu'un jour, pendant un voyage, j'ai joué dans le métro avec un bébé qui était un vrai petit ange, Blacky a tout de suite fait une remarque stupide. Il faut faire très attention à ce qu'on dit devant lui. Il y a un autre garçon que je n'aime pas beaucoup : c'est un dragueur, et depuis mon aventure avec Charly je ne peux pas les supporter. Mais ce garçon-là ne fait qu'à moitié partie de la bande.

Donc, nous passons la nuit à discuter, en sortant de temps en temps pour fumer un joint. Après la fermeture du Sound, on fait un tour au Kurfürstendamm. Quand je me retrouve dans le métro, sur le chemin du retour, je me sens inondée de bonheur. Je déplane en douceur, j'éprouve une agréable lassitude et, pour la première fois de ma vie, je suis amoureuse.

Je vis désormais dans l'attente des week-ends.

Atze est tendre, plein de prévenances. A notre troisième rencontre au Sound, il m'embrasse, et je lui rends son baiser. C'est un baiser très chaste. Je ne veux pas aller plus loin. Atze le sent, sans qu'il soit nécessaire d'en parler. C'est la grande différence entre les camés et les alcoolos. La plupart des camés sont très sensibles aux sentiments d'autrui, tout au moins quand il s'agit d'un des membres de leur bande. Les alcoolos, quand ils sont bourrés, se jettent sur les filles. Tout ce qu'ils veulent, c'est baiser. Nous, nous avons une tout autre idée des choses importantes.

Atze et moi sommes comme frère et sœur. Il est mon grand frère. Nous marchons toujours en nous donnant le bras. Ça me donne l'impression d'être protégée. Atze a seize ans, il est apprenti vitrier, et son boulot l'emmerde au plus haut point. Il a des idées très précises sur ce que doit être une fille cool. Pour lui plaire, je change de coiffure et je m'achète, chez un fripier, un manteau (il tient au manteau). Un pardessus maxi, tendu jusqu'aux fesses. Je n'imagine plus la vie sans Atze.

Maintenant, je ne rentre plus à la maison à cinq heures du matin, à la fermeture du Sound, je reste avec la bande. Nous déplanons ensemble et passons la matinée à nous balader en ville. On va à des expositions, au Zoo, ou sur le Kurfürstendamm. Quelquefois, on reste ensemble le dimanche entier. J'ai raconté à ma mère l'histoire de Kessi, mais je me suis inventé de nouvelles copines chez qui je suis censée dormir. J'ai une imagination débordante quand il s'agit de raconter à ma mère où et comment je passe mes week-ends.

En semaine, je retrouve toujours la vieille bande à la Maison du Milieu. Mais je m'assieds un peu à l'écart, avec des airs mystérieux. Quelquefois, je leur parle de mes aventures au Sound. Je crois qu'ils m'admirent : j'en suis un peu plus loin qu'eux. Un peu plus loin dans la merde, mais ça je ne le sais pas encore. Et pas davantage que beaucoup de mes vieux copains m'y suivront.

Au Sound, il y a de la drogue à gogo. Je prends de tout, sauf de l'héroïne : Valium, Éphédrine, Mandrakes. En plus, bien sûr, je fume des tas de joints et, au moins deux fois par semaine, je me paie un voyage. Nous avalons stimulants et barbituriques par poignées, tout ça se livre un combat acharné dans l'organisme, et c'est ce qui provoque ces sensations terribles. On peut choisir son humeur, il suffit de bouffer un peu plus de stimulants ou un peu plus de tranquillisants. Quand j'ai envie de faire la fête au Sound, de me démener, je force sur l'Éphédrine. Si je préfère rester tranquillement dans mon coin ou voir un film au cinéma du Sound, j'ingurgite du Valium et du Mandrakes. Pendant quelques semaines, je nage de nouveau dans le bonheur.

Jusqu'à cet épouvantable samedi. En arrivant au Sound, je rencontre dans l'escalier Uwe, un gars de la bande. Il me dit : « Tu sais, Atze a plaqué son boulot. » Un silence, et il ajoute : « Maintenant, il vient ici tous les soirs. » Je trouve qu'Uwe a une voix bizarre et je pige tout de suite : il doit y avoir une autre fille sous roche.

Je demande : « Qu'est-ce qui se passe ? »

Et Uwe répond : « Il a une nana, Moni. »

Quel choc ! Il me reste un espoir : ce n'est peut-être pas vrai. Je descends à la discothèque. Atze est là, tout seul. Il n'y a rien de changé, il m'embrasse, puis va enfermer mes affaires dans son casier. Au Sound, on enferme toujours ses affaires dans un casier, sinon on vous vole tout.

Un peu plus tard arrive cette Moni. Je n'avais jamais fait attention à elle. Elle s'assied tout naturellement avec nous, elle fait partie de la bande. Je me poste un peu à l'écart et je l'observe.

Elle est très différente de moi, petite, potelée, toujours souriante. Elle est très maternelle avec Atze. Je me répète : « Ce n'est pas vrai, ce n'est pas possible. Il ne peut pas me plaquer pour cette grosse idiote. » Je suis bien forcée de reconnaître qu'elle a un très joli visage et de beaux cheveux blonds, très longs. Je me dis : « Peut-être qu'il a besoin d'une fille comme ça, maternelle et toujours de bonne humeur. » Un autre soupçon m'envahit peu à peu : « Atze a besoin d'une fille qui accepte de coucher avec lui. Cette Moni, c'est le genre. »

Je suis parfaitement lucide. D'ailleurs, ce soir-là, je

ne prends rien. Quand je ne peux plus supporter de les voir ensemble, je vais me défouler sur la piste de danse. A mon retour, ils ont disparu. Je les cherche dans toute la boutique, courant comme une folle. Je les trouve au cinéma. Étroitement enlacés.

Je rejoins les autres sans trop savoir comment. Quelqu'un comprend tout de suite ce qui m'arrive. Detlev. Il passe son bras autour de mes épaules. Je ne veux pas pleurer. J'ai toujours pensé qu'il était horriblement kitsch de pleurer devant la bande. Pourquoi « kitsch » ? Je ne sais pas. Mais quand je sens que je ne peux plus contenir mes larmes, je me précipite dehors. Je traverse la rue et vais me cacher dans le parc en face du Sound. Je pleure comme une Madeleine.

Et soudain Detlev est à côté de moi. Il me tend un mouchoir en papier, et puis un autre encore. Je suis trop occupée de moi-même pour percevoir vraiment sa présence. C'est seulement beaucoup plus tard que j'ai réalisé combien c'était gentil de sa part d'être sorti me chercher.

Je ne veux plus revoir Atze. Je ne supporterais plus de le regarder dans les yeux, maintenant que j'ai pleuré devant tout le monde à cause de lui. Mais Detlev me ramène au Sound.

De toute façon, il faut bien que j'y retourne, puisque Atze a la clé du casier où sont mes affaires. Je prends sur moi, et je vais au cinéma lui demander la clé. Mais je n'ai plus la force d'aller la lui rapporter après avoir récupéré mes affaires. Detlev, qui ne m'a pas quittée, s'en charge.

Il est presque deux heures. J'ai raté le dernier métro.

Plantée devant le Sound, je ne sais où aller. J'ai terriblement envie de me défoncer. J'en ai besoin. Mais je n'ai plus un rond. Passe un gars de ma bande de la Maison du Milieu, Panthère. Je sais que Panthère vend du LSD et qu'il a toujours de la très bonne marchandise. Je lui demande de me donner de quoi faire un voyage. Il me file un cristal — c'est de la qualité extra — sans même me demander pourquoi j'ai absolument besoin d'un trip à une heure pareille.

J'avale le truc et je redescends danser. Je danse pendant au moins une heure, en me démenant comme une folle. Mais je ne suis toujours pas partie. Panthère a dû me mener en bateau. Heureusement, quelques copains de la Maison du Milieu sont aussi venus au Sound cette nuit-là. Je vais voir Piet pour lui raconter mon histoire avec Atze. Mais Piet, qui a également pris du LSD, pense à autre chose. Il se contente de me dire « Oublie ça, fillette », « Ne t'en fais pas », et quelques autres formules du même genre.

Je mange un flan à la vanille en me répétant : « On est toujours tout seul. La vie est une saloperie. » Je m'apprête à rapporter le pot pour récupérer la consigne — au Sound tous les récipients sont consignés pour éviter qu'on les fauche — et soudain ça y est, c'est comme un éclair, je tombe à la renverse en entraînant le banc. Je me relève et retourne danser jusqu'à la fermeture.

Dehors je retrouve la bande, y compris Atze et Moni. Ça ne me fait rien du tout.

Atze emmène Moni chez lui. Nous autres, on prend la direction du zoo. Quelqu'un suggère d'aller à l'Europacenter, où on atterrit à la patinoire. La nuit est tiède, il a plu, et il y a plein d'eau sur la glace.

Je glisse sur cette eau en m'imaginant marcher sur la mer. J'entends brusquement un bruit de verre cassé : les garçons se sont attaqués à la cage en verre du caissier. L'un d'eux passe par la vitre brisée, ouvre un tiroir, et nous jette des rouleaux de pièces. Avant que j'aie vraiment réalisé, tout le monde se met à courir. Gênée par mes hauts talons, je m'étale de tout mon long sur la glace. Je suis trempée. Detlev m'attend et me prend par la main.

Arrivés devant le café Kranzler, nous procédons au partage du butin. Chacun a droit à une part. Je trouve ça génial. On me donne deux rouleaux de pièces de cinq marks. Tout le monde est fou de joie. Moins à cause du fric que parce que nous avons possédé les deux flics privés surveillant l'Europacenter la nuit et qui nous ont à l'œil depuis longtemps. On ne partage pas les rouleaux de groschen [1], on les ouvre et on jette les pièces en l'air. Il pleut des groschen devant le café Kranzler. Le trottoir en est recouvert.

On va à la gare du Zoo où il y a déjà un bistrot ouvert. Ça me fait une sale impression. C'est la première fois que je mets les pieds à la station Zoo. C'est dégueulasse, plein de gamins vautrés dans du vomi, des soûlauds dans tous les coins. Je ne me doute certes pas que, d'ici quelques mois, je passerai tous mes après-midi dans cet endroit.

Vers six heures, je décide de rentrer à la maison. Une

1. Pièce de dix pfennigs.

fois dans mon lit j'ai presque un freak out [1], pour la première fois de ma vie. J'ai épinglé au mur un poster représentant une négresse qui fume un joint. Dans le coin, en bas à droite, il y a une petite tache bleue. Voici qu'elle se métamorphose en un masque grimaçant, une vraie tête de Frankenstein. Je parviens, juste à temps, à concentrer mon esprit sur autre chose.

Je me réveille à midi, toute raide, insensible, comme morte. Tout ce que j'arrive à penser c'est : « Ce que tu dois être cloche pour que ton premier petit ami te laisse tomber si vite ! » Je me regarde dans la glace. Je me déteste. Hier encore je trouvais mon visage si cool, si mystérieux, exactement le visage d'une fille à la coule. Aujourd'hui j'ai l'air complètement crevée, les cernes noirs sous mes yeux ressemblent à des crêpes de deuil, je suis livide.

Je me dis : « Christiane, le Sound, c'est fini. Tu ne peux plus te montrer à Atze et sa bande. » Les jours suivants, je m'efforce de tuer en moi tout sentiment pour les autres. Je ne prends plus de comprimés, plus de LSD. Je fume un joint après l'autre et bois toute la journée du thé mélangé de haschisch. Au bout de quelques jours, je suis cool à nouveau. J'ai réussi à ne plus aimer rien ni personne excepté moi-même. Je pense avoir désormais la maîtrise de mes sentiments. Je ne veux plus retourner au Sound.

Le samedi soir commence la nuit la plus longue de mon existence. Je reste à la maison, pour la première fois depuis bien longtemps. Je suis incapable de

1. Quand un voyage psychédélique se passe mal.

regarder la télé, je ne peux pas dormir. Je n'ai plus assez de dope pour planer. Je me rends compte que je ne peux plus vivre sans le Sound et les copains. Sans eux ma vie est totalement vide.

Avant d'avoir réalisé que je vais retourner au Sound, je me surprends à attendre avec impatience la fin de la semaine. Intérieurement, je me suis préparée à retourner au Sound. J'essaie différentes coiffures, et décide finalement de ne plus me peigner du tout. Je trouve que ça me donne un air encore plus mystérieux.

Le vendredi, je commence par me taper quelques Valium en les faisant descendre avec de la bière. Avant d'aller au Sound, je rajoute un Mandrakes. Comme ça, je n'ai plus peur d'Atze ni des autres, je suis à peine consciente. J'emprunte un grand chapeau en jean, je m'asseois à une table, pose la tête dessus et roupille presque toute la nuit.

Quand je me réveille, Detlev a ôté le chapeau de mon visage et me caresse les cheveux. Il me demande ce que j'ai. Je réponds : rien. Je me montre très distante, mais je le trouve drôlement gentil de s'occuper de moi comme ça.

Le week-end suivant, nous sommes presque tout le temps ensemble. J'ai maintenant une nouvelle raison de venir au Sound : Detlev.

Ce n'est pas le coup de foudre comme avec Atze. Au début, on est juste ensemble quand on est au Sound. On se parle énormément. Je m'entends bien avec Detlev, mais c'est très différent de ce que j'ai connu avec Atze. Aucun de nous deux n'est supérieur à l'autre, ni ne cherche à imposer son point de vue. Avec Detlev, je peux parler de tout, sans crainte qu'il exploite mes faiblesses. D'ailleurs, je l'ai trouvé sympathique dès notre première rencontre. Mais il n'est pas un mec canon comme Atze, il est trop mignon, trop enfantin. Pourtant, je m'aperçois peu à peu que mon amitié avec Detlev m'apporte beaucoup plus que mes relations avec Atze. Bien que je m'en défende — je ne veux plus jamais dépendre d'un garçon —, je l'aime chaque semaine davantage. Et, un jour, je suis bien obligée de reconnaître que je suis amoureuse de Detlev. Pour de bon.

Je suis devenue très calme. Cela tient aussi au fait que je ne prends presque plus de stimulants, mais de plus en plus de tranquillisants. J'ai perdu toute ma vivacité. Je ne danse presque plus. Je m'agite juste encore un peu quand je n'ai pas pu trouver de Valium.

Je suppose que je suis beaucoup plus agréable à vivre pour ma mère et son ami. Je ne réponds plus, je ne me bats plus, je ne m'oppose plus à rien. Parce que j'ai renoncé à changer quoi que ce soit dans ma vie à la maison. Et je constate que ça simplifie la situation.

A la Noël 1975 — j'ai treize ans et demi — je crois avoir, grâce à ma résignation, retrouvé avec ma mère des relations suffisamment détendues pour qu'elle puisse encaisser au moins une partie de la vérité. Je lui explique donc que je ne dormais pas tout le temps chez Kessi, qu'il m'arrivait de passer toute la nuit au Sound si j'avais raté le dernier métro. Naturellement, sa réaction est assez violente et elle m'engueule. Je lui dis qu'il vaut encore mieux passer de temps en temps une nuit à la discothèque, et rentrer ensuite sagement à la maison, plutôt que de partir en cavale comme tant d'autres enfants de la cité Gropius. Je lui dis aussi qu'il vaut mieux qu'elle soit au courant et sache où je suis, plutôt que je lui raconte des mensonges. Elle gobe tout ça.

A vrai dire, je n'ai plus très envie de raconter ma vie à ma mère. Mais ça m'énerve de lui mentir tout le temps, et puis j'ai de plus en plus de mal à inventer des histoires plausibles. Précisément — c'est l'une des raisons de ma « confession » —, je n'ai trouvé aucun prétexte pour disparaître à Noël et au jour de l'An, où j'ai l'intention d'aller au Sound. Ma mère me permet de sortir tous les soirs pendant la période des fêtes. J'en suis même stupéfaite. Il est vrai que je lui ai raconté que le Sound est un endroit tout ce qu'il y a de convenable, un adolescent n'y risque absolument rien — et d'ailleurs toutes mes amies y vont. En plus, je lui ai fait comprendre qu'elle a tout intérêt à me laisser me défouler une fois par semaine ; comme ça je suis bien plus tranquille à la maison.

Au Sound, cependant, tout a changé. Brusquement, l'héroïne y fait des ravages. Même dans notre bande, on ne parle plus que de ça. Au fond, tout le monde est contre, on a déjà vu suffisamment de gens démolis par l'H[1]. Ça n'empêche pas les mecs d'essayer, l'un après l'autre. Et la plupart, après la première piquouze, restent accrochés. L'héroïne détruit notre bande. Ceux qui l'ont essayée font aussitôt partie d'un autre groupe.

L'héroïne m'inspire une sainte horreur. Quand il est question de ce truc-là, je me rappelle brusquement que j'ai treize ans. Mais, d'un autre côté, me voici, une nou-

1. Tout au long de l'ouvrage, H = héroïne.

velle fois, pleine de considération pour les autres — les groupes où on se pique. Pour moi, ce sont eux maintenant les être supérieurs. Les junkies nous regardent avec le plus grand mépris. Le haschisch, ils appellent ça de la drogue pour bébés. Ça me déprime de penser que je ne ferai jamais partie de leur bande, que la vraie Scène ce n'est pas pour moi. Plus de promotion possible, donc. Car cette drogue-là me répugne profondément : c'est le fond de l'abîme.

Ça m'est assez égal de voir notre bande se défaire : j'ai Detlev. Les autres ne comptent plus tellement. Detlev et moi, ça va de mieux en mieux. Un dimanche — nous sommes début 1976 — je l'emmène à la maison. Je sais que ma mère et son ami sont absents. Je fais la cuisine pour Detlev, je lui prépare un vrai repas. Nous nous mettons à table et nous prenons notre déjeuner dominical, comme un vrai couple. Je trouve ça vachement chouette.

Après ça, je ne pense qu'à Detlev toute la semaine, j'attends avec impatience le vendredi et le moment de nous retrouver au Sound. J'y arrive tout heureuse et sans avoir rien pris. Detlev est avec une nana qui a l'air d'une épave. Je m'asseois à côté d'eux, mais Detlev me regarde à peine. Il est branché sur autre chose. Un instant, je me dis que ça recommence comme avec Atze. Mais c'est idiot, il ne va tout de même pas me plaquer pour ce boudin taré.

D'ailleurs ils ne se parlent pas, ils échangent juste quelques phrases décousues qui me paraissent dénuées de sens. Je comprends seulement qu'il est question d'H. Et tout à coup je pige : Detlev lui demande de l'héroïne, ou alors c'est elle qui veut lui en fourguer. Je panique. Je hurle littéralement : « Merde, mon vieux, tu es complètement siphonné ! Tu as seize ans. Tu ne vas tout de même pas te piquer ! »

Il n'a même pas l'air d'écouter. Je poursuis : « Tape-toi trois trips d'un coup. Je te les trouverai. Mais ne fais pas le con, je t'en supplie. » Je le supplie bel et bien.

Il ne réagit pas davantage. Et c'est alors que je commets une faute monumentale — j'y ai souvent repensé depuis. Je panique complètement et je me remets à crier : « Si tu prends de l'H c'est fini nous deux. Tu peux foutre le camp. Je ne veux plus te voir. » Là-dessus, je me lève et je vais danser.

J'ai agi comme une idiote. Je n'aurais pas dû faire ce cinéma. J'aurais dû attendre qu'on se retrouve seuls et lui parler calmement. J'avais de l'influence sur lui. Et, surtout, je n'aurais pas dû le laisser seul, pas une seconde, parce qu'il était déjà dans les vapes.

Deux trois heures plus tard, quelqu'un me raconte que Detlev et Bernd — c'est son meilleur ami — se sont fait une piquouze. Ils n'ont même pas sniffé[1] d'abord, ils se sont piqués tout de suite.

Je revois Detlev dans le courant de la nuit. Il me sourit — un sourire qui semble venir de très loin. Il a l'air très heureux. Il n'éprouve même pas le besoin de venir me parler. Et moi je ne veux pas aller le rejoindre. C'est encore pire que la nuit où j'ai perdu Atze. Detlev est parti, parti dans un monde qui n'est pas le mien. D'un

1. Renifler, absorber une drogue par prise nasale (Dico Didro).

seul coup, à cause d'un doigt sur une seringue, il n'y a plus rien de commun entre nous.

Je continue à fréquenter le Sound. Detlev a bientôt une autre amie. Elle s'appelle Angie, elle est affreuse et sans cœur. Je constate qu'ils n'ont aucun contact, je ne vois jamais Detlev lui parler. Mais elle se fixe, elle. Detlev vient quelquefois me voir, mais il se comporte en étranger. En général, il vient seulement quand il a besoin d'encore cinq ou dix marks pour se payer un shoot. Si j'ai du fric, je les lui donne.

Les dimanches matin sont sinistres. Je me traîne jusqu'au métro en pensant : « Tout ça c'est de la merde. » Je ne sais plus où j'en suis. Je ne sais pas pourquoi je vais au Sound, pourquoi je me drogue, pourquoi je devrais faire autre chose — je ne sais absolument plus rien. Le haschisch ne m'apporte plus grand-chose. Quand je plane, je suis dans un isolement total, incapable de parler à qui que ce soit. Mais puisque je n'ai plus Detlev, il faut tout de même que de temps en temps je parle avec les autres. Je prends de plus en plus de comprimés.

Un samedi où j'ai du fric, je vais trop loin. Comme je me sens complètement à plat, j'avale deux Captagon, trois Éphédrine, quelques coffies — des comprimés de caféine — en faisant descendre le tout avec une bière. Une fois totalement remontée je ne me plais pas non plus, alors j'ingurgite du Mandrakes et une bonne dose de Valium.

Je ne sais pas très bien comment je suis rentrée à la maison. En tout cas je me suis écroulée quelque part sur le chemin entre le métro et chez moi. J'ai vu des marches devant un magasin, je m'y suis traînée et recroquevillée. Au bout d'un moment, j'arrive à me lever et à avancer, d'un point d'appui à un autre. D'un lampadaire à un arbre, de l'arbre au prochain lampadaire, et ainsi de suite. Le trajet me paraît interminable. Mais il faut que j'aille jusqu'au bout. Sinon je vais mourir ici, dans la rue. Le pire, c'est cette douleur dans la poitrine. J'ai l'impression que quelqu'un me perce le cœur à coups d'épée.

Le lendemain matin — lundi, donc — ma mère ne parvient pas à me réveiller. Et le soir, quand elle rentre de son travail, je suis toujours couchée, immobile. A plusieurs reprises, elle me force à avaler quelques cuillerées de miel. Ce n'est que le mardi après-midi que je suis capable de me lever. Je raconte à ma mère que j'ai la grippe et une chute de tension. Effectivement, ça m'arrive souvent. J'explique à ma mère que plusieurs élèves de ma classe ont le même problème, ça vient de la puberté et de la croissance. Je veux éviter à tout prix qu'elle fasse venir un médecin, car j'ai peur qu'il comprenne ce qui se passe. Effectivement, ma mère renonce à appeler le médecin. Elle paraît toujours contente quand je lui fournis une explication de mon état.

J'en ai ras le bol des petites pilules. Je ne prends rien ou presque jusqu'au samedi suivant. Je me sens très mal.

Le samedi, au Sound, je décide de m'offrir un voyage. C'est l'horreur totale. Pour la première fois, j'ai vraiment un freak out. Ce masque de Frankenstein, jailli du point bleu au bas du poster, grimace à nouveau. Ensuite, j'ai l'impression de me vider de mon sang. Ça dure des heures. Je ne peux plus marcher, plus parler. J'atteins sans savoir comment la salle de cinéma du Sound et je passe cinq heures dans un fauteuil, à me sentir me vider de mon sang.

Il ne me reste plus rien. Plus de comprimés, plus de LSD. Le haschisch, ça fait longtemps que je n'en ai plus envie. A part quelques Valium de temps en temps, je me tiens clean [1] pendant près de trois semaines. C'est une sale période. Nous déménageons pour aller habiter Kreuzberg, tout près du Mur. Le quartier est moche, mais les loyers y sont plus bas. J'ai une demi-heure de métro pour aller à mon école, à la cité Gropius. En revanche, je suis plus près du Sound.

Le Sound sans drogue, c'est pas marrant. Il ne s'y passe absolument plus rien. Puis, un matin, en allant prendre le métro, je vois qu'on colle des affiches vachement pop. On y lit : « David Bowie vient à Berlin. » Je n'arrive pas à le croire ! David Bowie, c'est notre super-idole, le plus cool de tous, sa musique est la meilleure. Tous les mecs veulent lui ressembler. Et voilà que David Bowie vient à Berlin.

Ma mère me trouve par sa boîte deux places gratuites pour le concert. Curieusement, je sais tout de suite à qui offrir la seconde : Frank. Pourquoi lui ? Je ne me pose pas la question. Frank appartient à la vieille bande du Sound, et c'est David Bowie tout craché. Il s'est même teint les cheveux en roux, au henné. C'est peut-être pour ça que je le choisis.

1. En anglais « Propre ». Abstinent.

Mais Frank a aussi été le premier de notre bande à se fixer. Le premier à arriver au stade de la dépendance physique. Avant, on le surnommait Petit Poulet. Maintenant, tout le monde l'appelle Macchabée, parce qu'il a l'air d'un cadavre ambulant. Comme presque tous les garçons de la bande, il a dans les seize ans. Mais il est extraordinairement perspicace pour son âge. Il est au-dessus de tout, à tel point qu'il ne prend jamais des airs supérieurs, même avec une petite fumeuse comme moi.

Je choisis donc précisément un fixer, un type camé jusqu'à l'os, pour m'accompagner au concert de David Bowie, une soirée que je considère comme l'un des grands événements de ma vie. A vrai dire, je n'en mesure pas encore tout à fait l'importance lorsque je propose aussi spontanément ce billet à Frank. Je vis mue par mon inconscient. J'ai dû, sans m'en rendre compte, changer d'attitude avec l'H au cours de ces semaines où les comprimés, le haschisch et le LSD ne m'apportaient plus rien. En tout cas, les barrières insurmontables qui me séparaient des fixers se sont apparemment écroulées.

Le jour du concert, j'ai rendez-vous avec Frank à Hermannplatz. Je n'avais jamais remarqué combien il est long et maigre. Il m'explique qu'il ne pèse plus que soixante-trois kilos. Il vient juste de se peser à la transfusion sanguine. Franck gagne une partie du fric dont il a besoin pour sa drogue en vendant son sang. Et on le lui prend, bien qu'il ait l'air d'un maccab, que ses bras soient criblés de piqûres, et que les fixers aient souvent la jaunisse.

Dans le métro, je me rappelle que j'ai oublié mon Valium et je le dis à Frank. J'en ai déjà pris quelques-uns à la maison, pas pour planer, juste pour rester cool en écoutant David Bowie, et je voulais en emporter pour le cas où...

Du coup, Frank ne pense plus qu'à ce Valium. Il veut absolument retourner le chercher. Je lui demande pourquoi il est tellement branché là-dessus, il se contente de répéter qu'il veut aller le chercher. Je le regarde plus attentivement, et je pige. Il a les mains qui tremblent, il est cold turkey[1]. Turkey, c'est un mot anglais qui signifie dindon. Quand un dindon s'énerve il bat des ailes. Alors nous on dit souvent « être cold turkey » pour désigner les manifestations du manque chez les fixers bien accrochés, quand l'effet de la piquouze se dissipe.

J'explique à Frank qu'on ne peut pas retourner chez moi, ça nous ferait arriver en retard au concert. Il déclare qu'il n'a plus de dope et plus de fric. A cause du concert, il n'a pas eu le temps d'aller se ravitailler, c'est vraiment la poisse d'être en manque à un concert de David Bowie et de ne même pas avoir de Valium. J'ai souvent vu des gens en manque, mais sans me rendre compte exactement de ce que c'est.

A la Deutschlandhalle, où a lieu le concert, l'ambiance est super. Le public, très cool, se compose presque uniquement de fans. A côté de nous, des soldats américains fument une pipe de haschisch. On n'a qu'à les regarder pour qu'ils nous la passent. Frank tire

1. En France, on dit aussi être « poulet froid ».

dessus comme un dingue. Ça n'empêche pas qu'il va de plus en plus mal.

David Bowie commence. C'est le pied. Presque autant que je l'ai imaginé. Fantastique. Mais, aux premières mesures de *It is too late,* « C'est trop tard », je sombre. Brusquement me voilà à plat, comme une idiote. Ces dernières semaines déjà, quand je ne savais plus quoi ou qu'est-ce, cette chanson me donnait le cafard. Je trouve qu'elle décrit très exactement ma situation. J'aurais bien besoin de mon Valium.

A la fin du concert, Frank tient à peine debout. Il est complètement cold turkey. Nous rencontrons Bernd, le copain de Detlev. Il dit qu'il faut faire quelque chose pour Frank. Lui il s'est piqué un peu avant le concert, mais il supporterait bien un autre shoot.

Bernd a encore deux doses de LSD. On les vend en vitesse devant la Deutschlandhalle. Ça nous fait un peu de fric, mais ça ne suffit pas. Pour le reste, il va falloir taper le passant. Je suis passée maître en la matière. C'est comme ça que je récolte presque tout l'argent dont j'ai besoin pour me droguer au Sound. Devant la Deutschlandhalle, ça marche comme sur des roulettes. Les gens sortent du concert, il y en a plein qui ont du fric et qui n'en ont pas encore marre d'être tapés par des camés. Je leur sors ma rengaine habituelle : « Pas d'argent pour le ticket de métro », et les pièces tintent à qui mieux mieux dans mon sac en plastique. Il y en a plus qu'assez pour deux piqûres d'héroïne — à l'époque c'était encore relativement bon marché.

Bernd va les acheter, et moi je pense tout à coup : « C'est toi qui as récolté le fric, tu devrais au moins faire un essai. Voir si ce truc est vraiment si bon que ça pour que les fixers aient quelquefois l'air si heureux après leur piqûre. » Je ne pense vraiment pas plus loin. Je ne me rends absolument pas compte que, ces derniers mois, je me suis en quelque sorte systématiquement préparée à passer à l'héro. Je ne me rends même pas compte que je suis en pleine déprime, que ce *It is too late* m'a bouleversée et que, comme les autres drogues ne me sont plus d'aucun secours, c'est l'aboutissement logique de mon histoire. Je me dis seulement que je n'ai pas envie de voir Frank et Bernd se tirer et me laisser seule dans ma misère. Je déclare aux garçons que j'en veux, je veux essayer. Frank n'a presque plus la force de parler, mais il se met dans une rage noire. Il me dit : « Tu ne vas pas faire ça. Tu n'as aucune idée de ce que c'est. Si tu fais ça, tu vas te retrouver en un rien de temps là où j'en suis maintenant. Tu vas te retrouver Macchabée » Il sait très bien qu'on l'appelle Macchabée.

Je ne suis donc pas la pauvre petite fille pervertie par un méchant drogué ou un méchant revendeur. C'est le genre d'histoires qu'on lit dans les journaux, mais moi je ne connais personne qui soit dans ce cas, aucun « drogué malgré lui ». La plupart des jeunes passent tout seuls à l'héroïne quand ils sont mûrs pour ça. Et moi je l'étais.

L'engueulade bafouillante de Frank ne fait que renforcer ma décision. Il est en crise de manque, plus du tout le mec cool et supérieur mais une pauvre créature qui a besoin de moi, et je ne vais tout de même pas accepter qu'il me donne des ordres. Je lui réponds :

« D'abord, cette came est à moi — enfin presque tout — parce que c'est moi qui ai récolté le fric. Ensuite, arrête de dire des conneries. Je ne vais pas devenir comme toi, je sais me contrôler. Je fais un essai, pour voir, et puis je n'y touche plus. »

Je ne sais pas encore à quel point la crise de manque vous rend faible. Frank a l'air très impressionné par mon discours et n'ouvre pas la bouche. Bernd bredouille encore quelque chose mais je ne l'écoute pas. Je leur dis tout net que, s'ils ne veulent pas me laisser essayer, ils n'ont qu'à me donner ma part. Nous allons nous cacher dans une entrée d'immeuble et Bernd divise l'héroïne en trois parts égales. J'ai maintenant terriblement envie de ce truc. Sans aucune hésitation, sans mauvaise conscience, je n'ai qu'une idée : essayer tout de suite, pour me défoncer une bonne fois ; ça fait si longtemps que ça ne m'est pas arrivé. Mais j'ai peur de la piqûre. Je dis aux garçons : « Je ne veux pas me piquer, je sniffe. » Bernd m'explique ce qu'il faut faire, mais ce n'est pas la peine, à force d'entendre parler de l'héroïne je le sais par cœur.

Je prends ma dose de poudre et je prise. C'est amer et irritant ; au début, c'est tout ce que je ressens. Je réprime une envie de vomir et recrache une partie du truc. Et puis ça vient, très vite. J'ai les membres lourds, lourds, lourds, et en même temps formidablement légers. Je suis horriblement fatiguée, et c'est le pied. Tous mes emmerdements se sont envolés d'un seul coup. Plus de *It is too late*. Je ne me suis jamais sentie aussi en forme. Nous sommes le 18 avril 1976, un mois avant mon quatorzième anniversaire. Je n'oublierai jamais cette date.

Frank et Bernd partent se piquer dans la voiture d'un toxico. Je les précède au Sound. Ça ne me fait plus rien d'être seule. Au contraire, je trouve ça vachement cool. Je me sens très forte. Au Sound, je m'assieds sur une banquette. Astrid, ma meilleure amie à l'époque, arrive, me regarde, et s'écrie : « Dis donc, t'as pris de l'H ? »

Quelle question idiote ! J'explose : « Fous le camp ! Dépêche-toi de foutre le camp ! » Je ne sais pas pourquoi je me mets dans un état pareil.

Frank et Bernd arrivent. Frank est redevenu le type super cool. Detlev n'est pas là. J'ai soif, je vais me chercher un jus de fruits. Je ne bois que ça toute la nuit. En ce moment, l'alcool me dégoûte profondément.

A cinq heures du matin, Bernd propose d'aller chez lui. On y va. Je m'accroche, tout heureuse, au bras de Frank. Le jus de fruits fait une sarabande dans mon ventre, j'ai envie de vomir. Je dégueule en marchant, ça m'est complètement égal. Les autres ? Ils ne paraissent même pas s'en apercevoir.

J'ai l'impression d'avoir trouvé une nouvelle famille tout ce qu'il y a de chouette. Je ne dis pas grand-chose, mais j'ai le sentiment qu'avec ces deux garçons je peux parler de tout. L'héro nous a rendus frères et sœur. Nous sommes tous pareils. Je pourrais leur révéler mes pensées les plus secrètes. Après ces semaines de détresse, j'ai l'impression de n'avoir jamais été aussi heureuse.

Je dors avec Bernd, dans son lit. Il ne me touche pas. Nous sommes frère et sœur — frère et sœur en héroïne. Frank se couche par terre, la tête contre un fauteuil. Il reste comme ça jusqu'à deux heures de l'après-midi. Après il se lève parce qu'il est de nouveau en crise de manque et qu'il doit se faire une piqûre.

J'ai des démangeaisons sur tout le corps. Je me mets toute nue et me gratte avec la brosse à cheveux. Je me gratte jusqu'au sang, surtout aux mollets. Je ne suis pas surprise, je sais que les fixers se grattent. C'est même comme ça que je les reconnais au Sound. Les mollets de Frank sont à vif — plus un morceau de peau indemne. Lui, ce n'est pas avec une brosse qu'il se gratte, mais avec son canif.

Avant de partir il me dit : « Le dope que tu m'as donné, je te le rends demain. » Il est donc évident pour lui que je suis devenue une camée. Je comprends son sous-entendu et réponds, l'air très cool : « Non. laisse. Ça ira si tu me le rends dans un mois. »

Je me rendors, calme et heureuse. Le soir, je rentre à la maison. De temps en temps une pensée m'effleure : « Merde, tu n'as que treize ans et t'en es déjà à l'H. » Mais je la chasse tout de suite, je me sens trop bien pour réfléchir. Au début, il n'y a pas de crise de manque. Je me sens merveilleusement cool toute la semaine. A la maison, pas une dispute. A l'école, je prends les choses très relax, je travaille un peu et récolte de bonnes notes. Au cours des semaines suivantes, ma moyenne remonte. Je me sens vraiment cool dans la vie, réconciliée avec les gens et les choses. En semaine je retourne à la Maison du Milieu. Quatre copains de la bande sont comme moi passés à l'héroïne. Je m'assieds à côté d'eux — on est cinq, maintenant, à s'éloigner des autres. Très vite, on est de plus en plus de fixers à la Maison du Milieu. L'héroïne s'est abattue comme une bombe sur la cité Gropius.

Jürgen Quandt

Pasteur, aumônier de la jeunesse, et responsable du centre socio-culturel protestant « La Maison du Milieu »

La « cave » de la Maison du Milieu a été, pendant des années, le principal point de rencontre des jeunes de la cité Gropius et du quartier Neukölln. Elle accueillait chaque soir près de cinq cents ados, jusqu'à ce mois de décembre 1976 où nous l'avons fermée parce que la consommation d'héroïne y faisait des ravages et que nous espérions, par cette fermeture, attirer l'attention des services publics sur cette situation catastrophique.

Nous avons été très surpris, nous les éducateurs, de la rapidité avec laquelle l'usage des drogues dures s'est répandu dans la cité Gropius. A l'époque du mouvement étudiant, nous avions surtout discuté des drogues douces, sous l'angle de leur effet restrictif sur la prise de conscience de l'environnement. Mais voilà qu'en quelques mois trente à cinquante jeunes de notre centre se mettent aux drogues dures. Tout s'est passé comme si nos tentatives de mise en garde, notre effort pour persuader les jeunes du danger par des arguments au lieu de recourir à des mesures disciplinaires, avaient été perçus comme une invitation à aller plus loin, et comme l'aveu de notre impuissance dans la lutte contre la drogue.

Notre travail à la Maison du Milieu nous a très vite amenés à constater que, même si les services publics se refusent encore à l'admettre, l'« épidémie de drogue » n'est pas en régression. Bien au contraire, le problème atteint, quantitativement et qualitativement, des dimensions comparables à celles qu'il a aux États-Unis. Les plus menacés aujourd'hui sont de jeunes travailleurs sans formation et les jeunes chômeurs. Il ne nous reste, à nous autres éducateurs, qu'à protester publiquement contre la politique d'autruche des autorités. La fermeture de la cave devait, pensions-nous, mettre en lumière ce que beaucoup auraient préféré laisser dans l'ombre. Effectivement, les services publics de Berlin-Ouest ont pris aujourd'hui conscience du problème de la drogue, et on s'en occupe activement.

Nous avons rouvert la cave après avoir obtenu satisfaction sur plusieurs points — c'étaient les conditions posées à cette réouverture. Une consultation spécialisée, subventionnée par l'État, a été créée à Neukölln, et, à la cité Gropius, un centre de prévention mobile mis en service. Nous sommes mieux équipés en matière de thérapie. Mais, deux ans plus tard, les problèmes de la drogue n'ont rien perdu de leur acuité, même si nous avons affaire à une nouvelle génération d'ados. Quant à ceux qui se sont mis à l'héroïne il y a deux ans... plusieurs sont morts.

Les conditions de vie des jeunes de la cité ne se sont pas améliorées. Aux vieux problèmes s'en sont ajoutés de nouveaux. De plus en plus de jeunes portent une arme sur eux et n'hésitent pas, le cas échéant, à en faire usage. On constate aussi, souvent, un nationalisme agressif accompagné d'une propension à se laisser influencer par la pensée fasciste.

La plupart des jeunes avec qui nous travaillons à la Maison du Milieu viennent de familles ouvrières. Malgré l'amélioration apparente du niveau de vie, leurs conditions de vie n'ont cessé, ces dernières années, de se détériorer : l'école leur impose un stress croissant, une course à la performance de plus en plus dure, au sein de classes surchargées. Hors de l'école, ils connaissent le chômage et les conflits familiaux.

Circonstance aggravante : dans un grand ensemble comme la cité Gropius, où habitent 45 000 personnes, tous les problèmes se posent immédiatement en termes de masse (masse de jeunes chômeurs, masse d'échecs scolaires ou de conflits familiaux, etc.). En outre, l'environnement « naturel » ne comporte plus guère de nature et n'offre donc plus que des possibilités réduites de détente et d'épanouissement. Les plus faibles — les enfants, les adolescents et les vieillards — sont les plus exposés, souffrent le plus de cet état de choses. A la cité Gropius, une fois terminés les travaux de construction — ce qui signifie que tout l'espace constructible a été utilisé —, il manque des terrains de jeux pour les enfants, des installations de loisirs pour les jeunes et les adultes, et surtout des lieux de détente et de pro-

menade. Il n'y a ici ni grand parc, ni pelouse, ni bois : aucun endroit où des enfants peuvent s'ébattre en liberté et des adultes se promener.

Ces grands ensembles sont conçus uniquement en fonction de la rentabilité du capital, et non pas des besoins des êtres humains. On a ainsi imposé à ceux-ci un mode de vie dont les conséquences, seulement soupçonnées jusqu'à présent, deviennent aujourd'hui de plus en plus évidentes.

Les difficultés matérielles sont toujours à l'origine de bien des conflits et problèmes. Les loyers élevés, les prix sans cesse en hausse des produits de première nécessité, contraignent les deux parents à travailler, obligent hommes et femmes à investir toujours plus d'énergie et de forces vitales dans le labeur quotidien, sans que pour autant cela leur apporte vraiment bonheur et fortune.

La drogue est, depuis toujours, l'un des plus horribles moyens utilisés pour empêcher les hommes de prendre conscience qu'ils sont victimes de l'évolution de la société. Telle est exactement la fonction exercée, depuis fort longtemps, par l'alcool dans la classe ouvrière. Ces dernières décennies, d'autres drogues sont venues s'y ajouter : les médicaments psychotropes, dont le commerce est légal et des plus fructueux, et des produits illégaux mais non moins rentables, comme l'héroïne et la cocaïne.

En fait, le plus étonnant n'est pas le nombre de toxicomanes mais le nombre de ceux qui, en dépit d'énormes difficultés, ne recourent pas à la drogue. Et ceci vaut également — et peut-être surtout — pour les jeunes : étant donné leur situation, l'augmentation de la toxicomanie, de la délinquance, de la violence, et la propagation de modes de pensée fascistoïdes chez les jeunes travailleurs, n'ont rien de surprenant.

Christiane

Le week-end suivant ma première prise d'H, je rencontre Detlev au Sound. Aussitôt il me tombe dessus : « Tu en fais de belles ! Tu es complètement cinglée ! » Astrid l'a mis au courant.

Je lui réponds : « Calme-toi, mon vieux. Toi tu es accroché, mais moi je ne me laisserai pas prendre. »

Detlev ne trouve pas de réplique. De toute façon il n'est pas en forme. Il n'est pas en manque — il n'est pas encore arrivé à la dépendance physique — mais il a vachement envie d'un shoot. Il finit par me dire qu'il aimerait bien s'acheter un peu de dope mais il n'a pas de fric.

Moi : « Tu vois, mon vieux. » Je lui propose de faire la manche ensemble. Il est d'accord — il doit pourtant savoir à quoi ça va me mener. En vingt minutes j'ai récolté vingt marks. Detlev beaucoup moins, mais ça suffit pour nous deux car nous n'avons encore besoin que de très petites doses pour nous défoncer. La question du partage ne se pose même pas, ça va de soi. Ce soir-là, Detlev se fait sa piqûre et moi je sniffe. Envolée, ma belle résolution de ne plus toucher à l'héroïne avant un mois.

Detlev et moi sommes de nouveau ensemble. Comme si nous ne nous étions jamais séparés, comme si ces semaines où nous nous sommes côtoyés au Sound presque en étrangers n'avaient jamais existé. Ni lui ni moi n'y faisons même allusion. Le monde est redevenu aussi beau que ce dimanche où j'ai fait la cuisine pour Detlev, et où nous avons déjeuné ensemble.

Au fond je suis heureuse, je crois, que les choses aient pris ce tour-là. Si je n'avais pas essayé l'H, je n'aurais jamais retrouvé Detlev. Je me figure que je resterai une « toxico du week-end ». On croit toujours ça quand on commence, bien qu'on n'ait jamais vu quelqu'un rester un toxico du week-end. De plus, je m'imagine que je pourrai sauver Detlev, l'empêcher de devenir un vrai fixer. Je me satisfais de ces illusions.

Des illusions que mon inconscient ne partage probablement pas. Je ne veux pas entendre parler d'héroïne ; si quelqu'un se risque à le faire, je me mets en rogne et lui crie de foutre le camp. Comme après mon premier sniff, quand Astrid a voulu me poser des questions. Et je me mets à haïr toutes les filles de mon âge dont j'ai l'impression qu'elles sont sur la même pente que moi. Je les repère aussi bien dans le métro qu'au Sound, ces morveuses de douze-treize ans qui se tapent du haschish et des trips et essaient de s'habiller en nanas affranchies. Je me répète : « Cette petite mocheté va finir par se piquer. » Je ne suis pas méchante d'habitude, mais ces filles-là me rendent vraiment agressive. Je les hais, oui je les hais. A l'époque, je ne me rendais pas compte que je me haïssais moi-même.

Après avoir sniffé quelques week-ends successifs, je

m'arrête effectivement pendant quinze jours. Ça ne me fait absolument rien — du moins je me l'imagine. Physiquement, je ne me sens pas plus mal en point qu'avant. Mais pour le reste... je suis de nouveau dans la merde. Je n'ai plus goût à rien, je recommence à me disputer avec ma mère. Dans quelques jours, ce seront les vacances de Pâques 1976.

Le premier samedi de ces vacances je suis au Sound, assise sur la banquette à côté de l'escalier. Une fois de plus, je me demande ce que je fais là. Deux filles descendent l'escalier. Elles ont une douzaine d'années mais, avec soutien-gorge et maquillage, elles essaient d'en paraître seize. Moi aussi je raconte à tout le monde, sauf à mes amis intimes, que j'ai seize ans, et je me maquille pour me vieillir. Ces deux filles me sont tout de suite vachement antipathiques. Mais en même temps elles m'intéressent. Je ne les quitte plus des yeux.

Je vois tout de suite qu'elles cherchent à prendre contact, à se faire accepter dans une bande. Et la plus prestigieuse, à leurs yeux, c'est sûrement celle des fixers. Elles connaissent Richie, le chef cuistot du Sound — c'est le seul vieux des employés, il va sur ses quarante ans. Et il aime bien les filles de cet âge. Les deux nénettes causent donc avec Richie. Mais elles ont bien remarqué que je les observe, elles regardent tout le temps de mon côté. Sans doute aussi parce que je suis quelqu'un de leur âge. Et puis l'une des deux s'approche de moi. Elle a un vrai visage d'ange qui respire l'innocence. Elle se présente, « Babsi », et me demande si je peux lui filer un trip.

« Un trip ? Qu'est-ce que tu en ferais ? Laisse tomber, c'est terrible ces trucs-là. » Je savoure ma supériorité. Il faut qu'elle apprenne qu'on ne s'adresse pas avec cette désinvolture à quelqu'un qui a tâté de l'héroïne. Elle doit me trouver aussi impressionnante et aussi cool que m'apparaissaient, il y a quelques mois encore, les types qui en étaient plus loin que moi sur le chemin de la drogue. Babsi me dit qu'elle veut m'offrir un jus de fruits, qu'elle part le chercher et revient tout de suite.

Elle a à peine tourné le dos que l'autre s'amène. Elle s'appelle Stella. Veut savoir ce que Babsi me voulait. Je réponds : « Un trip. »

« Elle t'a donné de l'argent ? Il me manque cinq marks, et je suis sûre que cette môme me les a fauchés. » C'est du Stella tout craché. Par la suite, j'en entendrai de pareilles tous les jours. Babsi et Stella vont en effet devenir mes meilleures amies. Jusqu'au jour où Babsi fera la « une » des journaux : morte d'une overdose, la plus jeune victime de l'héroïne connue jusque-là à Berlin.

Babsi revient avec le jus de fruits. Elle me débecte, mais en même temps je l'aime bien, avec son visage d'ange et ses manières naïves. On cause. Babsi et Stella ont été virées de leur école, un collège d'enseignement général, parce qu'elles séchaient trop souvent les cours. Elles séchaient parce qu'elles étaient entrées dans une bande où on kiffait comme des dingues. Là, elles viennent de se tirer de chez elles et sont en quête de nouvelles expériences. Babsi a douze ans, Stella treize.

J'invite Babsi à venir chez moi demain matin. Comme

elle n'a rien à se mettre sur le dos, je lui donne deux de mes vieux T-Shirt et un slip. Elle fait un petit somme dans mon lit pendant que je prépare à bouffer. Maintenant, je la trouve vraiment sympa. Le lendemain, je me lie aussi d'amitié avec Stella. Ces deux filles, j'étais comme elles il y a très peu de temps encore. Je me sens tout de même mieux avec elles qu'avec les junkies. Elles fument de l'herbe et prennent du LSD, ça me change des gens qui ne pensent qu'à l'héroïne et ne parlent que de ça. Je me contente de mon petit sniff tous les samedis. Les autres se marrent de me voir fréquenter des bébés, mais ça m'est égal.

Nous trois, on a des tas de choses à se dire. On a eu le même genre d'ennuis à la maison. Le père de Babsi s'est suicidé. A l'époque, elle était encore une toute petite fille. Sa mère est modèle après avoir été danseuse. Son beau-père est un grand pianiste. De notoriété mondiale, précise-t-elle. Elle en est très fière. Elle ne se tient pas de joie quand on va chez un disquaire et qu'elle y voit tous ces disques avec le nom et la photo de son beau-père sur la pochette. Mais ce grand artiste ne semble guère s'occuper d'elle. Babsi vit chez ses grands-parents, qui l'ont quasiment adoptée. Ils lui font une vie de princesse. Par la suite, je suis allée chez elle : j'ai vu sa chambre — fantastique, avec des meubles super. Elle a un électrophone dernier modèle et des disques en pagaille. Et des fringues en veux-tu en voilà. Mais elle ne s'entend pas avec sa grand-mère qui est une vraie mégère. Elle aurait bien aimé retourner chez sa mère. C'est pour ça qu'elle s'est tirée — sa merveilleuse chambre, elle en a ras le bol.

La mère de Stella est très belle, elle aussi. Stella l'aime beaucoup. Mais elle n'a que peu de temps pour s'occuper de sa fille et elle boit, parce qu'elle a du mal à se débrouiller toute seule — le père de Stella est mort dans un incendie il y a trois ans. Stella a une idole : Muhammad Ali. Elle admire sa force. A mon idée, il incarne dans ses fantasmes à la fois son père et son amant.

Nous trois, on est donc embarquées sur le même bateau. Je me suis bien dit, dès le premier soir, que ces deux filles allaient finir par se piquer. Mais ça ne m'empêche pas d'être sincèrement bouleversée le jour où Stella me demande de l'héroïne. J'explose, une fois de plus, et me mets à l'engueuler : « Ne touche pas à cette merde ! De toute façon personne ne t'en donnera. D'ailleurs moi je vais m'arrêter. Ça n'apporte absolument rien. »

Je demande aux autres de ne pas filer de came à Stella. Elle finit quand même, quelques jours plus tard, par attendrir Blacky, un gars de la bande du Sound qui est devenu son copain. Elle commence à sniffer, et, bien entendu, Babsi l'imite.

Mais, ce coup-ci, elles vont vite être obligées de s'arrêter : elles sont prises dans une rafle et ramenées à leur famille. Je ne les vois plus pendant plusieurs semaines.

Le printemps est arrivé, et il fait de plus en plus doux. Je suis toujours heureuse les premières belles journées de l'année. Ça me vient de mon enfance. Marcher pieds nus, ôter ses vêtements, barboter dans l'eau, voir fleurir le jardin. Mais, en ce printemps 1976, j'attends vainement mon sentiment de bonheur habituel.

Je me dis, c'est impossible que la vie ne me paraisse pas plus belle quand le soleil devient de plus en plus chaud. Mais je traîne tout le temps des tas de problèmes, sans même bien savoir lesquels. Quand je sniffe les problèmes s'envolent, mais il y a longtemps qu'un sniff ne me fait plus la semaine.

Ce mois de mai, je fête mon quatorzième anniversaire. Ma mère me donne un baiser et un billet de cinquante marks. Cette somme, elle l'a économisée sur l'argent du ménage. Elle me dit de m'acheter quelque chose qui me ferait vraiment plaisir.

Le soir, je vais Kurfürstenstrasse et je me paie pour quarante marks d'H. Je n'en ai jamais eu autant à la fois. J'achète ensuite pour six marks de cigarettes — je suis devenue une fumeuse à la chaîne, capable de liquider un paquet en deux-trois heures. Il me reste quatre marks pour le Sound.

Au Sound je retrouve Detlev, qui m'embrasse tendrement et me souhaite bon anniversaire. Je lui adresse également mes vœux : son anniversaire tombe deux jours avant le mien. Il est un peu triste parce que ses parents ne le lui ont pas souhaité cette année. Seulement sa grand-mère. Il est vraiment plus malheureux que moi. J'essaie de le consoler avec des « Ne t'en fais pas mon vieux. » Mais j'ai un chouette cadeau pour lui : de quoi se shooter. J'ai assez de came pour une défonce monstre à deux.

Après notre petite fête d'anniversaire — un sniff terrible pour moi et un bon shoot pour Detlev — on se met vraiment ensemble. Avant, Detlev passait encore pas mal de temps avec ses copains, et moi avec Babsi et Stella. Désormais, on se retrouve dès que j'ai une minute de libre. Detlev, lui, n'est pratiquement jamais pris, il vient de plaquer son job d'apprenti plombier. Quand on a assez d'argent, on se défonce.

Les vacances d'été arrivent.

Le premier jour des vacances, on va à la plage de Wannsee avec quelques copains. Une fois de plus on est complètement fauchés. J'apprends vite à me procurer de la marchandise monnayable.

On s'installe dans le bois, le coin préféré des mémés car elles ne supportent plus très bien le soleil. Au début, on se contente de pourvoir à nos besoins immédiats : on repère des gens qui partent se baigner, laissant une couverture et une glacière sans surveillance, je m'approche en disant très haut : « Tiens, grand-mère n'est pas là ! », et je prends quelques boîtes de coca dans la glacière. La fois d'après, je rapporte une serviette et un tapis de plage. Le soir, mon butin s'est enrichi de quelques bricoles et d'un transistor. Detlev a piqué une montre.

Le transistor, j'en tire tout de suite cinquante marks au Sound. C'est une sacrée journée. Tout excitée, je déclare à Detlev : « Dis donc, j'en ai marre de sniffer. Je vais me shooter. »

Detlev proteste pour la forme. Sniffer ou se shooter, ça ne fait pas une grande différence. Seulement, tant qu'on sniffe, on ne passe pas pour un vrai fixer.

Kurfürstenstrasse, notre vendeur habituel nous reconnaît de loin. Il file tout de suite quelques rues plus loin, jusqu'à un coin tranquille. Je lui en achète pour quarante marks. Je suis bien décidée à me faire mon premier shoot. Quand on sniffe on part lentement, quand on se pique on part comme une fusée — j'ai entendu les autres comparer ça à l'orgasme. Je veux connaître ça. Sans penser une seconde que c'est m'enfoncer un peu plus dans la merde.

On va dans les W.-C. publics du côté de la Postdamer Strasse. Un endroit dégueulasse. Devant les W.-C. c'est plein de clochards. Les alcoolos viennent roupiller ici. On leur distribue un paquet de cigarettes. Ils ont l'habitude et guettent notre arrivée.

Une nana du Sound, Tina, nous accompagne. Detlev sort ses ustensiles — seringue, cuillère, citron — d'un sac en plastique. Il verse la came dans la cuillère, ajoute un peu d'eau et de jus de citron. Comme ça le truc, qui n'est jamais tout à fait pur, se dissout mieux. Il fait chauffer la came avec un briquet, emplit la seringue. C'est une vieille seringue à usage unique, d'une saleté repoussante, avec une aiguille complètement émoussée. Detlev se pique le premier, puis c'est le tour de Tina. Après, l'aiguille est, complètement bouchée, inutilisable. Du moins à ce qu'ils affirment tous les deux. Peut-être pour m'empêcher de me piquer. Mais j'en ai d'autant plus envie.

Un autre fixer est venu se piquer dans les W.-C. Un type complètement vidé, au dernier stade de la déchéance. Je lui demande de me prêter ses ustensiles. Il accepte. Mais, brusquement, ça me répugne affreusement de m'enfoncer cette aiguille dans la veine. Je la mets en place, là, à la saignée du bras — je sais comment il faut faire, j'ai assez souvent regardé les autres. Mais non, je ne peux pas. Detlev et Tina font comme si tout ça ne les regardait pas. Je suis obligée de demander au type de m'aider. Bien entendu, il comprend tout de suite que c'est mon premier shoot. Je me sens passablement idiote devant ce fixer expérimenté.

Il me dit que c'est dégueulasse mais attrape la seringue. Comme mes veines sont à peine visibles, il a du mal à en trouver une. Il s'y reprend à trois fois avant de ramener un peu de sang dans la canule. Il grogne encore une fois qu'il trouve ça dégueulasse, et m'injecte toute la dose.

Je pars vraiment comme une fusée. Mais ce n'est pas comme ça que j'imaginais l'orgasme. Et, tout de suite après, c'est le brouillard, je suis à peine consciente de ce qui se passe autour de moi, je ne pense à rien. Je vais au Sound, me pose dans un coin, et bois du jus de fruits.

Detlev et moi sommes maintenant à égalité. On est ensemble pour de bon, comme un couple marié. Excepté qu'on ne couche pas ensemble. On n'a aucun contact sexuel. Je ne me sens toujours pas assez mûre pour ça, et Detlev l'accepte, sans longs discours. Pour ça aussi je le trouve formidable. C'est un type drôlement bien.

Un jour, je le sais, je coucherai avec lui. Et je suis contente de ne jamais avoir rien fait avec un autre garçon. Je suis certaine que nous allons rester ensemble. En sortant du Sound, Detlev me raccompagne à pied à la maison. Ça fait deux heures de marche. Ensuite, il fait généralement du stop pour rentrer chez lui ; il vit avec son père.

On se raconte des tas de trucs complètement dingues. J'ai perdu tout sens des réalités. Pour moi la réalité est irréelle. Ni hier ni demain ne m'intéressent. Je n'ai pas de projets, seulement des rêves. Mon sujet de conversation préféré, c'est d'imaginer ce que nous ferions, Detlev et moi, si nous avions beaucoup d'argent. On s'achèterait une grande maison, une grosse voiture, et des meubles tout ce qu'il y a de plus classe. On rêve de tas de trucs — sauf d'héroïne.

Detlev vient d'avoir une idée sur la manière de devenir riche. Il me dit qu'un revendeur est prêt à lui filer pour cent marks d'H à crédit : on en fera des petits paquets qu'on vendra vingt marks chacun, on aura donc tout de suite cent marks de bénéfice, on rachètera de la came avec ce fric, on doublera encore notre capital, et ainsi de suite. Je trouve l'idée géniale. On avait bien des illusions sur le trafic de la drogue, à l'époque.

Detlev obtient effectivement pour cent marks d'H à crédit. Y avait-il à ce moment-là une pénurie de petits revendeurs ? On ne se risque pas vraiment sur la Scène avec notre came, on la vend au Sound. Detlev, avec son cœur d'or, tombe toujours sur des gens complètement fauchés et en crise de manque. Alors il leur fait crédit, et naturellement ils ne payent jamais. Une moitié de l'héroïne part comme ça, l'autre moitié on la consomme nous-mêmes. Bientôt, on n'a plus de came et pas un sou.

Le type qui a filé la came à Detlev est furax, mais il se contente de gueuler un bon coup. Sans doute voulait-il seulement tester les capacités de revendeur de Detlev. Le test a été parfaitement concluant : il est nul.

Pendant les trois premières semaines de vacances,

Detlev et moi nous retrouvons tous les après-midi. Et, généralement, on part à la chasse au fric. Je fais des trucs que je n'aurais jamais pu faire avant, je vole comme une pie dans les grands magasins, surtout des objets faciles à bazarder au Sound. Ça rapporte rarement de quoi payer deux piqûres par jour, mais nous n'en sommes pas encore là. Nous n'avons pas encore de dépendance physique, et un jour « sans » de temps de temps ne nous fait pas peur.

La seconde moitié des vacances, il est prévu que je la passerai chez ma grand-mère qui habite un petit village du Hesse. Ça peut paraître bizarre mais je suis folle de joie, tant à l'idée de voir ma grand-mère que d'aller à la campagne. D'un côté, je ne me vois pas passer deux ou trois semaines sans Detlev, ni même quelques jours sans le Sound et les lumières de la ville. Mais, de l'autre, je suis drôlement contente de retrouver des jeunes qui ne savent même pas ce que c'est que la drogue, d'aller faire du cheval, me baigner, etc. En fait, je ne sais plus qui je suis.

Sans bien m'en rendre compte, je me suis scindée en deux, deux personnes absolument différentes. Je m'écris des lettres à moi-même. Plus précisément, Christiane écrit à Véra. Véra, c'est mon second prénom. Christiane est la fille de treize ans qui veut aller chez sa grand-mère. La bonne fille, quoi. Véra, c'est la camée.

Sitôt que ma mère m'a mise dans le train, je ne suis plus que Christiane. Et, une fois dans la cuisine de ma grand-mère, je me sens tout à fait chez moi, comme si je n'avais jamais mis les pieds à Berlin. Rien que de voir grand-mère assise dans cette cuisine, avec son air tranquille et relax, ça me fait chaud au cœur. C'est une vraie cuisine paysanne, avec du feu dans l'âtre, des chaudrons et des poêles immenses, toujours un bon petit plat qui mijote. Comme dans un livre d'images. Je me sens bien.

Je renoue immédiatement avec mes cousins et cousines et les autres gosses de mon âge. Ce sont vraiment encore des gosses. Comme moi. Je me retrouve avec délices dans ma peau d'enfant. Il y a je ne sais combien de temps que ça ne m'est pas arrivé. Mes bottes à talons hauts, je les jette dans un coin. On me prête des sandales et, quand il pleut, des bottes en caoutchouc. Je ne touche pas une seule fois à mes produits de maquillage. Ici, je n'ai rien à prouver, pas besoin de chercher à en imposer à qui que ce soit.

Je fais beaucoup de cheval. On organise des tas de rallyes pédestres ou équestres. Mais notre terrain de jeu favori est toujours le ruisseau. Nous avons grandi, et les barrages que nous construisons maintenant ont des dimensions imposantes. Ils créent de véritables lacs artificiels. Et lorsque, le soir, nous perçons une brèche dans la digue, une cascade d'au moins trois mètres dévale dans le ruisseau.

Les autres, bien entendu, me posent des questions sur Berlin, sur ce que j'y fais. Mais je ne leur raconte pas grand-chose. Je n'ai aucune envie de penser à Berlin. Incroyable, mais je ne pense même plus à Detlev. J'avais décidé de lui écrire tous les jours, je ne lui écris pas une seule fois. Quelquefois, le soir, j'essaie de penser à lui, mais c'est à peine si je me souviens de ses traits. J'ai l'impression qu'il appartient à un autre monde, dont je ne comprends plus les messages.

Et puis je commence à avoir des crises d'angoisse quand je me retrouve le soir dans mon lit. Je vois flotter devant mes yeux, tels des fantômes, les visages des types du Sound, et je pense qu'il va bientôt falloir rentrer à Berlin. J'ai affreusement peur de Berlin. Je me dis que je pourrais demander à ma grand-mère de me garder avec elle, mais quelle raison invoquer, et que dire à ma mère ? Il faudrait tout avouer. Mais ça je ne m'y résous pas. Ma grand-mère tomberait raide morte si je lui racontais que sa petite-fille se pique à l'héroïne.

Il faut donc rentrer à Berlin. Le bruit, les lumières, l'animation, tout ce qui me plaisait tant avant, m'exaspère maintenant. La nuit, le vacarme m'empêche de dormir. Quand je vais au Kurfürstendamm, la circulation automobile et la foule me paniquent.

Au début, je n'essaie même pas de me réacclimater à Berlin. Je sais qu'une semaine après la rentrée ma classe part pour plusieurs jours en Forêt-Noire. Pas un instant je ne songe à acheter de la drogue ; pourtant j'ai de l'argent, ma marraine m'a fait cadeau de cinquante marks. Je ne cherche pas non plus à retrouver Detlev. On m'a dit qu'il ne va plus au Sound.

Je m'étais fait une joie de ce voyage, mais au bout de deux-trois jours je ne me sens pas bien. J'ai mal au ventre après les repas, les excursions m'épuisent. Dans l'autobus qui nous emmène visiter les usines de chocolat Suchard, Kessi, qui est assise à côté de moi, me dit brusquement ; « Dis donc, tu es jaune comme un coing. Tu as la jaunisse. »

Ça y est. Je le sais bien, tous les fixers l'attrapent. A cause des aiguilles et des seringues pas propres, qu'on se refile souvent de l'un à l'autre. Pour la première fois depuis bien longtemps, je pense à l'héroïne. Et je pense immédiatement à l'aiguille dégueulasse de ma première piqûre. Mais après je me rends compte que Kessi n'a pas parlé tout à fait sérieusement, et je me dis que ça fait plusieurs semaines que je ne me suis pas piquée — ça ne peut sûrement pas être ça.

A la porte des usines Suchard je m'achète une cuillère en plastique, et en avant pour le Palais de Dame Chocolat. Je trempe ma cuillère dans chaque cuve d'allure tant soit peu appétissante. Quand c'est vraiment bon, je détourne l'attention du guide en lui posant des tas de questions, et je remets ça. En plus, j'ai noué les coins de ma veste pour la transformer en besace, et à la sortie elle est pleine à ras bord de chocolats.

A peine le bus a-t-il démarré que je me jure de ne plus jamais toucher au moindre bout de chocolat. En arrivant à notre centre d'accueil, je m'écroule. J'ai dû ingurgiter des kilos de cette masse crémeuse et cacaotée. Mon foie capitule.

Le maître remarque à son tour mon teint jaune. Il fait venir un médecin, et ensuite une ambulance m'emmène — pimpon pimpon — à l'hôpital. La chambre d'isolement du Service Pédiatrie est toute petite, d'une blancheur immaculée. Pas un tableau, pas une image aux murs. Des infirmières m'apportent des médicaments et mes repas, pratiquement sans mot dire. Un médecin vient de temps en temps me demander comment ça va. Trois semaines s'écoulent ainsi. Je n'ai pas le droit de quitter la chambre, même pour aller pisser. Personne ne vient me voir, personne ne vient me parler. Je n'ai rien d'intéressant à lire, pas de transistor. Je me dis plus d'une fois que je vais devenir cinglée.

La seule chose qui me soutient, ce sont les lettres de ma mère. Moi aussi je lui écris. Mais j'écris surtout à mes chats, les seules bêtes qui me restent. Ce sont des lettres minuscules, glissées dans de petites enveloppes que je fabrique moi-même.

De temps en temps je pense à ma grand-mère, aux enfants du village, au ruisseau, aux chevaux. Quelquefois aussi à Berlin, au Sound, à Detlev et à l'héroïne. Je ne sais pas qui je suis. Quand je me sens vraiment mal en point, je me dis : « Tu es une camée qui fait sa première hépatite, et puis c'est tout. » Quand je m'imagine en train de jouer avec mes deux chats, je me promets de travailler à l'école et d'aller passer toutes mes vacances chez grand-mère. Tout ça se bouscule dans ma tête. Mais je passe aussi de longues heures à regarder le plafond sans rien penser du tout, si ce n'est que j'aimerais mieux être morte.

Et puis, j'ai toujours peur que les médecins ne trouvent l'origine de ma jaunisse. Mais les traces de piqûres sont parties, et je n'ai pas encore de cicatrices ni de marques de thrombose sur les bras. Et qui irait chercher une droguée au Service Pédiatrie de Fribourg ?

Au bout de trois semaines je recommence à marcher. Ensuite on me donne l'autorisation de rentrer à Berlin, par avion. C'est la Sécurité sociale qui paye. Je me couche dès mon arrivée à la maison. Je suis heureuse de me retrouver avec ma mère et mes deux chats, et je ne pense à rien d'autre.

Un peu plus tard, ma mère me raconte que Detlev est venu plusieurs fois prendre de mes nouvelles. Il avait l'air très triste de mon absence prolongée, me dit-elle. Alors je repense à Detlev, je revois ses cheveux bouclés, son joli visage si doux. Je suis tout heureuse que quelqu'un s'intéresse à moi, que quelqu'un m'aime vraiment. Et c'est Detlev. J'ai mauvaise conscience de l'avoir presque oublié, lui et notre amour, pendant plusieurs semaines.

Quelques jours après mon retour, Detlev me rend visite. Quand je le vois au pied de mon lit, j'ai un choc, je suis incapable de prononcer un seul mot.

Il n'a plus que la peau sur les os, ses bras sont devenus si grêles que je pourrais les entourer de ma main, son visage est tout blanc, ses traits affaissés. Mais il est toujours aussi beau. Ses yeux ont l'air encore plus grands, ils sont aussi plus tristes. Tout de suite, tout mon amour revit. Qu'importe qu'il soit devenu squelettique. Et je ne veux même pas me demander pourquoi.

Pendant un moment on ne sait pas quoi se dire. Il veut avoir de mes nouvelles, mais je n'ai rien d'intéressant à raconter. Il ne me vient même pas à l'idée de lui parler de mes vacances chez grand-mère. Je finis par lui demander pourquoi il ne va plus au Sound. Il dit que le Sound, c'est de la merde. Alors, où va-t-il maintenant ? Il finit par sortir : « Au métro Zoo. » Quoi faire ? « Je me prostitue. »

Sur le moment, je ne suis même pas choquée. Je sais que certains fixers le font, occasionnellement. Je n'ai pas une idée très précise de ce que ça veut dire. Je n'ai d'ailleurs pas très envie de savoir. Tout ce que je sais, c'est que ça consiste à satisfaire des pédales, sans rien éprouver soi-même, et que ça rapporte beaucoup d'argent. Je ne demande pas d'autres explications. Je suis toute au bonheur de voir Detlev, de l'aimer et d'être aimée.

Le dimanche suivant, Detlev vient me chercher pour ma première sortie. Nous allons à un café de la Lietzenburger Strasse. C'est plein de pédales, et ils connaissent presque tous Detlev. Ils sont tous très gentils avec moi, me font des tas de compliments, félicitent Detlev d'avoir une amie si jolie. Je constate que Detlev est fier de moi : c'est pour ça qu'il m'a emmenée dans ce café où tout le monde le connaît.

J'aime bien ces homos. Ils sont gentils avec moi, me font des compliments sans chercher à me draguer comme les autres hommes. Ils me trouvent mignonne et m'aiment bien, sans rien me demander. Tous ces compliments me ravissent. Je vais me regarder dans la glace des toilettes, et je trouve qu'ils ont raison. Ces deux mois sans drogue m'ont vraiment réussi, j'ai bonne mine, je trouve que je n'ai jamais été aussi bien.

Detlev me dit qu'il doit aller faire un saut au métro Zoo. Il a rendez-vous avec Bernd, son meilleur ami. Aujourd'hui, Bernd s'est arrangé pour se procurer du fric pour eux deux. Ce n'est pas ma faute si Detlev va au métro Zoo. Donc, ça ne se discute pas, je l'accompagne. De plus, je suis contente de revoir Bernd.

Bernd vient juste de partir avec un micheton. On l'attend. Ce soir-là, l'endroit ne me paraît pas aussi sinistre que dans mon souvenir. En fait je vois surtout Detlev. Quand il me laisse seule un instant pour causer avec un copain, des métèques viennent m'accoster. J'entends juste « soixante marks », ou quelque chose comme ça. Je m'accroche solidement au bras de Detlev et me sens en sécurité. Je le persuade de venir avec moi au Sound. Ensuite, je lui demande de me donner de quoi me faire un petit sniff. Bien entendu il refuse. Mais j'insiste : « Seulement pour ce soir. Seulement pour fêter mon retour. J'ai envie d'être un peu partie, comme toi. Ou alors tu ne prends rien non plus. »

Il cède, tout en me disant que c'est la dernière fois. Je lui dis : « Bien sûr. » Je viens de démontrer, pendant deux mois et demi, que je peux me passer d'héroïne. J'ai même remarqué que ça me fait du bien.

Un argument de poids, Detlev me dit : « Écoute, petite, moi aussi je vais m'arrêter. Tu vas voir. » Sur ce il se pique et moi je sniffe. Nous sommes fantastiquement heureux et nous parlons de notre bonheur futur, ensemble et sans H.

Le lendemain après-midi, je vais retrouver Detlev au métro Zoo. J'ai droit à un nouveau sniff. Et, les jours suivants, je recommence à me piquer. C'est comme si je n'avais jamais quitté Berlin, comme si les deux mois et demi sans H n'avaient jamais existé. Nous parlons presque tous les jours de notre décision d'arrêter, et j'explique à Detlev que c'est vraiment facile.

Souvent, je vais directement au Zoo en sortant de l'école. Dans mon sac, il y a mes ustensiles de droguée et un gros paquet de sandwiches. Ma mère doit s'étonner de me voir maigrir à vue d'œil, alors que j'emporte tous les matins un tel stock de sandwiches. Je sais bien que Detlev et ses amis attendent que je leur apporte de quoi déjeuner.

Au début, Detlev se fâche quand il me voit arriver. Il ne veut pas que je le voie se prostituer. « Donne-moi rendez-vous n'importe où, dit-il, mais ne viens pas ici. »

Je ne l'écoute pas. Je veux être avec lui, n'importe où. Et, peu à peu, je m'habitue au décor. Je ne sens plus l'odeur de pisse et de désinfectants. Les clients, les putes, les métèques, les flics, les clochards, les ivrognes font partie de mon environnement quotidien. C'est ici ma place, puisque Detlev y est.

La manière dont les autres filles me dévisagent, me détaillent de bas en haut, me porte d'abord sur les nerfs. Me paraît plus agressive encore que celle des michetons. Ensuite je me rends compte que ces filles, qui viennent ici pour se prostituer, ont peur de moi, peur que je ne leur chipe leurs meilleurs clients. Ne suis-je pas de la marchandise fraîche et appétissante ? C'est vrai, j'ai meilleure allure qu'elles, j'ai l'air soigné, je me lave les cheveux presque chaque jour. A me voir, personne ne peut se douter que je suis une droguée. Je sais que je suis supérieure aux autres filles, c'est un sentiment bien agréable. Effectivement, les michetons se pressent autour de moi. Mais je n'ai pas besoin de me prostituer, Detlev fait ça pour moi. Les autres, qui m'observent, doivent se dire : Quelle nana, elle a de la came et même pas besoin de se fatiguer pour !

Au début, les michetons me font peur. Surtout les métèques avec leurs sempiternels : « Toi baiser ? Toi aller hôtel ? » Certains proposent vingt marks. Mais très vite ça m'amuse de les envoyer paître. Je leur dis : « Eh, le vieux, ça va pas la tête ? Moi, personne ne m'approche à moins de cinq cents marks. » Ou bien je les regarde bien en face, l'air très cool, et leur lance : « Tu te trompes d'adresse, mon vieux. Fous le camp. » Ça me fait bien plaisir de voir, après ça, ces salopards se carapater la queue basse. Les michetons aussi, je leur suis supérieure. Si par hasard l'un d'eux se montre insolent ou agressif, Detlev est tout de suite là. Quand il part avec un micheton, il dit à ses copains de veiller sur moi. Ils sont comme des frères pour moi. Gare au type qui me manque de respect !

Maintenant, je ne vais plus au Sound, je n'ai plus d'autres amis que notre petite bande du Zoo. Il y a juste Detlev et moi, Bernd et Axel, qui ont seize ans tous les deux. Les trois garçons habitent chez Axel.

Contrairement aux deux autres, Axel est très laid. Son visage n'a aucune harmonie, ses jambes et ses bras ont l'air faits pour un autre corps que le sien. Vraiment pas de quoi attirer un pédé. Pourtant il a ses michetons, et même des clients réguliers, Detlev, quand il en a ras le bol, engueule et insulte les michetons, Axel, avec son physique, est obligé de se contrôler tout le temps, d'être aimable. En plus, au lit, il doit avoir quelque chose de particulier, quelque chose qui plaît beaucoup aux pédés. Sans ça, il ne tiendrait pas le coup, avec toute la concurrence qu'il y a à la station Zoo.

Il se venge comme il peut. Dès qu'il tombe sur un micheton un peu bête, il l'escroque. Axel est un gars qui a du caractère : on a beau l'offenser et l'humilier, il se domine, ne montre jamais ses sentiments. Et puis il est incroyablement gentil et secourable, ce qui est rare chez les fixers. En fait, il n'y en a pas deux comme lui. Il se comporte comme si déjà il ne vivait plus dans ce monde pourri. D'ailleurs il ne lui reste plus qu'un an à vivre.

L'histoire d'Axel ressemble à la nôtre. Ses parents sont divorcés. Il a vécu avec sa mère jusqu'au jour où elle est partie habiter chez un ami. Mais la mère a été généreuse : elle lui a laissé un deux pièces, quelques meubles, et même une télé. Elle lui rend visite une fois par semaine et lui donne un peu de fric. Elle sait qu'il se pique et lui a demandé plusieurs fois d'arrêter. Elle considère qu'elle fait beaucoup pour lui, plus que des tas d'autres parents pour leurs gosses. Elle lui a donné un appart avec la télé, non ?

Je passe le week-end chez Axel. J'ai raconté à ma mère que j'allais chez une amie.

L'appart d'Axel est un vrai taudis de camé. La puanteur me saisit à la gorge dès le seuil. Des boîtes de sardines vides traînent dans tous les coins, avec des mégots qui baignent dans l'huile ou la sauce tomate. Il y a aussi une quantité de gobelets et de tasses sales. Dedans, un petit peu d'eau, de la cendre, du tabac, du papier à cigarettes. Quand je veux poser des yaourts sur la table — l'unique table —, deux boîtes de sardines dégringolent, et la sauce gicle sur le tapis. Personne n'y fait attention.

De toute façon, ce tapis pue d'une manière épouvantable. Quand Axel s'est shooté, j'ai compris pourquoi. Il retire la seringue de son bras, l'emplit d'eau, et vide le liquide rosâtre — la seringue contient encore quelques gouttes de sang — sur le tapis. C'est sa façon de nettoyer ses ustensiles. Et c'est l'odeur douceâtre du sang séché, mêlée à celle de la sauce de poisson, qui donne cette affreuse puanteur. Même les rideaux sont tout jaunes et sentent mauvais.

Au milieu de tout ce capharnaüm trône un lit aux draps d'une blancheur éblouissante. Je m'y réfugie immédiatement. J'enfonce ma figure dans les oreillers, ils ont une bonne odeur de lessive. Je crois bien n'avoir jamais dormi dans un lit aussi propre.

Axel me dit : « J'ai mis ces draps pour toi. » Tous les samedis, je trouve un lit refait de frais. Je ne dors pas deux fois de suite dans les mêmes draps, alors que les garçons ne changent jamais les leurs.

Ils font tout ce qu'ils peuvent pour me faire plaisir. J'ai toujours à boire et à manger juste ce qui me fait envie. Surtout, ils m'achètent de la came de première qualité. J'ai toujours des problèmes avec mon foie, et si je me pique avec un truc frelaté je suis malade comme un chien. Ils se font toujours un sang d'encre quand je suis patraque. Alors ils m'achètent de l'héroïne extra, et tant pis si c'est cher. Les trois garçons sont toujours là quand j'ai besoin d'eux. Au fond, ils n'ont que moi. Et moi j'ai Detlev — Detlev en premier —, ensuite Axel et Bernd, et personne d'autre.

Je suis vraiment heureuse. Heureuse comme je l'ai rarement été. Je me sens protégée. J'ai un chez moi : la station Zoo l'après-midi, la piaule puante d'Axel le week-end.

Detlev est l'élément le plus fort du groupe, moi le plus faible. Je me sens inférieure aux garçons, physiquement et moralement. Surtout parce que je suis une fille. Mais, pour la première fois, j'aime ma faiblesse. Je savoure la protection de Detlev. Je savoure de savoir Detlev, Axel et Bernd toujours là quand j'ai besoin de quelqu'un.

Mon gars à moi, il fait ce qu'aucun autre fixer ne fait : il partage chaque dose d'héroïne avec moi. Il gagne de l'argent pour moi, en faisant le pire boulot qui existe. Pour me payer ma drogue, il doit se taper un ou deux michetons de plus par jour. Nous, on n'est pas comme les autres, c'est même tout le contraire : l'homme fait le tapin pour sa femme. Peut-être sommes-nous le seul couple au monde où ça se passe comme ça.

En cet automne 1976, l'idée de me prostituer moi-même ne m'est jamais venue. Du moins pas sérieusement. Elle m'a peut-être traversé l'esprit pendant quelques secondes, les jours où j'avais mauvaise conscience après avoir vu Detlev partir avec un type particulièrcment dégueulasse. Mais je savais bien que Detlev me passerait un drôle de savon rien que si j'évoquais une telle possibilité.

D'ailleurs, je ne sais toujours pas, à cette époque, en quoi ça consiste exactement, tout ça. Ou du moins je ne veux pas y penser et pas me l'imaginer. Detlev n'en parle pas. A écouter les conversations des trois garçons, j'ai l'impression qu'il s'agit de tailler une pipe à ces pédés.

Pour moi, cela n'a rien à voir avec nous deux, Detlev et Christiane. C'est une chose que Detlev est obligé de faire, alors ça ne me dégoûte pas. Qu'il tripote ces pédés, ça n'est pas si terrible, c'est son boulot — le boulot dégueulasse qui nous permet d'avoir de la came. Seulement, je ne veux pas que ces types tripotent Detlev. Il est à moi, à moi toute seule.

Au début, je trouve même quelques-uns de ces michetons plutôt sympas. Les garçons disent quelquefois que Truc ou Machin est un type pas mal, il faut se le garder au chaud. Et c'est surtout ça que je retiens. Il y en a qui sont tout à fait gentils avec moi quand ils me rencontrent à la station Zoo avec Detlev. On dirait qu'ils m'aiment bien. De temps en temps, un des garçons me remet un billet de banque de la part d'un micheton qui me trouve « si mignonne ». Detlev ne me raconte pas que quelques-uns de ces types le harcèlent pour faire des choses avec moi.

J'observe les autres filles. Presque toutes des gosses, comme moi. Je vois qu'elles sont bien malheureuses. Surtout les toxicos qui doivent se prostituer pour pouvoir se piquer. Je lis le dégoût sur leur visage chaque fois qu'un micheton les touche, et pourtant elles se forcent à sourire. Je les méprise, ces types qui se coulent lâchement dans la foule de ce hall de gare, cherchant de la chair fraîche du coin de leur œil allumé. Des idiots ou des pervers, sûrement. Quel plaisir peuvent-ils éprouver à se pieuter avec une fille totalement inconnue, que visiblement ça dégoûte, et dont il est impossible de ne pas voir la détresse ?

Les pédés aussi, je me mets finalement à les détester. Petit à petit, je prends conscience des souffrances qu'ils font endurer à Detlev. Souvent, il a beaucoup de mal à surmonter sa répulsion, à se forcer à aller au boulot. De toute façon, s'il n'est pas défoncé il n'y arrive pas. Quand il est en crise de manque — c'est-à-dire justement quand il a le plus besoin de fric — il se sauve dès qu'il voit un micheton. Alors Axel ou Bernd vont au turbin à sa place. En se forçant à surmonter leur dégoût. Eux aussi ils ont besoin d'être défoncés pour y arriver. Ça m'exaspère de voir les pédés courir après Detlev. Ils lui balbutient des serments d'amour totalement ridicules, lui glissent des lettres d'amour dans la main, et tout ça en ma présence. Ce qu'ils doivent être seuls, ces types ! Mais je suis incapable d'éprouver de la pitié pour eux. J'ai envie de leur crier : « Écoute, mon vieux, essaie de comprendre que Detlev est à moi et à personne d'autre, et surtout pas à un cochon de pédé. » Mais c'est ces gars-là qui nous donnent du fric, qui se laissent plumer comme des dindes de Noël. On a besoin d'eux.

Je m'aperçois aussi, peu à peu, que parmi ces hommes il y en a qui connaissent Detlev intimement, beaucoup plus intimement que moi. Il y a de quoi dégueuler. Un jour, en écoutant parler les trois garçons, j'apprends que certains michetons ne payent que si le partenaire a lui aussi un orgasme. Je crois que je vais crever de dégoût.

Je vois de moins en moins Detlev, parce qu'il est

tout le temps parti avec un de ces salauds de pédés. J'ai peur pour lui. Quelqu'un m'a raconté que les garçons qui se prostituent finissent quelquefois par devenir pédés à leur tour. Mais je ne peux rien dire à Detlev. Nous avons besoin d'argent, il nous en faut de plus en plus. Et la moitié de ce qu'il gagne, c'est pour ma drogue à moi. Depuis que je suis dans leur bande, j'ai décidé, au moins inconsciemment, de devenir comme eux, une vraie camée. Je me pique tous les jours. Et je veille toujours à mettre de côté assez d'H pour ma piqûre du lendemain matin.

Pourtant, nous ne sommes encore ni lui ni moi au stade de la dépendance physique complète. Chez les débutants qui ne se piquent pas tous les jours, elle est assez longue à s'installer. Nous arrivons encore à nous passer d'héroïne pendant un jour ou deux : on prend autre chose pour planer un peu, et on ne souffre pas trop. Alors on se dit qu'on n'est pas comme les autres, pas comme ces fixers qui ont dégringolé tout en bas. Nous, on peut arrêter quand on veut.

J'ai encore des moments de bonheur. Tous les samedis, chez Axel. Detlev me rejoint dans le beau lit tout propre, me souhaite « bonne nuit » avec un doux baiser sur la bouche, et nous nous endormons. Nous dormons dos à dos, fesses contre fesses. A mon réveil, Detlev me donne le baiser du bonjour.

Il y a six mois que nous sommes ensemble, et nous n'avons pas d'autres rapports physiques. Quand j'ai fait la connaissance de Detlev, j'avais déjà appris à me méfier de la brutalité des garçons. Et je lui ai dit tout de suite : « Tu sais, je suis vierge. Et je voudrais attendre encore un peu. Je me trouve encore bien jeune. »

Il a tout de suite compris et n'a jamais fait d'histoires. Pour lui, je ne suis pas seulement une amie avec qui il s'entend bien : il se rend bien compte qu'avec mes quatorze ans je suis encore une enfant. C'est qu'il est d'une sensibilité extraordinaire, il sent ce que je désire, ce que je peux faire ou non. Courant octobre, j'ai demandé à ma mère de me procurer la pilule. Elle m'a fait établir une ordonnance. Elle a appris, pour Detlev et moi, et de toute façon elle ne me croyait pas quand je lui disais qu'il ne se passe rien. Elle est très méfiante pour ces choses-là.

Je prends donc la pilule, mais sans en avertir Detlev. J'ai encore peur. Un samedi de fin octobre, je vois, en arrivant chez Axel, qu'il a mis des draps blancs dans son propre lit, plus large que celui où nous dormons d'habitude. Axel m'explique que c'est idiot de se serrer à deux sur une couchette, pendant que lui se vautre dans un grand plumard. Il nous laisse son lit.

Ce jour-là, tout le monde est de bonne humeur. Et, tout à coup, Detlev dit qu'on devrait bien faire un peu de ménage. On est tout de suite d'accord. Je commence par ouvrir toutes les fenêtres. Les premières bouffées d'air frais me font reprendre conscience de la puanteur dans laquelle nous vivons. Aucun individu normal ne supporterait plus d'une minute cette infection, mélange de relents de sang séché, de cendres et de conserves de poissons moisies.

Deux heures plus tard, c'est toujours la révolution dans l'appart. On a balayé, entassé une montagne de détritus dans des sacs en plastique. Je passe l'aspirateur, je nettoie même la cage du canari que toute cette agitation affole. La mère d'Axel le lui a laissé en prime car son ami n'aime pas les oiseaux. Axel déteste lui aussi cette malheureuse bestiole : quand, n'en pouvant plus de solitude, elle se met à piailler, il donne de grands coups de poing dans la cage, et le pauvre oiseau tournoie comme un fou entre les barreaux. Aucun des garçons ne s'en occupe, mais la mère d'Axel apporte régulièrement une provision de graines. Et moi, le samedi, je lui en donne pour sa semaine. Je lui ai aussi acheté un petit récipient en verre qui lui permet de boire de l'eau propre pendant six jours.

Quand nous sommes couchés ce soir-là, les choses ne se passent pas comme d'habitude. Detlev ne me donne pas le baiser « bonne nuit » et ne me tourne pas le dos. Il se met à parler, à me dire des choses très douces. Je sens ses mains qui me caressent. Très tendrement. Je n'ai plus du tout peur. Je le caresse à mon tour. Nous échangeons des caresses. Très longtemps. Sans parler. C'est merveilleux.

Il se passe au moins une heure avant que Detlev ne rompe le silence. Il me demande : « Tu veux bien faire l'amour, samedi prochain ? »

Je réponds « Okay ». J'ai toujours eu peur de cette question. Maintenant, je suis heureuse que Detlev me la pose.

Au bout d'un moment, je dis : « Okay, Mais à une condition : on n'aura rien pris, ni l'un ni l'autre. Pas question d'H. Si on est défoncés, je risque de ne pas trouver ça bien. Ou alors je le trouverai bien, mais seulement parce que je serai défoncée. Je veux être totalement lucide. Et je voudrais que tu le sois aussi pour que tu saches si tu m'aimes comme ça. » Detlev dit : « Okay », me souhaite « bonne nuit » avec un doux baiser, et nous nous endormons, dos à dos et fesses contre fesses.

Le samedi suivant, nous tenons parole : nous ne prenons rien. L'appart est de nouveau sale et puant. Mais notre lit a des draps éblouissants de blancheur. Nous nous déshabillons. J'ai encore un peu peur. Nous sommes étendus l'un à côté de l'autre, sans mot dire. Je pense à ce que m'ont raconté des filles de ma classe, comment, la première fois, le garçon se jette sur vous, brutalement, vous enfonce son machin dans le corps et n'arrête que quand il a joui. Les filles m'ont raconté que ça fait horriblement mal, la première fois.

Je dis à Detlev que je ne veux pas que ça se passe comme le racontent les filles de ma classe.

Il me répond : « Okay, ma petite. »

Nous nous caressons, très longtemps. Il me pénètre un peu, c'est à peine si je m'en aperçois. Quand ça me fait mal, Detlev le sent sans que je le lui dise.

Je pense : « Il a le droit de te faire un peu mal. Ça fait six mois qu'il attend. »

Mais Detlev ne veut pas me faire mal. A un moment donné, ça y est. On est ensemble pour de bon. Je l'aime, je suis folle d'amour pour lui. Mais je me sens raide comme une planche. Detlev est immobile, lui aussi. Il a sûrement compris ce que je suis incapable d'exprimer : je suis paralysée d'angoisse et de bonheur.

Detlev se retire et m'enlace. Ce que je ressens est

extraordinaire. Je me demande comment je peux mériter un garçon pareil, un garçon qui ne pense qu'à moi et pas du tout à lui. Je pense à Charly qui, pendant une séance de cinéma, m'a mis tout bonnement sa main entre les jambes. Je suis heureuse d'avoir attendu Detlev, de n'appartenir qu'à lui. J'aime tant ce garçon que tout à coup je panique. J'ai peur de la mort. Je me répète tout le temps : « Je ne veux pas que Detlev meure. »

Je lui dis, pendant qu'il me caresse : « Detlev, on va arrêter de se piquer. »

« Oui, répond-il. Je ne veux pas que tu deviennes une camée. »

Il m'embrasse. Lentement, nous nous retournons et nous nous endormons, dos à dos, fesses contre fesses.

Les mains de Detlev sur mon corps me réveillent. Il est encore très tôt, une lumière grise filtre à travers les rideaux. Nous nous caressons, et après nous faisons l'amour pour de bon. Ce que je ressens se passe dans ma tête, et pas encore en bas. Mais je sais déjà que c'est merveilleux de faire l'amour avec Detlev.

Le lundi, je vais directement de l'école au métro Zoo. Detlev est là. Je lui donne mon casse-croûte et une pomme. Il a faim. J'ai drôlement envie d'H, ça fait trois jours que je ne me suis pas piquée. Je demande à Detlev « Tu as un shoot pour moi ? »

« Non. Et je ne t'en donnerai plus. Je ne veux pas. Je t'aime trop. Je ne veux pas que tu deviennes une junkie. »

J'explose. Je me mets à hurler : « Dis donc mon vieux, tu as un sacré culot ! Tu es complètement défoncé, tes pupilles, elles sont grosses comme une tête d'épingle. Et tu viens me faire des sermons ? Commence par arrêter toi-même, j'en ferai autant. Mais ne dis pas de conneries, avoue tout de suite que tu veux garder toute la came pour toi tout seul. »

Je lui en fais entendre de toutes les couleurs. Il ne peut pas se défendre, il a recommencé à se piquer dès dimanche soir. Il finit par céder en me disant : « Okay ma petite, on va décrocher tous les deux. » Et puis il se fait un micheton pour ma piquouze.

Maintenant que nous avons couché ensemble, bien des choses changent dans ma vie. Je ne me sens plus aussi à l'aise au métro Zoo. Je sais ce que ça veut dire, faire le tapin. Ce que veulent exactement les types qui m'abordent ! La même chose que ce qu'on fait, Detlev et moi. Baiser. Évidemment, avant, je n'ignorais pas en quoi ça consistait, mais c'était tout à fait abstrait. Maintenant, c'est ce qu'il y a de plus merveilleux et de plus intime entre Detlev et moi. Ces types me dégoûtent. Ce qui se passe ici me paraît absolument incompréhensible : comment peut-on coucher avec un de ces métèques répugnants, avec un soûlaud ou un chauve ventru et suant. Ça ne m'amuse plus d'entendre les michetons me débiter des niaiseries. Je ne trouve plus rien à leur répondre. Je me sauve, effarouchée, et quelquefois même je les frappe. Quant aux pédés, maintenant je les ai en horreur. Je pourrais les tuer, ces cochons. Je passe mon temps à m'empêcher d'imaginer Detlev obligé de les caresser.

Je continue pourtant à venir chaque après-midi en sortant de l'école. Pour retrouver Detlev. Quand il a fait un client, on va s'installer sur la terrasse et il m'offre un chocolat. Quelquefois les affaires sont mauvaises, il y a des jours où même Detlev a du mal à rassembler assez de fric pour nous deux.

Petit à petit, je fais connaissance des autres garçons. Avant, Detlev essayait toujours de m'en éloigner. Ils sont bien plus démolis que nous, ils ont beaucoup plus de mal que mes copains à trouver des clients. C'est des junkies, le genre de types que j'admirais avant.

Detlev me dit qu'ils sont ses amis, et en même temps il me recommande de m'en méfier. Ils sont toujours fauchés, et toujours en chasse pour trouver de quoi se piquer. Il ne faut jamais leur montrer qu'on a du fric ou de la came, sinon on risque d'attraper un mauvais coup. Ils n'arnaquent pas seulement les michetons, ils s'arnaquent aussi entre eux.

Je commence à comprendre ce que c'est vraiment, ce monde des drogués qui m'attirait tellement. Seulement, maintenant, je suis dedans. Enfin presque.

Quelquefois, des amis de Detlev me disent : « Décroche, tu es trop jeune pour ça. Décroche, tu peux y arriver pourvu que tu te sépares de Detlev. Lui, de toute façon, il ne s'en sortira jamais. Alors ne fais pas l'idiote, laisse-le tomber. »

Je les envoie promener. Me séparer de Detlev ? Ce n'est pas pensable. S'il veut se tuer, je ferai comme lui. Mais de cela je n'en parle pas, je leur réponds simplement : « Tu te gourres, on n'est pas toxicos. Lui et moi, on arrête le jour où on veut. »

Les journées de ce mois de novembre 1976 se ressemblent toutes. De deux à huit, le métro Zoo. Puis le

« Treibhaus », une discothèque sur le Kurfürstendamm, que Detlev a pris l'habitude de fréquenter. C'est un rendez-vous de drogués, et c'est encore pire que le Sound. J'y reste souvent jusqu'à minuit vingt, l'heure du dernier bus. En réalité, je ne vis que pour le samedi soir. Le samedi soir, on fait l'amour, Detlev et moi, et c'est chaque fois plus beau — du moins quand on n'est pas trop défoncés.

Décembre vient. J'ai froid. Avant, je n'avais presque jamais froid. Je me rends compte que je suis sonnée physiquement. Je le sais depuis un certain dimanche au début du mois. Je m'éveille dans l'appartement d'Axel, Detlev dort à mes côtés. Je gèle. Mes yeux se posent sur une boîte. Et, tout à coup, l'inscription qui est sur cette boîte me saute au visage. Elle est en couleurs, des couleurs agressives qui me font mal aux yeux. Il y a surtout un rouge vraiment terrifiant. Quand je partais en trip, j'avais toujours peur du rouge. Mais l'héroïne fait du rouge un ton très doux, elle le recouvre, comme les autres couleurs, d'une espèce de voile.

Et voilà que sur cette foutue boîte le rouge redevient mauvais. J'ai la bouche pleine de salive. Je l'avale mais elle revient immédiatement. Elle remonte je ne sais pas comment. Puis elle disparaît brusquement, et maintenant j'ai la bouche à la fois sèche et poisseuse. J'essaie de boire quelque chose mais ça ne passe pas. Je tremble de froid et la minute suivante j'ai trop chaud, je suis toute en sueur. Je réveille Detlev en lui disant : « Il se passe quelque chose. »

Detlev me dévisage. « Tu as les pupilles grandes

comme des soucoupes. » Un long silence, puis il murmure : « Eh bien fillette, ça y est. »

De nouveau toute secouée de frissons, je lui demande : « Ça y est quoi ? »

« Le cold turkey, la crise de manque » répond Detlev.

C'est donc ça. La crise de manque. Tu en es là, t'es une camée, je me dis. Mais ce n'est pas si terrible, le cold turkey, pourquoi est-ce qu'on en fait tout un plat ? Je n'ai pas vraiment mal : c'est juste que je tremble, que les couleurs m'agressent, et puis cette drôle de sensation dans la bouche.

Detlev ne dit plus rien. Il sort de la poche de son jean un petit paquet et de l'acide ascorbique, va chercher une cuillère, fait chauffer le tout sur la flamme d'une bougie et me tend la seringue toute préparée. Je tremble tant que j'ai du mal à piquer dans la veine, mais j'y arrive tout de même assez vite. Tout rentre dans l'ordre, les couleurs retrouvent leur douceur, ma bouche son état normal, et je me rendors, blottie contre Detlev qui a profité de l'occasion pour se faire aussi une piqûre. Nous nous levons à midi, et je demande aussitôt à Detlev s'il lui reste encore beaucoup d'H.

Il me dit : « Ne t'en fais pas. Tu auras encore un shoot ce soir, avant de rentrer chez toi.

— Mais j'ai besoin de quelque chose pour demain matin.

— Alors là, je n'en ai pas assez. Et je n'ai vraiment pas envie d'aller au métro Zoo aujourd'hui. De toute façon, c'est dimanche et il n'y a personne. »

Je panique : « Mais tu ne comprends pas ? Si je ne

peux pas me piquer demain matin, j'aurai une crise de manque et je ne pourrai pas aller en classe. »

Detlev : « Je te l'avais dit, fillette. Te voilà chopée. »

Un peu plus tard, on va tout de même au métro Zoo. J'ai eu le temps de réfléchir. Ma première crise de manque. Me voilà dépendante. De l'héroïne et de Detlev. Ce qui m'effraie le plus c'est de dépendre de Detlev. Qu'est-ce qu'un amour où l'un dépend totalement de l'autre ? Que va-t-il se passer si je suis obligée de supplier Detlev qu'il me donne un peu de drogue ? J'ai déjà vu des fixers en crise de manque, je les ai vus mendier, s'abaisser, prêts à subir toutes les humiliations. Moi, je n'ai jamais su demander. Et je ne vais pas commencer avec Detlev. Surtout pas. S'il me laisse le supplier, ça sera fini nous deux.

Detlev trouve un client. J'attends son retour. Ça dure, ça dure... Il faudra que je m'habitue à attendre pour avoir ma dose du lendemain matin.

Je suis déprimée. Je monologue à mi-voix. « Alors Christiane, tu as ce que tu voulais. C'est ce que tu imaginais ? Sûrement pas. Mais tu l'as voulu. Tu les admirais, les toxicos. Maintenant tu en fais partie. On ne peut plus t'épater. Quand on te parle de crise de manque, tu n'as plus à ouvrir de grands yeux, tu sais ce que c'est. On ne te la fait plus. A ton tour d'imprcssionner les autres. »

Je ne réussis pas vraiment à me remonter le moral. Je pense à la manière dont j'ai traité des junkies en manque. Je ne comprenais pas ce qui leur arrivait. J'avais seulement remarqué qu'ils étaient vachement sensibles, totalement désarmés, et très vulnérables. Un toxico en manque, c'est tellement annihilé que ça n'ose même pas vous contredire. Il m'est arrivé d'assouvir sur eux mes appétits de puissance. Quand on sait s'y prendre on peut les démolir complètement. Il suffit de taper au bon endroit, de retourner patiemment le fer dans la plaie, et ils s'écroulent. Quand on est en manque, on est assez lucide pour se rendre compte qu'on est une loque. La façade cool s'est écroulée, on ne se juge plus au-dessus de tout et de tous.

Je me dis : « Maintenant c'est à toi d'en baver quand tu vas être en manque. Ils vont bien s'apercevoir que tu es moche et tarte. Mais après tout tu le savais, non ? C'est drôle que tu n'aies jamais pensé à tout ça avant. »

Mes discours à moi-même ne m'avancent à rien. J'aurais besoin de parler à quelqu'un. Bien sûr, je pourrais aller trouver un des copains de Detlev qui traînent par ici. Au lieu de ça, je me recroqueville dans un coin, à côté du bureau de poste. Je sais trop bien ce qu'on me dirait : « Faut pas t'en faire comme ça, ma vieille. Ça s'arrangera. Tu pourras toujours faire une cure de désintoxication. Le Valeron, c'est fait pour ça. » Detlev raconte aussi ce genre de trucs.

Je n'ai que ma mère à qui parler. Mais je me dis : C'est impossible, tu ne peux pas lui faire ça. Elle t'aime, et toi aussi tu l'aimes, à ta façon. Si tu lui racontes ce qui t'arrive, elle va se trouver mal. Et, de toute manière, elle ne peut pas t'aider. Elle te mettra peut-être en pension. Ça servira à quoi ? La force, ça ne remet personne dans le droit chemin. Et surtout pas toi. Tu feras le mur et tu partiras en cavale. Et ça sera encore pire.

Je monologue toujours à mi-voix : Mais arrête, tout bonnement ! Tu souffriras un peu du manque au début, mais tu prendras des trucs pour t'aider à passer le cap. Quand Detlev va revenir, tu lui diras : « Je ne veux pas d'H. J'arrête. Et tu en fais autant, sinon on se sépare. T'as deux doses dans ta poche ? Okay mon vieux, on se fait un dernier shoot, et demain c'est fini. » Je me rends compte, tout en me tenant ces discours, que j'ai vachement envie d'une piqûre. Et je murmure, comme si je me révélais à moi-même un secret : de toute façon, Detlev ne voudra pas. Et tu sais bien que tu ne le quitteras pas. Cesse de te raconter des histoires : tu es arrivée au terminus. Parfaitement, le terminus. Tu n'as pas eu grand-chose de la vie, mais c'est bien toi qui l'as voulu comme ça.

Detlev revient. Sans échanger une parole, nous filons au Kurfürstendamm à la recherche de notre revendeur attitré. J'empoche ma dose, rentre chez moi, et me réfugie dans ma chambre.

Deux dimanches plus tard, Detlev et moi sommes seuls dans l'appart d'Axel et complètement à plat. La veille, nous n'avons pas trouvé notre revendeur attitré, et l'autre type nous a roulés. La came qu'il nous a vendue était si infecte que, dimanche matin, il a fallu qu'on s'en injecte une double dose pour tenir le coup. Maintenant c'est la fin de l'après-midi, on n'a plus rien, Detlev commence à transpirer, et moi je me rends compte que la crise de manque n'est pas loin.

On fouille toute la baraque dans l'espoir de trouver quelque chose de vendable. En sachant d'avance qu'il n'y a plus rien. De la cafetière électrique au transistor, tout est parti en piquouzes. Il reste l'aspirateur, mais il est si vieux qu'on n'en tirerait pas cinq marks.

Detlev dit : « Fillette, il faut qu'on se fasse du fric, et vite. Dans deux heures au plus on va être en pleine crise de manque, et alors ça sera fichu. On est dimanche soir, je n'y arriverai pas tout seul. Il faut que tu m'aides. Le mieux, c'est que tu ailles faire la manche au Sound. Tâche de récolter quarante marks. Si de mon côté je fais un micheton pour quarante ou cinquante marks, on aura encore un peu de came pour demain matin. Tu vas y arriver ? »

Moi : « Bien sûr que je vais y arriver. Faire la manche, c'est ma spécialité. On se donne rendez-vous dans deux heures. J'ai souvent fait la manche au Sound. Des fois, rien que par provocation. Et ça a toujours marché. Mais pas ce soir. Je suis pressée, et la manche ça prend du temps : il faut bien choisir les types qu'on veut taper, savoir comment les aborder, quelquefois causer un peu avec eux, et surtout être cool. La manche, ça doit vous amuser.

Mais je suis en manque, et ce que je fais s'en ressent. Au bout d'une demi-heure je n'ai que sept marks. Je me dis « Tu n'y arriveras jamais. » Je pense à Detlev en train de chercher un micheton au métro Zoo un endroit où le dimanche soir il n'y a que des familles, papa, maman et les mômes. Par-dessus le marché il est en manque. Je panique.

Je sors dans la rue, sans plan bien précis. J'espère vaguement qu'en faisant la manche dehors j'aurai plus de succès. Une grosse Mercedes s'arrête. J'ai l'habitude de voir des grosses voitures ralentir ou stopper devant le Sound. Nulle part la chair fraîche n'est aussi bon marché qu'ici, des filles qui n'ont pas les deux marks du ticket d'entrée font ça pour le ticket et quelques bouteilles de Coca.

Le type à la Mercedes me fait signe. Je le reconnais. Il traîne souvent par ici, et ce n'est pas la première fois qu'il m'accoste. Sa formule habituelle : « Tu n'as pas envie de gagner un billet de cent ? » Une fois, je lui ai demandé ce qu'il voulait en échange. Il a répondu : « Rien de particulier. » Je me suis bruyamment moquée de lui.

Je ne sais pas exactement quelle idée me traverse l'esprit. Peut-être quelque chose du genre : « Va toujours voir ce type, et tâche de savoir ce qu'il veut exactement. Tu peux peut-être le taper d'un billet ou deux. » Toujours est-il que je me retrouve subitement à côté de la Mercedes. Il me dit de monter, qu'il ne peut pas stationner ici. J'obéis.

En réalité, je sais très bien ce qui va se passer. Il ne s'agit plus du tout de faire la manche. Les michetons ne sont plus, pour moi, des créatures d'une autre planète. J'en ai assez vu au métro Zoo, j'ai suffisamment écouté les récits des garçons, pour connaître la suite du film qui vient de commencer. Je sais aussi que ce n'est pas au client de dicter ses conditions. J'essaie d'être super-cool, je ne tremble pas. Mais je prends de trop grosses bouffées d'air, et j'ai du mal à terminer mes phrases sans que ma voix déraille.

Moi : « Et alors ? »

Lui : « Eh bien quoi ? Cent marks. D'accord ? »

Moi : « Je ne baise pas. Pas question. » Il demande

pourquoi, et dans mon émotion je ne trouve rien d'autre à lui dire que la vérité : « J'ai un ami. Je n'ai couché avec personne d'autre. Et je ne veux pas le faire. »

Lui : « Bon. Alors tu me tailles une pipe. »

Moi : « Non, ça non plus. Ça me fait dégueuler. » Je suis vraiment très cool.

Décidément, rien ne peut le mettre en colère. Il répond : « Okay. Alors tu me branles. »

Moi : « D'ac. Pour cent marks. » Sur le moment ça ne me frappe pas, mais à la réflexion je comprends que ce type doit en pincer pour moi : cent marks pour ça, et Kurfürstenstrasse, le « baby-tapin » où les filles ne coûtent rien ! Il en pince pour cette peur que je ne réussis pas à dissimuler tout à fait. Je suis recroquevillée contre la portière, la main droite sur la poignée. Il sait bien que ce n'est pas du cinéma.

Il démarre. Je panique. Je me dis : « Il ne va sûrement pas se contenter de ça. Il va te tabasser. Ou alors il ne te donnera pas le fric. » Il stoppe. On est dans un parc, pas loin du Sound. Ce parc, je le traverse souvent. C'est un vrai baisodrome, il traîne des préservatifs et des mouchoirs en papier dans tous les coins.

Je suis toute tremblante, vaguement nauséeuse. Mais le type a toujours l'air très calme. Je fais appel à tout mon courage et lui dis, conformément aux règles du tapin : « L'argent d'abord. » Il me le donne. J'ai toujours la trouille. Rien ne dit qu'il ne va pas, tout à l'heure, me forcer à lui rendre le fric, j'ai entendu plein d'histoires de ce genre. Mais je sais ce qu'il faut faire. Ces derniers temps, les garçons de la bande ne parlent pratiquement plus que de ça : leurs aventures avec les clients. De toute façon, ils n'ont plus grand-chose d'autre à se dire.

J'attends donc le moment où il déboutonne son pantalon — il est trop occupé de lui-même pour me surveiller — et j'en profite pour glisser les billets dans ma botte. Ça y est, il est prêt. Moi, je suis toujours tout au bout du siège de la Mercedes, contre la portière. Immobile, sans le regarder, je tends mon bras gauche. Il n'est pas assez long, et je suis obligée de me rapprocher un peu du type. Et même de jeter un bref coup d'œil à son machin avant d'arriver à le prendre dans ma main.

J'ai envie de dégueuler et j'ai froid. Je garde les yeux fixés sur le pare-brise, en essayant de penser à autre chose. De me concentrer sur une publicité lumineuse qui clignote au loin, sur les phares d'auto que je vois briller à travers les buissons.

C'est assez vite fini. Le type ressort son portefeuille. Il le tient de manière que je puisse voir qu'il y a dedans plein de gros billets. Il doit chercher à m'impressionner. Il me donne encore vingt marks. Un pourboire.

Une fois ressortie de la voiture, je me sens très calme et je fais une espèce de bilan : « Voilà. Tu as quatorze ans. Il y a un mois, tu étais encore vierge. Et maintenant tu fais le tapin. »

Après, je ne pense plus au type ni à ce que j'ai fait. Je suis même plutôt contente. A cause du fric. Je n'en ai jamais eu autant à la fois. Je ne m'inquiète pas de Detlev, ne me demande même pas ce qu'il va dire. La crise de manque a commencé et je n'ai qu'une idée : ma piqûre. J'ai de la chance, je trouve tout de suite notre revendeur habituel. En voyant cette masse de fric, il me demande : « Où as-tu pris ça ? T'as fait le tapin ? » Je le prends de très haut : « Tu rêves. Moi, un truc pareil ? J'arrêterais plutôt de me piquer. C'est mon père qui me l'a donné, il s'est tout à coup rappelé qu'il avait une fille. »

J'achète deux quarts pour quatre-vingts marks. Les quarts sont une nouveauté sur le marché. C'est à peu près un quart de gramme. Avant on prenait un quart pour trois, maintenant c'est tout juste assez pour Detlev et moi.

Je vais aux W.-C. publics de la Kurfürstenstrasse et je me fais un shoot. C'est de la came extra. Je fourre le reste d'H et de fric dans l'étui plastique de ma carte de demi-tarif scolaire.

Toute l'opération n'a pris qu'un quart d'heure. J'ai donc quitté Detlev il y a juste trois quarts d'heure et je suis sûre de le retrouver au métro Zoo. Il est là. Un vrai paquet de misère. Pas un client à l'horizon en ce dimanche après-midi et, bien sûr, il est en manque. Je lui dis : « Viens. J'en ai. »

Il ne me demande pas comment j'ai fait, ne pose aucune question. Il n'a qu'une hâte : rentrer chez lui. Nous allons directement à la salle de bains. Je sors ma carte demi-tarif de ma poche, lui tends un sachet. Pendant que le truc chauffe dans la cuillère, Detlev regarde l'étui, voit l'autre sachet et les billets. « Où as-tu trouvé le fric ? — La manche ça n'a pas marché. Rien à faire. Mais y avait un type plein aux as. Je l'ai branlé. Rien d'autre, je t'assure. Je n'aurais pas pu. J'ai fait ça pour toi. »

Avant même d'avoir fini de parler, je vois Detlev

blêmir. Il est fou furieux. Il hurle : « Tu mens. Personne ne donne cent marks pour ça. Et d'abord qu'est-ce que ça veut dire : branlé et rien d'autre ? » Il n'en peut plus, il est en pleine crise de manque, il tremble de tout son corps, sa chemise est trempée, il a des crampes dans les jambes.

Il pose le garrot à son bras. Je suis assise sur le rebord de la baignoire et je chiale, en pensant qu'il a raison d'être en colère. Je chiale et j'attends que le shoot de Detlev ait fait son effet. Dès que ça y sera, il me flanquera une paire de baffes, c'est sûr. Et je ne me défendrai pas.

Detlev retire la seringue, sort de la salle de bains — moi sur ses talons — sans mot dire. Enfin, il ouvre la bouche : « Je t'amène au bus. » J'ouvre le second sachet, lui en donne une partie. Il met la dose dans son jean. On va à l'arrêt du bus. Detlev ne dit toujours rien. Je voudrais qu'il crie, qu'il me batte, qu'il dise quelque chose au moins. Mais rien, rien, rien.

Le bus arrive. Je n'y monte pas. Quand il est reparti, je dis à Detlev : « Ce que je t'ai raconté c'est la stricte vérité. Ce type je l'ai branlé, c'est tout. Et c'était pas si terrible. Il faut que tu me croies. Ou alors tu ne me fais plus confiance ? »

Detlev : « Okay. Je te crois. »

Moi : « Vraiment, c'est pour toi que je l'ai fait. »

La voix de Detlev s'affermit un peu : « Ne dis pas de bêtises. Tu l'as fait pour toi. Tu étais en manque, et tu t'es débrouillée. Parfait. Tu l'aurais fait de toute façon, même si je n'existais pas. Essaie de comprendre.

Maintenant tu es une toxico. Tu es physiquement dépendante. Tout ce que tu fais, tu le fais pour toi. »

Je lui réponds : « Tu as raison. Mais écoute-moi un peu. Tu ne peux plus y arriver seul, avec les quantités qu'il nous faut. Et je ne veux pas que tu fasses tout le travail. Maintenant c'est mon tour. Je suis sûre de pouvoir gagner un tas de fric. Et sans baiser. Je te promets de ne jamais coucher avec un micheton. »

Detlev ne dit rien. Il entoure mes épaules de son bras. Il s'est mis à pleuvoir, et je ne sais pas si les gouttes qui brillent sur son visage sont de la pluie ou des larmes. Un autre bus s'arrête. Je dis : « On est mal barrés. Tu te rappelles, quand on était encore au hasch et aux petits comprimés ? On se sentait absolument libres, on n'avait besoin de rien ni de personne. Et maintenant... maintenant on est drôlement possédés. »

On laisse passer encore trois ou quatre bus. On se murmure des choses tristes. Je pleure, blottie dans ses bras. Il dit : « Ça va s'arranger. On va se désintoxiquer. A nous deux on y arrivera. Je vais me procurer du Valeron. Je m'en occupe dès demain matin. Pour le sevrage, on sera ensemble. »

Un autre bus arrive. Detlev me hisse dedans.

A la maison, je fais mécaniquement les gestes habituels. Je vais me chercher un yaourt dans le frigo. Je le mange au lit. En réalité, c'est juste un prétexte pour emporter la cuillère qui me servira demain matin à me préparer ma dose. Ensuite, je vais me chercher un verre d'eau dans la salle de bains, pour le nettoyage de la seringue.

Le lendemain matin aussi, tout se passe comme à

l'ordinaire. Ma mère me réveille à sept heures moins le quart. Je reste au lit en faisant semblant de ne pas l'entendre. Elle revient toutes les cinq minutes. Je finis par lui dire : « Oui, oui, je me lève tout de suite. » Elle revient me harceler. Moi je compte les minutes jusqu'à sept heures et quart. C'est l'heure où elle doit partir si elle ne veut pas rater son métro. Et elle ne le rate jamais. Moi aussi d'ailleurs je devrais partir à sept heures et quart pour arriver en classe à l'heure.

Lorsque j'entends enfin claquer la porte de l'appartement, je déclenche mes automatismes. Je sors la petite enveloppe de papier alu de mes jeans posés au pied du lit. Dans le sac en plastique, juste à côté, il y a mes produits de beauté, un paquet de cigarettes Roth-Händle, un petit flacon d'acide citrique, la seringue enveloppée de papier cabinet. Elle est bouchée comme d'habitude, à cause de cette saleté de tabac qui se répand partout. Je plonge la seringue dans le verre d'eau, mets la poudre dans la cuillère, ajoute quelques gouttes d'acide citrique, fais chauffer le tout, me pose un garrot au bras, etc. Tout ça aussi machinalement que d'autres allument leur première cigarette de la journée. Souvent je me rendors après, et je n'arrive en classe que pour la deuxième ou la troisième heure. J'arrive toujours en retard quand je me shoote à la maison.

Quelquefois, ma mère réussit à me tirer du lit et à me faire prendre le métro avec elle. En ce cas je suis obligée de me faire mon shoot dans un w.-c. du métro Moritzplatz. C'est assez désagréable : ils sont particulièrement sombres et puants. En plus les murs sont pleins de trous, et il y a toujours des types qui viennent se rincer l'œil à regarder les filles pisser. J'ai toujours peur que l'un d'eux aille chercher les flics en voyant que je viens seulement me piquer.

J'emporte presque toujours mes ustensiles en classe. Pour le cas où. Si on nous retient pour une raison quelconque, une activité exceptionnelle par exemple, ou que je ne peux pas repasser par la maison, je dois me faire un shoot sur place. Aux w.-c. de l'école il n'y a plus une porte qui ferme. Alors mon amie Renée me tient la porte. Elle est au courant. Comme la plupart des gens de la classe, je crois. Mais ça leur est égal. A la cité Gropius, un toxico ça ne fait plus sensation.

Les cours auxquels j'assiste encore, je les passe à roupiller. Quelquefois pour de bon, les yeux fermés, la tête sur la table. Quand la dose du matin a été forte, je suis presque incapable de parler. Les profs ont bien dû voir ce qui se passait. Mais il n'y en a qu'un qui un jour m'a parlé de la drogue, et m'a même demandé si j'avais des problèmes. Les autres se contentent de me traiter de cancre et de me coller des zéros. De toute façon, on a tellement de profs que la plupart d'entre eux s'estiment heureux quand ils ont retenu nos noms. On n'a pour ainsi dire jamais de contact personnel.

Ils cessent aussi vite de s'intéresser à mes devoirs pas faits : je n'en fais plus aucun. Et ils se bornent à sortir le registre des notes quand, dès l'énoncé d'un travail, j'écris sur mon cahier « Je ne sais pas », le leur apporte, et passe le reste du cours à gribouiller n'importe quoi. La plupart des profs, j'en ai bien l'impression, ne s'intéressent pas plus que moi à l'école. Ils ont complètement démissionné et sont surtout contents quand ils ont fini leur cours sans se faire chahuter.

Après ce fameux dimanche soir où je suis allée au turbin pour la première fois, tout paraît, pendant un certain temps, continuer comme avant.

Tous les jours, je fais à Detlev un discours pour lui expliquer que ce que je gagne en faisant la manche ça n'est rien, et que je ne peux pas le laisser subvenir tout seul à nos besoins. Detlev réagit par de véritables crises de jalousie. Mais il se rend bien compte que ça ne peut pas continuer comme ça, et un jour il me propose de faire le boulot ensemble.

Il a acquis une certaine expérience des clients, il sait qu'il y a parmi eux un certain nombre de bissexuels. Et aussi des pédés qui essaieraient bien de faire ça pour une fois avec une fille, pourvu qu'il se trouve un garçon dans les parages au cas où. Detlev dit qu'il me choisira mes michetons : des types qui de toute façon n'ont pas envie de baiser et ne me toucheront pas. Des types, donc, qui veulent juste qu'on leur fasse des choses. C'est ceux-là que Detlev préfère, d'ailleurs. Il pense qu'à nous deux on pourra gagner cent marks, et même davantage.

Notre premier client commun est Max-le-Bègue. C'est nous qui l'avons surnommé ainsi. C'est un client attitré de Detlev, et je le connais bien. Detlev m'explique que tout ce qu'il me demandera, c'est de me mettre torse nu et de le battre. Je suis d'accord. Je me dis même que ça me défoulera de le frapper, je suis toujours pleine d'agressivité envers les clients de Detlev. Max-le-Bègue, de son côté, est emballé à l'idée que je viendrai avec eux. Pour le double du prix habituel, naturellement. Nous prenons rendez-vous pour le lundi, 15 heures, au métro Zoo.

Je suis en retard, bien entendu. Max est déjà là. Pas Detlev. Comme tous les fixers, il est incapable d'être à l'heure. Je devine qu'il s'est trouvé un autre client, un type qui paie bien et chez qui il est obligé de s'attarder un peu. Max et moi attendons presque une demiheure. Pas de Detlev, J'ai une trouille bleue. Mais Max-le-Bègue a visiblement encore plus peur que moi. Il n'arrête pas de m'expliquer qu'il y a au moins dix ans qu'il n'a rien fait avec une fille. Mais il trébuche sur chaque mot. Il bégaye toujours beaucoup, mais là c'est à peine si je le comprends.

Ça devient insupportable. Il faut que je trouve une solution. En plus je n'ai plus de came, et je crains d'être en manque avant d'en avoir fini avec Max. Plus je le sens angoissé, plus je deviens sûre de moi. Je finis par lui dire, très cool : « Viens, mon vieux, Detlev nous a posé un lapin. Je vais m'occuper de toi toute seule, et tu verras, tu seras content. Mais on en reste au prix fixé : cent cinquante marks. »

Il balbutie un « oui » et tourne les talons. Il a l'air de ne plus avoir un brin de volonté. Je lui prends le bras et le guide littéralement.

Detlev m'a raconté la triste histoire de Max-le-Bègue. Il est manœuvre, va sur ses quarante ans, et vient de Hambourg. Sa mère était une prostituée. Enfant, il a été battu comme plâtre. Par sa mère et ses maquereaux, et aussi dans les institutions où il a été placé. On lui a tant tapé dessus qu'il n'a jamais pu apprendre à parler convenablement, et que maintenant il a besoin d'une raclée pour arriver à la satisfaction sexuelle.

Nous allons chez lui. Je lui réclame tout de suite le fric, bien qu'il soit un habitué avec qui il n'est pas nécessaire de prendre cette précaution. Il me donne effectivement cent cinquante marks, et je suis assez fière de lui prendre tant de fric d'une manière si cool.

J'enlève mon T-shirt, et il me tend un fouet. On se croirait au cinéma. J'ai l'impression de ne plus être moi-même. Au début, je ne frappe pas fort. Mais il me supplie de lui faire mal. Alors j'y vais. Il crie « Maman ! » et je ne sais plus quoi. Je n'écoute pas, et j'essaie aussi de ne pas regarder. Mais je vois tout de même les marques sur son corps, et puis ça enfle, et même la peau éclate à certains endroits. C'est répugnant et ça dure presque une heure.

Quand c'est enfin terminé, je remets mon T-shirt et je me sauve en courant. Je dévale l'escalier à toute allure. Mais, à peine dehors, mon estomac ne veut plus rien savoir, je vomis juste devant la maison. Après, c'est fini. Je ne pleure pas, et je ne m'apitoie pas sur moi-même. Je sais très bien que si je suis dans la merde, je n'ai à m'en prendre qu'à moi-même.

Je vais au métro Zoo. Detlev est là. Je ne lui raconte pas grand-chose. Juste que je m'en suis tirée toute seule avec Max-le-Bègue, et je lui montre les cent cinquante marks. Il sort un autre billet de cent de son jean. Nous partons bras dessus bras dessous nous acheter plein d'H, qualité extra. Une journée super-cool.

Désormais, je me paye presque toujours ma came

moi-même. J'ai un succès terrible, je peux choisir mes clients et dicter mes conditions. Jamais de métèques (c'est-à-dire des étrangers). Pour toutes les filles du métro Zoo, les métèques c'est ce qu'il y a de pire : ils essaient souvent de vous rouler, disent-elles, n'ont pas de fric — ils ne payent généralement pas plus de vingt ou trente marks — et en plus ils veulent toujours baiser pour de bon, et sans préservatifs.

Je ne couche toujours pas. Ça, c'est seulement pour Detlev. Notre dernier reste de vie privée. Je fais ça à la main, et par la suite aussi « à la française ». Ce n'est pas si terrible quand c'est moi qui fais quelque chose avec les types, mais pas eux avec moi. Je ne veux surtout pas qu'ils me touchent. S'ils essaient, je les engueule et pas qu'un peu.

J'essaie de toujours discuter les conditions tout de suite. Je ne discute même pas avec les types qui me débectent vraiment. Ce dernier sursaut d'amour-propre me coûte beaucoup de temps. Trouver un micheton convenable, et qui accepte toutes mes exigences, ça me prend souvent l'après-midi entier. Et nous sommes rarement aussi riches que le jour où je suis allée pour la première fois chez Max-le-Bègue.

Max-le-Bègue est notre client attitré commun, à Detlev et à moi. On va chez lui tantôt ensemble, tantôt séparément. Au fond, c'est un brave type, qui nous aime bien tous les deux. Évidemment, avec son salaire de manœuvre, il ne peut pas continuer à nous payer cent cinquante marks. Mais il se débrouille toujours pour nous donner quarante marks, le prix d'un shoot. Une fois, il a même cassé sa tirelire et, en ajoutant quelques pièces qui traînaient dans une soucoupe, m'a compté sou à sou mes quarante marks. Quand je suis pressée, je peux faire un saut chez lui, lui demander une avance de vingt marks. Quand il les a, il me les file.

Max-le-Bègue a toujours quelque chose pour nous. Pour moi, c'est du jus de pêche, ma boisson préférée. Pour Detlev, c'est du pouding à la semoule — il adore ça. Max le fait lui-même, et il y en a toujours dans le frigo. Et comme il sait que j'aime bien manger quelque chose après le boulot, il achète un assortiment de yaourts Danone et du chocolat. La flagellation est devenue pour moi une affaire de pure routine. Une fois cette formalité expédiée, je mange, je bois et je bavarde avec Max.

Le pauvre maigrit de plus en plus. On lui coûte tout son fric, et il n'a plus de quoi manger à sa faim. Il s'est tellement habitué à nous, il est tellement heureux avec nous, qu'il ne bégaie presque plus quand on est ensemble. La première chose qu'il fait le matin, c'est acheter les journaux, juste pour savoir si la liste des morts par overdose ne s'est pas allongée. Un jour, je débarque chez lui pour le taper de vingt marks et le trouve livide, bégayant plus que jamais. Il a lu qu'un certain Detlev W. est la énième victime de l'héroïne cette année. Il pleure presque de joie quand je lui apprends que je quitte à l'instant mon Detlev à moi, bien vivant. Il me serine, pour la centième fois, qu'on devrait laisser tomber l'héro, qu'elle va nous tuer, nous aussi. Je lui réponds, glaciale, que si on arrête on ne viendra plus chez lui Il ne dit plus rien.

Nos relations avec Max-le-Bègue sont étranges. Nous haïssons tous les michetons. Nous haïssons donc Max. Mais nous le trouvons aussi un type pas mal (peut-être surtout parce qu'il ne fait jamais d'histoires quand on a besoin de quarante marks). Et puis on éprouve pour lui quelque chose comme de la pitié. Voilà un client qui, au fond, est encore plus misérable que nous. Il est absolument seul, il n'a que nous. Il se démolit pour nous, mais ça on n'y pense guère. Dans les mois à venir, on va en démolir encore d'autres, de nos clients.

Quelquefois on passe la nuit chez Max, et on regarde tous ensemble la télévision, bien tranquillement, avant de se coucher. Il nous laisse son lit et dort par terre. Une nuit où on est tous défoncés, Max-le-Bègue met des disques dingues, se coiffe d'une perruque à cheveux longs, s'enveloppe d'un manteau de fourrure super, et se met à danser comme un détraqué. Nous, on le regarde, à moitié morts de rire. Tout à coup il trébuche et tombe, sa tête cogne sa machine à coudre, il est dans les pommes pendant plusieurs minutes. On est salement inquiets. On appelle un médecin : Max a une commotion cérébrale. Il en a pour deux semaines de lit.

Peu de temps après, il perd son boulot. Il ne s'était jamais drogué, même pas pour essayer, et le voilà complètement esquinté. Démoli par des camés. Nous. Il nous supplie de venir le voir, juste pour lui rendre visite. Mais il ne faut pas demander ça à un fixer, ce n'est pas son genre. D'abord, il est incapable d'un tel mouvement vers autrui. Ensuite, et peut-être surtout, il n'a vraiment pas le temps, il cavale toute la journée après le fric dont il a besoin pour sa drogue. Detlev explique tout ça à Max-le-Bègue qui nous jure de nous donner plein de fric dès qu'il en aura. « Un toxico, lui dit Detlev sèchement, c'est comme un homme d'affaires. Il doit veiller chaque jour à ce que ses comptes soient en équilibre. Il ne peut pas faire crédit sous prétexte de sympathie ou d'amitié. »

Peu de temps après mes débuts de tapineuse, je goûte la joie des retrouvailles. Un jour, au métro, j'attends le client... et je vois Babsi. Babsi, la petite fille qui, il y a quelques mois, m'a abordée au Sound pour me demander du LSD. Babsi la fugueuse, qui avait eu le temps de quelques sniffs d'H avant d'être ramassée et ramenée chez ses grands-parents.

Nous nous regardons, comprenons tout de suite où nous en sommes, elle et moi, et tombons dans les bras l'une de l'autre. On est vachement heureuses de se revoir. Babsi est devenue toute frêle, elle n'a plus de poitrine et plus de fesses. Mais elle est presque encore plus jolie qu'avant. Ses cheveux blonds lui tombent sur les épaules, impeccablement coiffés, elle est toute pimpante. Je vois tout de suite qu'elle est bourrée d'héroïne. Sans même regarder ses pupilles, de la taille d'une tête d'épingle. Mais, j'en suis sûre, quelqu'un qui ne s'y connaît pas ne songerait pas un instant que cette ravissante adolescente est une toxico.

Babsi est très calme. Pas du tout agitée comme nous autres qui passons toute la journée à la chasse au fric. Elle m'explique qu'elle n'a pas besoin de faire le tapin, elle va me donner de quoi me piquer et quelque chose à manger.

Nous montons sur la terrasse. Inutile de nous raconter ce qu'on fait. Mais Babsi ne me dit pas tout de suite où elle prend tout ce fric et cette came. Elle me confie seulement que, depuis sa fugue, sa famille est très sévère avec elle. Elle doit être rentrée tous les soirs entre sept et huit, et pas question de sécher l'école. Sa grand-mère la surveille étroitement.

Tant pis, je lui pose la question : « J'ai un mec, dit-elle, un type d'un certain âge, mais très cool. Je vais chez lui en taxi. Il ne me donne pas de fric, seulement de l'héro. Trois quarts par jour. Il y a d'autres filles qui viennent le voir, et c'est pareil, il leur remet directement la came. Mais pour le moment il en pince pour moi. J'en ai pour une heure. Je ne baise pas, évidemment. Ça, pas question. Mais il me demande juste de me déshabiller, de causer, de temps en temps il me prend en photo ou, bon, je lui taille une pipe. »

Le type s'appelle Henri. Il a une papeterie. J'ai déjà entendu parler de lui, un client très cool, qui vous donne l'héro directement, ça évite de courir à droite et à gauche. J'envie Babsi qui rentre chez elle à huit heures au plus tard, peut dormir tout son soûl le matin, et mène une existence beaucoup plus tranquille que la nôtre.

Babsi a tout. Même des shooteuses, plein. Nous nous servons de seringues à usage unique, et elles sont difficiles à se procurer. La mienne est si épointée que je suis obligée à chaque piqûre de l'aiguiser sur le frottoir d'une boîte d'allumettes. Babsi me promet trois pistons et trois canules.

Quelques jours plus tard, je rencontre Stella,

également au métro Zoo. Stella, l'amie de Babsi. Grandes effusions. Stella se drogue aussi, bien sûr. Elle n'a pas autant de chance que Babsi. Son père est mort il y a deux ans dans un incendie, sa mère a ouvert un bistro avec un ami italien et s'est mise à boire. Stella a toujours fauché du fric dans la caisse, mais un jour elle a pris cinquante marks dans le portefeuille de l'ami de sa mère et il s'en est aperçu. Depuis, elle n'ose plus rentrer à la maison.

On discute tout de suite michetons. Stella me fait un amphi sur Babsi, sa meilleure amie. C'est la déchéance totale. Ce Henri est un sale type, un vieux bonhomme gras et suant. Et Babsi couche avec lui. « Pour moi ce serait la fin de tout, dit Stella. Coucher avec un type pareil ! Avec n'importe quel client, d'ailleurs. Il n'y a qu'à aller tout de suite avec les métèques ! Bon, tailler une pipe de temps en temps, okay. Mais baiser ! »

Je suis bouleversée, mais je ne saisis pas bien sur le moment pourquoi Stella me raconte tout ça. Babsi m'apprendra quelque temps plus tard qu'Henri a été le client attitré de Stella. Voilà pourquoi elle sait si bien ce qu'il exige. Plus tard, j'en ferai moi aussi l'expérience.

Stella me déclare ensuite que faire le tapin au Zoo c'est vraiment ce qu'il y a de plus dégradant. « On n'y voit que des filles complètement usées, et des métèques. Moi, je n'accepterais pas d'être tout le temps accostée par ces sales métèques. »

Stella travaille avec les automobilistes, au « baby-tapin » de la Kurfürstenstrasse, où presque toutes les filles sont des toxicos de treize-quatorze ans. Je trouve ça épouvantable, on monte dans une voiture sans aucun moyen de savoir à qui on a affaire. Je dis à Stella : « A mon avis, c'est encore pire que le Zoo. Y'a des filles qui font ça pour vingt marks. Deux michetons pour un shoot, vraiment je ne pourrais pas. »

On se dispute pendant près d'une heure sur la question de savoir s'il est plus dégradant de faire le tapin au Zoo ou Kurfürstenstrasse. Mais on est vite d'accord sur un point : Babsi est vraiment la dernière des dernières si elle couche avec ce mec.

Cette querelle sur notre honneur de tapineuse, Babsi, Stella et moi la poursuivons presque quotidiennement pendant les mois suivants. Chacune de nous s'efforce de démontrer à elle-même et aux autres qu'elle n'a pas encore dégringolé tout en bas de l'échelle. Et, quand on se retrouve à deux, on dit du mal de la troisième.

L'idéal, évidemment, c'est de ne pas être obligée de faire le tapin. Le jour de nos retrouvailles, Stella et moi nous persuadons que c'est possible : on se fera notre fric avec la manche et la fauche. Stella a plus d'un tour dans son sac.

Elle en a un génial, on file tout de suite l'expérimenter dans un grand magasin, le Kadewe. Aux toilettes, il faut attendre que les mémés se soient enfermées dans les cabines. Généralement, elles accrochent leur sac à la poignée de la porte. Une fois qu'elles ont fini de se bagarrer avec leur corset et sont assises sur la lunette, de l'extérieur on abaisse la poignée d'un coup sec. Le sac tombe à terre, et il est facile de l'attraper en passant la main sous la porte. Naturellement, les mémés n'oseront pas nous courir après le derrière à l'air, et le temps qu'elles se soient rhabillées on sera loin.

Stella et moi nous nous postons donc dans les toilettes pour dames du Kadewe. Mais, chaque fois que Stella annonce : c'est le moment, je suis prise de coliques. Elle ne veut pas travailler seule, et d'ailleurs il faut bien quatre mains pour rafler tous les sacs à la vitesse nécessaire. Échec, par conséquent, de l'opération « Toilettes pour dames ». Et puis, pour la fauche, il faut des nerfs solides, ce qui n'a jamais été mon cas, et l'est de moins en moins.

Après quelques insuccès de ce genre, Stella et moi décidons de faire le tapin ensemble. Au métro Zoo, j'y tiens absolument. On fait donc les clients à deux. Ça a des tas d'avantages. Dont un que nous préférons passer sous silence : nous nous surveillons mutuellement, chacune sait précisément jusqu'où l'autre accepte d'aller. A deux on se sent aussi plus en sécurité, c'est plus difficile de nous rouler, et on peut mieux se défendre si un micheton ne veut pas respecter les conditions. Et puis ça va plus vite : une s'occupe du haut, l'autre du bas, et l'affaire est expédiée en deux temps trois mouvements.

D'un autre côté, trouver des clients qui acceptent de payer deux filles, ça n'est pas évident. Il y en a à qui ça fait peur : les types expérimentés savent que, pendant que l'une l'occupe, l'autre peut très bien vider le portefeuille. De nous trois, c'est Stella qui tient le plus à travailler en tandem : comme elle n'a plus tellement l'air d'une enfant, elle a plus de mal que Babsi et moi à trouver des clients.

C'est pour Babsi que c'est le plus facile. En réalité, puisque Henri subvient à ses besoins, elle bosse seulement pour nous. Avec ses treize ans, son visage de petite fille innocente — elle ne se maquille jamais —, sa silhouette plate, elle est exactement ce que les types viennent chercher au « baby-tapin ». Une fois, elle a fait cinq clients et gagné deux cents marks en une heure.

Detlev, Axel et Bernd ont tout de suite accepté Babsi et Stella dans la bande. Nous sommes donc maintenant trois filles et trois garçons. Quand on va se balader, c'est toujours bras dessus bras dessous, moi au bras de Detlev, bien entendu. Mais il ne se passe rien entre les autres. On est tout simplement une bande vachement cool. Chacun peut venir parler de ses soucis — de pratiquement tout — à n'importe lequel des copains. Bien sûr, on n'arrête pas de se disputer, mais ça, chez les toxicos, ça fait pour ainsi dire partie de l'ordre du jour. Au stade où nous en sommes, l'héro et ses problèmes nous soudent plutôt. Je ne suis pas sûre qu'il existe encore une amitié comme celle qui nous lie, nous autres de la bande, chez les jeunes qui ne se droguent pas. Et ces amitiés cool qu'ils voient chez les toxicos, du moins chez les « débutants », exercent une grande attraction sur les autres jeunes.

L'arrivée des deux autres filles crée des problèmes dans mes relations avec Detlev. Nous nous aimons autant qu'avant, mais nous nous disputons de plus en plus. Detlev est irritable. Je suis beaucoup avec Babsi et Stella, et ça ne lui plaît guère. Surtout — c'est ce qu'il a le plus de mal à avaler — il ne choisit plus mes clients. Je le fais moi-même, ou alors avec Babsi et

Stella. Detlev m'accuse de coucher avec des michetons. Il est bel et bien jaloux.

Mes relations avec Detlev ne sont plus le centre de mon univers. Je l'aime, et je l'aimerai toujours, mais je ne dépends plus de lui. Je n'ai plus besoin de sa constante protection, ni de sa drogue. Au fond, nous sommes maintenant l'un de ces couples modernes dont rêvent tant de jeunes : deux partenaires totalement indépendants l'un de l'autre. Certains jours, dans notre bande, les filles se passent de la drogue entre elles, et les garçons se ravitaillent de leur côté.

Mais notre amitié n'est en fin de compte qu'une amitié de toxicos. Nous devenons tous de plus en plus agressifs. L'héro, l'agitation dans laquelle nous vivons, la bataille quotidienne pour le fric et pour l'H, le stress à la maison — il faut sans cesse se cacher, inventer de nouveaux mensonges à servir aux parents — mettent nos nerfs en compote. On accumule tant d'agressivité qu'on n'arrive plus à se dominer, même entre nous.

C'est encore avec Babsi que je m'entends le mieux ; en outre elle est la plus calme de nous tous. Nous allons souvent au boulot ensemble. Nous nous achetons les mêmes jupes noires, collantes et fendues jusqu'aux fesses. En dessous, on met des porte-jarretelles noirs, avec leurs jarretelles. Ça rend fous les michetons, ces jarretelles et porte-jarretelles noirs sur nos corps d'adolescentes. D'autant plus que nos visages sont encore enfantins.

Peu avant la Noël 1976, mon père part en vacances et me permet de venir dormir dans l'appartement, où ma sœur était restée toute seule, et même d'amener Babsi. Dès le premier soir, la grande bagarre. Babsi et moi on s'engueule comme des chiffonnières, avec tant de vulgarité que ma petite sœur — elle a un an de moins que moi — se met à pleurer. Elle ne se doutait évidemment pas de notre double vie, et nous, quand on se chamaille, on utilise le répertoire des putes.

Le lendemain matin, Babsi et moi sommes de nouveau les meilleures amies du monde. C'est toujours comme ça : quand on a bien dormi et que le retour à la réalité se passe en douceur, on est généralement d'humeur paisible. Babsi et moi, on décide de ne pas se shooter tout de suite, mais au contraire d'attendre aussi longtemps que possible. Une expérience qu'on fait de temps en temps — un véritable sport. L'ennui, c'est qu'on ne parle de rien d'autre que du shoot formidable, avec de la came extra, qui nous attend. Comme deux gosses savourant à l'avance leurs cadeaux de Noël.

Ma sœur finit forcément par comprendre que nous ne sommes pas dans notre état normal. Elle ne se doute pas qu'on se drogue, elle croit qu'on fait une expérience quelconque. Elle jure solennellement de garder le secret.

Babsi va chercher ce truc à aromatiser le fromage blanc — aujourd'hui, elle a choisi le parfum « fraise » — dont elle raffole. Elle vit presque uniquement de fromage blanc aromatisé. Mon alimentation n'est guère plus variée : fromage blanc, yaourts, poudings, et une sorte de beignets qu'on vend au métro Kurfürstendamm. Mon estomac ne supporte plus rien d'autre.

Babsi prépare donc son mélange. C'est comme la célébration d'un rite religieux : nous sommes toutes les trois à la cuisine, Babsi officie, ma sœur et moi la contemplons avec ferveur. On est tout à la joie de déguster, tout à l'heure, un gigantesque petit déjeuner-fromage blanc. Après que Babsi et moi on se sera shootées, évidemment.

Babsi a fini de battre le fromage blanc, devenu une appétissante masse crémeuse. Mais nous ne pouvons plus attendre. Nous disons à ma sœur de mettre la table — bien joliment, surtout — et courons nous enfermer dans la salle de bains. Et c'est aussitôt le drame, car nous sommes déjà plus ou moins en manque.

Il ne nous reste qu'une seringue utilisable, et je déclare que je vais me piquer la première.

Babsi monte sur ses grands chevaux : « Pourquoi toujours toi ? Aujourd'hui c'est moi qui commence. Et d'abord c'est ma came. »

Ça me met hors de moi. D'accord, elle en a souvent plus que nous et nous en refile un peu, mais je ne supporte pas de la voir essayer d'en tirer avantage. Je lui dis : « Écoute, ma vieille, tu charries. Toi, ça prend toujours une éternité. » C'est vrai, cette bonne femme, il lui faut facilement une demi-heure pour se shooter. On ne voit pas ses veines. Et si elle n'y arrive pas du premier coup, elle perd les pédales, plante l'aiguille au petit bonheur la chance en s'énervant de plus en plus. C'est vraiment un coup de bol si elle finit par trouver le bon endroit.

A l'époque, je n'ai pas de problèmes de ce côté-là. Ou bien c'est Detlev qui me pique — un privilège qui lui est réservé —, ou bien je vise toujours le même endroit, à la saignée du bras gauche. Ça marche pendant un certain temps. Jusqu'à ce que j'attrape une thrombose et que ma peau devienne comme du carton. Moi aussi, alors, je ne sais plus où me piquer.

Ce matin-là, en tout cas, je remporte la victoire. Je prends la seringue, je la plante tout de suite comme il faut, toute l'opération prend à peine deux minutes. C'est un shoot terrible. Mon sang bouillonne. J'ai chaud, mais chaud ! Je me fais couler de l'eau sur la figure, après ça je me sens super-bien et me mets à me tripoter un peu partout.

Babsi, assise sur le rebord de la baignoire, enfonce le truc dans son bras et commence déjà son numéro. Elle hurle : « Merde, on étouffe dans cette piaule ! Ouvre donc cette saloperie de fenêtre. »

Moi j'ai ma dose, tout va bien, et cette nana je m'en fiche. Je lui réponds : « Ne m'emmerde pas. Si tu étouffes, c'est tes oignons. »

Babsi fait gicler du sang dans tous les coins, mais ne trouve pas sa veine. Elle perd de plus en plus les pédales, et crie : « Pourquoi est-ce qu'il n'y a pas de lumière dans ces foutues chiottes ? Va me chercher de la lumière. Va me chercher la lampe dans la chambre. »

J'ai la flemme d'aller dans la chambre d'enfants chercher la lampe. Mais comme Babsi n'arrête pas son cirque, que j'ai peur que ma sœur ne s'aperçoive de quelque chose, je finis par le faire quand même. Là-dessus Babsi réussit son shoot. Elle se calme immédiatement, nettoie soigneusement la seringue, essuie les taches de sang sur la baignoire et le plancher. Elle ne dit plus un mot.

Nous regagnons la cuisine, et je m'apprête à savourer le fromage blanc. Mais Babsi prend le saladier, l'entoure de son bras et se met à le vider. Elle se force visiblement, mais elle bouffe le saladier entier. En prenant juste le temps de me dire : « Tu sais bien pourquoi. »

Nous nous étions fait une joie, toutes les deux, de passer quelques jours dans l'appartement de mon père. Et voilà que, dès le premier matin, on a la bagarre du siècle. Pour rien. Mais c'est que nous sommes des toxicos et, à la longue, ils deviennent tous comme ça. La drogue détruit les relations avec autrui. Même dans notre bande, où pourtant — peut-être parce que nous sommes tous très jeunes — nous nous accrochons les uns aux autres, ce qui, je persiste à le croire, est tout à fait exceptionnel.

Mes disputes avec Detlev deviennent de plus en plus moches. Nous sommes déjà, l'un et l'autre, assez détériorés physiquement. Je ne pèse plus que 43 kilos pour 1,69 m et Detlev 54 pour 1,76 m. Quand nous nous sentons mal en point — c'est fréquent — tout nous énerve, et nous nous dressons l'un contre l'autre. En essayant vraiment de faire mal, et en frappant brutalement au point le plus vulnérable. C'est-à-dire pour Detlev comme pour moi, la prostitution (pourtant, quand on ne se chamaille pas, on fait mine de considérer ça comme une affaire secondaire, de pure routine).

Exemples : « Tu crois que j'ai envie de coucher avec une nana qui se fait baiser par les mecs les plus dégueulasses ? »

Et moi : « Un type qui se fait enculer, ça me débecte. » Etc., etc.

La plupart du temps, je finis par éclater en sanglots. Variantes : Detlev est complètement K.O., ou bien on se met à chialer tous les deux. Quand l'un de nous deux est en manque, l'autre n'a aucun mal à l'écrabouiller complètement. On a beau se retrouver ensuite blottis dans les bras l'un de l'autre comme deux enfants, ça n'y change pas grand-chose. C'est que chacun voit désormais en l'autre l'image de sa propre déchéance. On se fait horreur car on se trouve moche, alors on tombe sur l'autre qui fait la même chose, histoire de se prouver qu'on n'est pas si moche que ça.

Cette agressivité se décharge aussi, bien entendu, sur les inconnus. La seule vue, sur un quai de métro, de bonnes femmes avec leurs sacs à provisions me met en rogne. Alors, premièrement, j'entre cigarette allumée au bec dans un wagon non-fumeurs. Ensuite, si elles osent rouspéter, je leur dis que si ça ne leur plaît pas elles n'ont qu'à aller ailleurs. Mon grand plaisir, c'est de rafler la dernière place assise sous le nez d'une mémé. Ça fait un foin terrible dans tout le wagon ; quelquefois on m'ôte de là assez brutalement. La manière dont je me comporte m'exaspère moi-même (voir Babsi et Stella se conduire ainsi m'exaspère d'ailleurs aussi). Mais je ne peux pas m'en empêcher.

Je me fiche complètement de ce que les gens pensent de moi. Quand commencent ces épouvantables démangeaisons — ça vous prend partout où un vêtement vous frotte, ou même simplement sous le maquillage — je me gratte, sans m'occuper des voisins. Ça ne me dérange nullement d'enlever mes bottes ou de retrousser ma jupe jusqu'au nombril dans le métro. La seule chose importante, c'est l'opinion que les copains de la bande ont de moi.

Chez les fixers vient un moment où plus rien n'a d'importance. Quand on en est là, on ne fait même plus partie d'une bande. Je connais quelques-uns de ces « vieux toxicos » — ils se piquent depuis au moins cinq ans et n'en sont pas morts. Nous éprouvons à leur égard des sentiments complexes. Ces individualistes à tous crins nous impressionnent, nous leur attribuons une très forte personnalité. Et puis ça fait bien de raconter qu'on les connaît. D'un autre côté, je les méprise : eux, c'est vraiment la déchéance complète. Mais, surtout, ils nous inspirent une peur bleue, à nous, les jeunes. Ces types n'ont plus le moindre brin de morale, de conscience ou de pitié. Quand ils sont en manque, ils sont capables de vous assommer pour vous faucher de la came. Le pire de tous s'appelle Manu-le-Filou. Tout le monde l'appelle comme ça, et il mérite bien son surnom. A sa seule vue, les revendeurs se taillent plus vite que devant les flics. Quand il en attrape un, il lui prend sa came, il se sert, tout simplement. Personne n'ose se défendre. Alors, les petits fixers, vous pensez...

Une fois, je l'ai vu en action. Je venais de m'enfermer dans un W.-C. pour me piquer, et tout à coup je vois un type sauter par-dessus la cloison, littéralement me tomber dessus. Manu-le-Filou. On m'avait bien raconté que c'était son truc : se planquer dans les toilettes pour dames, attendre qu'une fille vienne se piquer. Sachant qu'il n'hésite pas à frapper, je lui donne tout de suite ma dose et la seringue. Il sort, se plante devant un miroir, et se pique. Dans le cou. Ce mec-là n'a plus peur de rien, et c'est le seul endroit de tout son corps où il peut encore enfoncer une aiguille. Il saigne comme un cochon. Je crois qu'il s'est envoyé le shoot dans l'artère. Il s'en fout. Il me dit : « Merci » et disparaît.

Moi, au moins, je n'en arriverai jamais à ce point-là. J'en suis certaine. Car pour survivre aussi longtemps que Manu-le-Filou, il faut être vachement costaud. Ce qui n'est pas mon cas.

Dans notre bande, tout tourne de plus en plus autour des histoires de tapin et de michetons. Les garçons ont les mêmes problèmes que nous. On s'intéresse encore les uns aux autres et on s'entraide. Nous les filles, on échange nos expériences. Avec le temps, le cercle de nos clients s'est rétréci, et le nouveau pour moi est probablement déjà connu de Babsi ou de Stella. Et il est bien utile de savoir à quoi s'en tenir.

Il y a des types recommandables, d'autres le sont moins, et d'autres il vaut mieux les éviter. Un classement où les sympathies personnelles ne jouent aucun rôle. Nous ne nous intéressons pas non plus à la profession du client, à sa situation de famille, etc. Nous ne parlons jamais, d'ailleurs, des confidences qu'ils nous font sur leur vie privée. La seule chose qui nous importe, c'est de savoir s'il est ou non un « bon client ».

Le « bon client », c'est par exemple celui qui a une peur panique des maladies vénériennes et met un préservatif. Malheureusement c'est rare. La plupart de ces filles qui font le tapin en amateur finissent par attraper quelque chose, et elles ne vont pas chez le médecin de peur qu'il s'aperçoive qu'elles se droguent.

Le « bon client », c'est aussi le type qui, de lui-même, demande qu'on lui taille une pipe et n'en veut pas plus. Ça évite de perdre des heures à discuter des conditions. Mais nous donnons aussi un bon point au mec relativement jeune et pas trop gras, à celui qui ne nous traite pas en marchandise mais se montre à peu près aimable— et peut-être même va jusqu'à une invitation à dîner de temps en temps.

Mais le principal critère c'est, évidemment, le rapport qualité-prix : ce que le type est disposé à payer en échange du service rendu. A éviter : les mecs qui ne respectent pas les conventions et, une fois à l'hôtel, essaient d'extorquer par la menace ou de belles paroles des prestations supplémentaires.

Enfin et surtout, nous échangeons nos informations — en traçant le portrait le plus précis possible — sur les pires de tous : les types qui, après, veulent reprendre leur fric, au besoin en employant la force, sous prétexte qu'ils n'ont pas été satisfaits. Ce genre de mésaventure, il est vrai, les garçons en sont plus souvent victimes que nous.

Nous voilà en 1977. Je m'en suis à peine aperçue. Hiver ou été, Noël ou Nouvel An, pour moi tous les jours se ressemblent. A ceci près que j'ai reçu dc l'argent en cadeau de Noël, ce qui m'a permis de faire un ou deux clients de moins. De toute façon, en cette période de fête, il n'y en a presque pas. J'ai passé quelques semaines totalement dans le cirage. Je ne pense à rien, je ne me rends plus compte de rien. Je suis totalement repliée sur moi-même, mais je ne sais pas qui je suis. Quelquefois, je ne sais même pas si je suis encore en vie.

C'est à peine si quelques événements de cette période surnagent dans ma mémoire. D'ailleurs aucun d'eux ne vaut vraiment la peine d'être emmagasiné dans mes cellules grises. Jusqu'à un certain dimanche de fin janvier.

Je suis rentrée à la maison à l'aube et, au fond, je me sens plutôt bien. Couchée dans mon lit, j'imagine être une jeune fille qui revient du bal. Elle a fait la connaissance d'un garçon drôlement mignon, et elle en est tombée amoureuse. Maintenant, je ne suis à peu près heureuse que dans les moments où je rêve, et où je rêve que je suis quelqu'un d'autre. Mon rêve préféré, c'est de m'imaginer en teenager joyeuse, aussi joyeuse que celle qui illustre l'affiche de la publicité Coca-Cola.

A midi, ma mère me réveille et m'apporte le déjeuner au lit. Elle le fait toujours quand je suis à la maison le dimanche. Je me force à avaler quelques bouchées. Difficilement : à part le yaourt, le fromage blanc et les flancs, plus rien ne descend. Ensuite j'attrape mon sac en plastique : il est en piteux état, il a perdu ses poignées et craque de partout, parce que j'y fourre de temps en temps ma veste, en plus de la seringue et des cigarettes. Je me fiche de tout au point qu'il ne me vient même pas à l'idée de m'en procurer un autre. Pas plus qu'il ne me vient à l'idée d'éviter de passer devant ma mère, le sac en plastique sous le bras, en allant à la salle de bains. Je m'y enferme. Chez nous, personne ne le fait. Comme chaque jour, je me regarde dans la glace. J'y vois un visage étranger, ravagé. Il y a longtemps que je ne me reconnais plus dans l'image que me renvoie le miroir. Ce visage ne m'appartient pas. Pas plus que ce corps squelettique. Celui-là, d'ailleurs, je ne le sens même plus. Il ne se manifeste même pas quand il est malade. L'héroïne l'a rendu insensible à la faim, à la douleur, et même à la fièvre. Il ne se réveille que quand il est en crise de manque.

Debout devant le miroir, je me prépare mon shoot. J'en ai vachement envie. C'est un shoot un peu spécial car j'ai de la grise. On l'appelle ainsi par opposition à la blanche — de couleur blanche ou brunâtre — qu'on trouve généralement sur le marché. La grise, c'est une poudre grise mouchetée de vert, de l'héroïne particulièrement impure, mais qui provoque un flash[1] dingue. Ça agit sur le cœur, et il faut effectuer le dosage avec beaucoup de soin : si on s'en injecte trop, on clamse. Mais j'ai follement envie de ce super-flash.

Je m'enfonce l'aiguille dans la veine, j'aspire, le sang monte tout de suite. J'ai filtré plusieurs fois ma grise, mais ça contient des tas de saletés. Et ça y est : l'aiguille est bouchée. C'est à peu près ce qui peut arriver de pire, l'aiguille qui se bouche à ce moment précis, car si le sang se caille dans la seringue il n'y a plus rien à faire, il faut jeter la dose.

J'appuie de toutes mes forces pour faire passer cette saloperie par l'aiguille. J'ai du bol, ça marche. J'ac-

1. Plaisir violent et très court ressenti pendant l'injection. (*N.d.T.*, définition du *Quid.*)

tionne encore une fois la seringue pour m'injecter le truc jusqu'à la dernière goutte. Et l'aiguille se rebouche. Je suis folle furieuse. Il ne me reste que huit à dix secondes avant le flash. J'appuie de toutes mes forces. Le piston saute et le sang gicle. Il y en a plein la salle de bains.

Le flash est dément. Une crampe épouvantable dans la région du cœur. Un million d'aiguilles me transpercent la peau du crâne. Je tiens ma tête à deux mains pour l'empêcher d'éclater sous le martellement — à croire que quelqu'un me tape dessus. Et tout à coup mon bras gauche est paralysé.

Dès que je suis capable de bouger, je prends des Kleenex pour essuyer les taches de sang. Il y en a dans le lavabo, sur la glace, sur les murs. Heureusement c'est de la peinture laquée, et ça part facilement. Pendant que je suis en train de nettoyer, ma mère frappe à la porte. Elle commence déjà à râler : « Ouvre. Laisse-moi entrer. Pourquoi est-ce que tu t'enfermes ? En voilà une nouvelle manie. »

Moi : « Ta gueule. J'ai tout de suite fini. » Elle m'énerve, à me harceler juste en ce moment. Je frotte comme une dingue. Dans ma hâte, j'oublie quelques taches de sang et je laisse un Kleenex tout rouge dans le lavabo. J'ouvre la porte, ma mère entre en trombe. Je ne me doute de rien, je pense qu'elle doit avoir envie de pisser. Je remporte mon sac en plastique dans ma chambre, me recouche et allume une cigarette.

J'en ai à peine tiré la première bouffée que ma mère fait irruption dans ma chambre. Elle hurle : « Tu te drogues ! »

Moi : « En voilà une idée. Qu'est-ce qui te fait dire ça ? »

Elle se jette sur moi et me force à allonger les bras. Je ne me défends pas vraiment. Ma mère voit tout de suite la marque de piqûre toute fraîche. Elle prend le sac en plastique, le renverse sur le lit. Il en tombe la shooteuse, pleine de grains de tabac, et tout un tas de bouts de papier alu. Ils ont servi à envelopper l'héro, et je les garde : quand je suis en manque, et dans l'impossibilité de me procurer de la drogue, je les gratte avec ma lime à ongle et me fais un shoot avec la poussière d'héroïne recueillie.

Ma mère n'a pas besoin d'autres preuves. D'ailleurs elle a tout compris en voyant la salle de bains : outre le Kleenex et les taches de sang, elle a aussi repéré des traces de suie — elles viennent de la cuillère où j'ai chauffé mon truc. Et elle a lu suffisamment d'articles sur l'héroïne pour additionner deux et deux.

Je ne cherche plus à nier. Et je m'effondre, malgré le shoot terrible que je viens de m'envoyer. Je chiale, incapable de prononcer une parole. Ma mère non plus ne dit plus rien. Elle tremble. Ça lui fait un drôle de choc. Elle sort de ma chambre, et je l'entends causer avec son ami Klaus. Elle revient. Elle a l'air un peu calmée et me demande : « Tu ne peux rien faire contre ça ? Tu ne veux pas arrêter ? »

Je lui réponds : « Maman, c'est mon plus cher désir. Sincèrement. Tu peux me croire. Je veux vraiment me sortir de cette merde. »

Elle dit : « Bon, alors on va s'y mettre ensemble. Je vais prendre un congé pour pouvoir être tout le temps avec toi pendant le sevrage. Et on commence aujourd'hui. »

Moi :« Magnifique. Mais il y a encore quelque chose. Je ne marche pas sans Detlev. J'ai besoin de lui et il a besoin de moi. Lui aussi veut se désintoxiquer. On en a déjà souvent parlé. »

Ma mère est stupéfaite. « Quoi, Detlev aussi ? » Elle l'a toujours trouvé très bien, et était très contente que j'aie un ami aussi gentil. Je réponds : « Naturellement, Detlev aussi. Tu crois que j'aurais fait ça toute seule ? Detlev ne l'aurait pas permis. Mais il ne veut pas non plus que je me désintoxique sans lui. »

Je me sens brusquement très bien. Je suis tout heureuse à l'idée que Detlev et moi on va se désintoxiquer ensemble. C'est d'ailleurs un projet qu'on a depuis longtemps. Mais ma mère, elle, est au trente-sixième dessous. Verte. Je me dis que d'une minute à l'autre elle va avoir une crise de nerfs. L'histoire Detlev lui a flanqué un nouveau choc. C'est aussi un sacré choc pour elle d'apprendre que ça dure depuis deux ans et qu'elle n'a rien vu, rien pressenti. Maintenant, elle a de nouveaux soupçons, elle veut savoir comment je me procure le fric. Et tout de suite elle embraye : la prostitution, tout ça.

Mais je ne peux pas, je n'ai pas la force de lui dire la vérité. Je mens : « Oh, on fait la manche. Je trouve toujours des gens pour me donner quelques marks. Je fais aussi des ménages de temps en temps. »

Ma mère n'insiste pas. Comme d'habitude, elle a l'air vachement contente de m'entendre apaiser ses craintes. De toute façon, elle en a assez appris pour aujourd'hui, elle est K.O. Elle me fait pitié, ça me donne mauvaise conscience de la voir comme ça.

On part, sans perdre de temps, à la recherche de Detlev. Il n'est pas au métro Zoo. Pas davantage chez Axel et Bernd.

Le soir, on va voir son père. Les parents de Detlev sont divorcés, eux aussi. Son père est fonctionnaire. Ça fait longtemps qu'il est au courant, pour Detlev. Ma mère lui reproche de ne lui avoir rien dit. Il se met presque à chialer. C'est drôlement dur pour lui d'avoir un fils qui se pique et se prostitue. Il est heureux de voir ma mère décidée à prendre les choses en main. Il répète sans arrêt : « Oui, il faut faire quelque chose. »

Le père de Detlev garde dans un tiroir toute une collection de somnifères et de tranquillisants. Il me les donne car je lui dis que nous n'avons pas de Valeron, et sans Valeron un sevrage c'est atroce. J'emporte quatre ou cinq Mandrakes, un tube de Gemetrin, et cinquante Valium 10. Sur le chemin du retour, dans le métro, j'avale une poignée de comprimés car je sens venir la crise de manque. Ça marche assez bien, et je passe une bonne nuit.

Le lendemain matin, Detlev sonne à notre porte. Il est en pleine crise de manque. C'est drôlement bien de sa part, je trouve, d'être venu comme ça, sans se faire un shoot avant. Il sait bien que je n'ai plus de came. Il dit : « Je veux en être au même point que toi pour commencer le sevrage. » Quel type formidable !

Comme moi, Detlev souhaite sincèrement se désintoxiquer. Et il est assez content de ce qui est arrivé. Seulement, nous ignorons tous les deux — et nos parents aussi — que c'est de la folie d'entreprendre une désintoxication à deux. Car il arrive toujours un moment où l'un des deux rechute et entraîne l'autre. Bon, on l'a entendu raconter, mais on se fait des illusions. Nous restons convaincus de n'être pas faits du même bois que les autres toxicos. Et de toute façon il nous paraît encore absolument impensable de faire quelque chose d'important l'un sans l'autre.

Grâce aux petites pilules du père de Detlev, la matinée passe sans accroc. Nous parlons de ce que sera notre vie « après » — nous la voyons tout en rose — et nous promettons de tenir bon, vaillamment, demain et les jours suivants. Nous sommes heureux, malgré la douleur qui s'éveille.

L'après-midi, tous les diables se déchaînent. Nous avalons des pilules par poignées, les arrosons de copieuses rasades de vin. Mais ça ne sert à rien. Mes jambes brusquement échappent à mon contrôle. Un poids énorme écrase mes jarrets. Je me couche par terre en allongeant les jambes, j'essaie de détendre et de contracter alternativement mes muscles. Mais je ne les commande plus. J'appuie mes jambes contre l'armoire. Elles y adhèrent, plus moyen de les en détacher. Je me roule sur le sol mais mes pieds restent, je ne sais trop comment, collés à l'armoire.

Je suis trempée d'une sueur glacée qui me coule jusque dans les yeux. J'ai froid, je tremble, et cette saleté de sueur pue affreusement. Ça doit être le poison qui me sort par tous les pores. J'ai vraiment l'impression de vivre un exorcisme.

Pour Detlev c'est encore pire. Il est complètement

parti. Il tremble de froid, et le voilà qui enlève son pull. Il est allé s'asseoir à ma place favorite, dans le coin, près de la fenêtre, mais il semble courir sur place : ses jambes maigres comme des allumettes ne cessent d'aller et venir, agitées de soubresauts épouvantables. Ça n'est même plus un tremblement, c'est un séisme. Il essuie sans arrêt la sueur qui lui inonde la figure, il se plie en deux, se tord en hurlant de douleur. Crampes d'estomac.

Detlev pue encore plus fort que moi. Nous infestons toute la pièce. Je me souviens avoir entendu dire que l'amitié entre toxicos ne résiste jamais à un sevrage réussi. Mais moi j'aime encore Detlev, même s'il pue.

Detlev se lève, se traîne jusque dans ma chambre, se plante devant la glace, et dit : « Je n'en peux plus. Je n'y arriverai pas. Vrai, je n'en peux plus. » Je ne trouve rien à lui répondre. Je n'ai pas la force de dire des mots d'encouragement. J'essaie de ne pas penser comme lui. J'essaie de me concentrer sur un roman d'épouvante à deux sous. Je feuillette un magazine, si nerveusement que je le déchire.

J'ai la bouche et la gorge horriblement sèches. Et pourtant ma bouche est pleine de salive. Je n'arrive pas à l'avaler, alors je tousse. Plus je fais des efforts pour avaler cette salive, et plus je tousse. Je suis prise d'une quinte de toux qui ne veut plus finir. Et voilà que je dégueule. Il y en a plein mon tapis. Une espèce de mousse blanche — mon chien vomissait comme ça quand il avait bouffé de l'herbe. Je tousse et je vomis, je tousse et je vomis...

Ma mère reste presque tout le temps dans la salle de

séjour. Quand elle vient nous voir, elle est toute désemparée. Elle ne cesse de courir au centre commercial acheter des trucs qu'on est incapables d'avaler. Pour finir elle m'apporte des bonbons à l'extrait de malt, et ça, ça marche. Ma toux se calme. Ma mère nettoie le tapis. Elle est adorable, et je ne peux même pas lui dire « Merci ».

Et puis les comprimés et le vin se mettent tout de même à agir. J'ai bouffé cinq Valium 10, deux Mandrakes, presque vidé une bouteille de vin. De quoi assommer un individu normal pour plusieurs jours. Mon organisme réagit à peine, tant il est intoxiqué. Mais au moins ça me calme. Je m'allonge sur mon lit. On a installé une couchette à côté, Detlev vient s'y étendre. Nous ne nous touchons pas. Chacun est totalement absorbé par lui-même. Je tombe dans une espèce de demi-sommeil. Je dors mais je sais que je dors, et j'ai pleinement conscience de ces foutues douleurs. Je rêve et je réfléchis. Tout ça à la fois. J'ai l'impression que tout un chacun, et surtout ma mère, peut lire en moi comme dans un livre, lire mes saloperies de pensées. Voir que je ne suis qu'un tas de merde dégueulasse. Mon corps me fait horreur. Si seulement il pouvait crever et se détacher de moi.

Le soir, je reprends quelques comprimés. Un individu normal en mourrait. Moi, ça me permet au moins de dormir quelques heures. Un rêve me réveille : je suis un chien qui a toujours été bien traité par les humains, jusqu'au jour où on l'enferme dans un chenil où on le torture à mort. Detlev agite les bras en tous sens, me frappe involontairement. La lumière est allumée. A côté de mon lit, une cuvette pleine d'eau et un gant de toilette. Ma mère les a apportés. J'essuie mon visage trempé de sueur.

Detlev semble dormir profondément mais tout son corps tressaute, ses jambes font du pédalage, ses bras des moulinets.

Je me sens un peu mieux maintenant. J'ai la force d'éponger le front de Detlev avec le gant de toilette. Il ne s'aperçoit de rien. Je sais que je l'aime toujours, passionnément. Un peu plus tard, dans mon demi-sommeil — je me suis de nouveau assoupie —, je sens que Detlev me passe la main dans les cheveux.

Le lendemain matin, nous allons nettement mieux. La vieille règle selon laquelle le deuxième jour du sevrage est le plus terrible ne s'applique pas à nous. Il est vrai que c'est notre premier sevrage, et il est toujours beaucoup plus facile que les suivants. A midi, nous recommençons même à nous parler. D'abord de choses sans importance, ensuite de notre avenir. Nous nous jurons de ne plus jamais prendre ni héroïne ni LSD ni comprimés. Nous voulons mener une vie paisible, entourés de gens paisibles. On fumera du haschisch, comme avant — pour nous c'était le bon temps —, et parce qu'on veut avoir des amis fumeurs, vu que ce sont en général des gens très pacifiques. Quant aux alcoolos, nous les éviterons, ce sont des types agressifs.

Detlev cherchera du travail. « Je retournerai voir mon ancien patron, je lui dirai que j'ai déconné mais maintenant j'ai compris, je suis devenu raisonnable. Au fond, mon patron s'est toujours montré compréhensif. Je recommencerai mon apprentissage depuis le début. »

Moi, je deviendrai une élève appliquée, je passerai mon brevet, et je pourrai peut-être même pousser jusqu'au bac.

Là-dessus ma mère fait son entrée. Avec une surprise géniale : elle est allée voir son toubib qui lui a donné une ordonnance pour du Valeron. Detlev et moi en prenons chacun vingt gouttes, comme le médecin l'a prescrit. Le Valeron nous réussit. On fait attention à ne pas en abuser, le flacon doit nous faire toute la semaine. Ma mère nous prépare des entremets — on en a une vraie fringale. Elle nous achète des glaces. Tout ce qu'on veut. Des montagnes de trucs à lire. Des bandes dessinées. Avant, je trouvais la BD ennuyeuse. Maintenant, je ne me contente plus d'y jeter un vague coup d'œil. Detlev et moi, ensemble, on regarde de près chaque dessin, et on en trouve de si drôles qu'on est pliés en deux de rire.

Le troisième jour, on tient la forme. Évidemment, on est toujours bourrés de médicaments : du Valeron, et aussi des quantités de Valium, le tout arrosé de vin. De temps en temps, notre organisme se défend encore contre le sevrage, réclame son poison, mais dans l'ensemble on se sent drôlement bien. Le soir du troisième jour, on fait l'amour pour la première fois depuis longtemps, car l'héroïne vous en enlève l'envie. Et, pour la première fois depuis mon dépucelage, on fait l'amour sans être défoncés. C'est fantastique. Il y a longtemps qu'on ne s'est aimés comme ça, si intensément. On reste au lit des heures durant, à se caresser ; et pourtant on transpire encore. En réalité, on aurait pu se lever dès le quatrième jour, mais on passe encore trois jours couchés à s'aimer, à se faire dorloter par ma mère, et à ingurgiter du Valium et du vin. Nous nous disons qu'un sevrage ce n'est pas si terrible, et que c'est formidable d'être débarrassés de l'héro.

Le septième jour, on se lève. Ma mère est tout heureuse. Elle nous embrasse. La semaine que nous venons de vivre a transformé mes relations avec elle. J'éprouve à son égard quelque chose comme de l'amitié, et aussi de la gratitude. Et je suis aussi follement heureuse d'avoir Detlev, j'ai retrouvé ce bonheur-là. Je me répète qu'un garçon pareil il n'y en a pas deux sur terre. Et si chez les autres toxicos le sevrage tue l'amour, pour nous c'est le contraire, nous nous aimons encore plus. C'est formidable.

Nous disons à ma mère que nous avons envie d'aller prendre l'air ; on vient de passer toute une semaine enfermés dans ma chambre minuscule. Elle approuve. « Où allons-nous ? » me demande Detlev. Je n'ai rien à lui proposer. Nous réalisons, à cet instant précis, que nous n'avons plus nulle part où aller. Tous nos copains sont des fixers. Et tous les endroits qu'on connaît, où on se sent à l'aise, c'est des endroits où on se pique. Aller voir les fumeurs de haschisch ? On n'a plus aucun contact avec eux.

Tout à coup, je commence à me sentir moins bien. Nous n'avons plus de Valeron — c'est d'ailleurs pourquoi on est un peu énervés et on a envie de sortir. Mais le fait de ne pas savoir où aller nous énerve encore plus. Je me sens brusquement lessivée, vidée ! l'H c'est fini, et on ne sait plus où aller.

On se dirige vers le métro. Automatiquement, sans

même l'avoir décidé. Sans en avoir conscience, nous sommes comme suspendus à un fil invisible. Et nous voilà au métro Zoo. Detlev, silencieux depuis notre départ, ouvre enfin la bouche : « Il faut au moins aller dire bonjour à Axel et à Bernd. Ils doivent s'imaginer qu'on est en taule ou au cimetière. »

Moi, brusquement soulagée : « Bien sûr. Il faut leur raconter notre sevrage. Peut-être qu'on pourra les convaincre d'en faire autant. »

On tombe presque tout de suite sur Axel et Bernd. Ils ont plein de came, la journée a été bonne. Detlev leur raconte. Ils trouvent que c'est formidable ce qu'on a fait. Et, après nous avoir félicités, ils disent qu'ils rentrent chez eux se piquer.

Detlev et moi on se regarde. Nos regards se croisent et on sourit. Une pensée m'effleure : « Ça serait de la folie le premier jour. » Detlev dit : « Tu sais, on peut bien se permettre un shoot par-ci par-là. C'est le superpied, tant qu'on n'en est pas dépendant. Il faut juste faire drôlement attention à ne pas retomber dans la dépendance, car je ne me vois pas repasser par un autre sevrage. »

Moi : « Bien sûr, un shoot par-ci par-là, c'est vachement cool. D'ailleurs maintenant nous sommes prévenus, nous savons très bien qu'il faut nous méfier de la dépendance. » J'ai perdu toute raison. Je n'ai plus qu'une idée : me shooter.

Detlev dit à Axel : « Tu peux nous en passer un peu ? On te le rendra à l'occasion, promis. » Axel et Bernd sont d'avis qu'on ferait mieux de réfléchir encore à la chose, et nous annoncent que la semaine prochaine ils feront comme nous. Juste le temps de se procurer du Valeron. Ça sera vraiment chouette de retourner au boulot et de juste se payer un shoot de temps en temps.

Deux heures après avoir quitté l'appartement de ma mère, Detlev et moi on est de nouveau défoncés. Et c'est le pied. On se balade bras dessus bras dessous sur le Kurfürstendamm. C'est formidable d'être défoncés et de se promener comme ça, sans hâte, sans avoir à se préoccuper de la manière dont on trouvera de la came pour demain matin. Detlev me dit, tout joyeux : « Voilà, demain matin on fait un peu de gymnastique, et en avant pour une journée sans H. »

On le croit dur comme fer. Notre première illusion a été d'imaginer que la semaine passée chez ma mère à souffrir et à dégueuler était une vraie désintoxication. Bien sûr, notre corps a éjecté le poison. L'héroïne en tout cas. Mais on l'a, en échange, copieusement gavé de Valeron, de Valium, etc. Et nous ne nous étions même pas demandé quoi faire après la désintoxication physique. Ma mère était tout aussi naïve. Elle espérait bien qu'on était sortis d'affaire. Comment, d'ailleurs, aurait-elle pu savoir qu'il n'en était rien ?

Nous, en réalité, nous aurions dû le savoir. On avait suffisamment d'exemples sous les yeux. Mais nous ne voulions pas regarder les choses en face. Et puis nous n'étions encore que des enfants, et des enfants très naïfs. Avec beaucoup d'expérience, mais ça n'y changeait rien.

On tient le coup pendant presque un mois. On réussit à faire ce qu'on s'était promis : pas de tapin, le shoot quand on a un peu de fric ou qu'on nous passe une dose d'H. Seulement — mais bien entendu on ne veut pas se l'avouer — on est de plus en plus à l'affût des moyens de trouver du fric ou de la bonne âme qui nous filera de l'héro.

C'est une période sensass. Je ne vais pas en classe — ma mère veut que ces premières semaines sans héroïne me soient particulièrement agréables. Et elle a permis à Detlev de continuer à habiter chez nous. Detlev me révèle de nouveaux aspects de sa personnalité et je l'aime encore plus, si c'est possible. Il se montre insouciant, joyeux, débordant d'idées. Nous sommes deux ados toujours de bonne humeur et pleins d'entrain. Du moins on fait semblant.

On fait de grandes balades en forêt. Quelquefois, on emmène mes deux chats et on les laisse grimper aux arbres. On fait l'amour presque toutes les nuits. Tout est merveilleusement cool. Il nous arrive de passer trois jours sans nous shooter. Quand on s'est procuré de l'H, on se tire aussi vite que possible de ce coin dégueulasse qu'est le métro Zoo. Notre endroit favori, c'est le Kurfürstendamm : on se promène en se mêlant à la foule des bourgeois. Au fond, on voudrait être comme eux — juste un petit peu différents. En tout cas on veut se montrer, et montrer au monde entier, que même si on s'est shootés on n'est pas des toxicos.

On va, complètement défoncés, dans des discos bien sages. On regarde les autres — des jeunes et des bourgeois « bien comme il faut » — en se disant qu'on est presque comme eux, et sûrement pas des toxicos. Quelquefois, on passe la journée entière à la maison, on regarde par la fenêtre en se racontant des histoires, on essaie de cueillir des feuilles aux arbres malingres qui poussent devant la maison. Je me penche par la fenêtre, Detlev me retient par les jambes, et j'arrive effectivement à attraper quelques feuilles. On se bécote, on fait les fous, on lit, les trois quarts du temps on se conduit comme des imbéciles heureux. On ne parle jamais sérieusement de notre avenir. Quelquefois, très rarement, je me sens brusquement très mal. Quand il se pose un problème. Par exemple, quand Detlev et moi on s'est un peu disputés pour une idiotie. Je ne m'en sors pas, je rumine, et j'ai (parfois) peur de perdre le contrôle de moi-même pour un petit truc aussi con. A ces moments-là, j'ai envie d'un shoot — parce qu'il gommerait le problème d'un seul coup.

Mais il se pose un vrai problème. Klaus, l'ami de ma mère, fait des histoires à cause de Detlev. Il dit que l'appartement est trop petit pour y loger en plus un étranger. Ma mère n'ose pas trop lui tenir tête. Et moi, une fois de plus, je suis totalement désarmée. A peu près comme le jour où Klaus a donné ordre de se séparer de mon chien. D'un seul coup, tout est à l'eau. C'est la fin de la vie cool. Il faut que je retourne à l'école, et Detlev n'a plus le droit de passer la nuit avec moi.

Je ne m'aperçois même pas que j'ai manqué trois semaines de classe. De toute façon, il y a longtemps que j'ai perdu le fil. Mais j'ai un nouveau problème : le tabac. Quand je ne suis pas défoncée, je fume quatre-cinq paquets par jour. A la chaîne. Et, dès la première heure de cours, je n'y tiens plus, je sors fumer quelques cigarettes dans les waters. Et je continue à fumer toute la matinée, à en dégueuler, littéralement : je vomis dans la corbeille à papiers. J'ai à peine mis les pieds en classe.

Pour la première fois depuis trois semaines, je ne vois pas Detlev de la journée. Le lendemain j'ai un pressentiment et, à la sortie de l'école, je file au Zoo. Mon Detlev est là. Il attend le client.

Ça me débecte de le retrouver à cet endroit dégueulasse à attendre des mecs dégueulasses. Mais il m'explique qu'il n'a plus un rond. De toute façon il ne sait pas quoi faire. Il retourne dormir chez Bernd et Axel, va tous les jours au métro Zoo, et se refait son shoot quotidien. Si je veux le voir, il faut bien que je retourne au Zoo. Je n'ai que lui. Personne d'autre. Je ne pourrais pas vivre sans lui. Je retourne donc, presque tous les jours, à la station Zoo.

La mère de Christiane

Ce dimanche-là, ce dimanche où j'ai vu des éclaboussures de sang dans la salle de bains et où j'ai examiné les bras de Christiane, les écailles me sont tombées des yeux. Ç'a été un coup dur. Christiane me présentait en quelque sorte la quittance de cette éducation dont j'étais si fière. J'ai compris ce jour-là que j'avais tout fait de travers, tout simplement parce que je n'avais qu'une seule idée : ne pas renouveler les erreurs éducatives de mon père.

Par exemple, quand Christiane a commencé à fréquenter le Sound, ça ne me plaisait guère. Mais son amie Kessi et d'autres jeunes de la Maison du Milieu y allaient. Alors je me suis dit : Bon, pourquoi refuser ça à Christiane ? Je pensais à tous ces plaisirs innocents dont j'avais été privée par mon père quand j'étais jeune fille.

Et j'ai continué à me montrer permissive quand Christiane m'a présenté son ami Detlev. Elle avait fait sa connaissance au Sound. Il m'a fait très bonne impression : de bonnes manières, l'air ouvert et sympathique.

Un gentil garçon, quoi. Et j'ai trouvé tout à fait

normal que Christiane tombe amoureuse. Je me disais : C'est juste l'âge du premier amour, l'important est que le garçon soit bien. Et je voyais aussi qu'il aimait vraiment ma petite fille.

Si quelqu'un m'avait dit, à l'époque, que ces deux-là se piquaient, je l'aurais traité de fou. A part ses sentiments pour Detlev, je n'avais rien remarqué de spécial chez Christiane.

Au contraire, elle me paraissait plus calme, plus équilibrée — avant, il y avait eu une période où elle ruait dans les brancards. Même à l'école, ça avait l'air d'aller mieux.

On se téléphonait tous les jours après la classe, et elle me racontait ce qu'elle voulait faire : aller chez une copine, ou attendre Detlev à la sortie de son atelier. Je n'y voyais rien de répréhensible. En semaine, elle rentrait généralement pour dîner. Si elle était en retard, elle me passait un coup de fil. Elle ressortait de temps en temps le soir pour aller à la Maison du Milieu ou retrouver des amis — du moins c'est ce qu'elle me racontait.

Elle avait aussi recommencé à m'aider un peu à la maison, et moi je l'en récompensais en lui offrant de petits cadeaux par-ci par-là : un disque, ou un mark supplémentaire d'argent de poche. Mon ami Klaus n'était pas d'accord. A son avis, j'aurais dû penser à moi de temps en temps, Christiane ne faisait que m'exploiter. Dans un certain sens, il avait peut-être raison, mais moi j'avais tout le temps le sentiment de devoir faire quelque chose de spécial pour Christiane, de devoir la dédommager de quelque chose. Seulement, à l'époque, je n'analysais pas ça aussi clairement.

Mon ami trouvait également que j'avais tort d'autoriser Christiane à passer la nuit chez ses amies. En fait, il ne la croyait pas quand elle disait qu'elle allait dormir chez l'une ou chez l'autre. Mais l'espionner, ça n'était vraiment pas mon genre. Mon père m'avait espionnée tout le temps, et pourtant je n'avais rien à me reprocher.

Et puis, un jour, Christiane m'a raconté qu'elle avait couché avec Detlev. « Maman, m'a-t-elle dit, il a été si gentil avec moi, tu n'as pas idée. » Je comprenais maintenant — du moins je le croyais — pourquoi elle voulait toujours dormir chez une amie le samedi soir.

Bon, c'était arrivé, ça ne me paraissait pas si terrible. Et je lui ai donné deux ou trois fois la permission d'aller passer la nuit chez Detlev.

Comment aurais-je pu les empêcher de coucher ensemble ? D'ailleurs les psychologues répètent — aussi bien à la télévision que dans les journaux — que les jeunes d'aujourd'hui sont mûrs beaucoup plus tôt et qu'il ne faut pas réprimer la sexualité. Du reste c'est aussi mon opinion.

Christiane, au moins, avait une liaison stable. Ça me tranquillisait. Je voyais tant de jeunes filles du voisinage changer de petit ami comme de chemise.

D'un autre côté, pour être honnête, j'étais quand même quelquefois un peu troublée. Surtout à cause des nouveaux amis de Christiane, ceux dont elle avait fait la connaissance au Sound. Elle m'avait raconté que certains d'entre eux se droguaient. Elle n'a jamais parlé d'héroïne, mais de hasch et de trips. Elle m'a dit des choses horribles, elle m'a même confié que son amie Babsi était une toxicomane. Mais elle décrivait tout ça de telle manière, d'un air de le trouver si dégoûtant, que je n'ai pas imaginé un seul instant qu'elle en faisait autant.

Et quand je lui demandais : « Mais pourquoi fréquentes-tu ces gens-là ? », elle me répondait : « Ah maman ils me font de la peine. Personne ne veut avoir affaire à eux. Pourtant ils ont besoin qu'on les aide, et ils sont si contents quand quelqu'un leur parle. » Christiane a toujours eu bon cœur. Je sais aujourd'hui qu'elle parlait d'elle-même.

Un soir, au beau milieu de la semaine, elle est rentrée très tard, vers onze heures. Et elle m'a dit : « Maman, ne te fâche pas, je t'en prie. Je suis allée dans un centre d'accueil pour jeunes drogués, avec les copains. Tu sais, c'est des endroits où on parle avec les drogués, et on essaie de les sortir de là. » Elle a ajouté, avec un drôle de petit rire. « Comme ça, si je me drogue un jour... » Je l'ai regardée, épouvantée. « Oh, je dis ça comme ça, a-t-elle dit alors, pour moi il n'y a pas de problème. » « Et pour Detlev ? » ai-je demandé. Elle a eu l'air indigné : « Pour Detlev ? Pas question. Il ne manquerait plus que ça ! »

Cela se passait fin 1976. A dater de ce jour, j'ai eu des soupçons, mais je les ai refoulés. Et je n'écoutais pas non plus mon ami. Lui, il était maintenant prêt à parier n'importe quoi que Christiane se droguait. Mais je ne voulais rien entendre. Ce n'est pas si facile à s'avouer, l'échec dans son rôle de mère, que tout ce qu'on a fait n'a servi à rien. Je m'obstinais : « Non, pas ma fille. » J'essayais pourtant de moins lui laisser la bride sur le cou, mais j'avais beau lui ordonner de rentrer pour dîner, elle n'était pas là. Que pouvais-je faire ? Où la chercher dans cette ville ? Même si je n'avais pas été aussi habile dans l'art du refoulement, jamais je ne l'aurais imaginée au métro Zoo. J'étais contente quand elle m'appelait vers 9 heures pour dire : « Ne t'inquiète pas, maman, j'arrive tout de suite. » Je ne m'en sortais plus, tout simplement.

Elle m'obéissait pourtant de temps en temps. Je l'entendais dire dans l'écouteur à ses amis, presque avec fierté : « Non, je ne sors pas aujourd'hui, je n'ai pas la permission. » Ça n'avait pas l'air de l'ennuyer. C'était vraiment curieux, cette contradiction. D'un côté elle ruait dans les brancards, elle était insolente comme pas permis et il n'y avait pas moyen de lui parler. De l'autre, quand vous lui traciez des lignes de conduite claires, elle avait l'air de vouloir les respecter. Mais c'était déjà trop tard.

L'heure de vérité a sonné un dimanche de fin janvier 1977. Ça été terrible. Je voulais aller à la salle de bains. La porte était fermée, chose tout à fait inhabituelle chez nous. Christiane était enfermée à l'intérieur et n'ouvrait pas. A ce moment-là j'ai su, et su du même coup que jusque-là je m'étais menti. Sinon, je n'aurais pas immédiatement compris ce qui se passait dans la salle de bains.

Je tambourinais à la porte, mais Christiane ne m'ouvrait toujours pas. Je me sentais devenir enragée, je la suppliais d'ouvrir, je l'engueulais. Finalement elle a ouvert et est sortie en courant. J'ai vu une cuillère noircie dans la baignoire, des taches de sang sur le mur. C'était la preuve, la confirmation. Comme dans les descriptions des journaux. Mon ami n'a fait qu'une seule remarque : « Tu le crois, maintenant ? »

Je l'ai suivie dans sa chambre. Je lui ai dit : « Christiane, qu'as-tu fait ? » J'étais complètement effondrée, je tremblais de tout mon corps. Je ne savais pas si j'allais me mettre à chialer ou à crier. Mais, avant toute chose, il fallait que je lui parle. Elle pleurait à fendre l'âme et refusait de me regarder. Je lui ai demandé : « Tu t'es piquée à l'héroïne ? »

Elle ne m'a pas répondu. Ses sanglots l'empêchaient de parler. Je lui ai allongé les bras de force et j'ai vu les marques. Sur les deux bras. Mais ça n'avait pas l'air terrible, la peau n'était pas bleue, on ne voyait que deux ou trois piqûres, y compris la dernière, presque insignifiante, juste un point encore un peu rouge.

Et elle a avoué. Au milieu de ses larmes. A cet instant même j'ai pensé : « Je vais mourir. » Je crois que j'avais vraiment envie de mourir. J'étais si désespérée que j'étais incapable de penser. Que faire ? Je n'en avais aucune idée. J'ai dit : « Qu'est-ce qu'on fait maintenant ? » J'ai vraiment posé cette question à Christiane. Moi, j'étais totalement désemparée.

C'était donc ça, le choc que j'avais voulu éviter et toujours remis à plus tard. Mais il faut dire que je n'avais pas su reconnaître les symptômes. Christiane ne me paraissait pas fatiguée, je la trouvais la plupart du temps joyeuse et pleine d'entrain. La seule chose que j'avais remarquée au cours des semaines précédentes c'est que, parfois, quand elle rentrait en retard, elle filait tout droit dans sa chambre. Je mettais ça sur le compte de sa mauvaise conscience. A cause du retard.

Quand j'ai été un peu calmée, nous avons réfléchi à ce qu'on pouvait faire. Christiane m'a avoué que Detlev se droguait lui aussi. Il fallait qu'ils se désintoxiquent ensemble, sinon il y en aurait toujours un pour faire rechuter l'autre. Cela, je le comprenais. Nous avons décidé de commencer le sevrage immédiatement, à la maison.

Christiane paraissait ne rien vouloir me cacher. Elle a vite reconnu que Detlev gagne de quoi acheter l'héroïne en se prostituant à des homosexuels. Quelle horreur ! J'étais sidérée. Mais elle ne m'a pas dit ce qu'elle faisait, elle. Je n'ai eu aucun soupçon : elle aimait Detlev, pas vrai ? Lui, disait-elle, gagne toujours assez d'argent pour la drogue.

Christiane ne cessait de répéter : « Crois-moi, maman, je veux me délivrer de ce truc, je t'assure. » Ce soir-là, on est parties toutes les deux à la recherche de Detlev. Pour la première fois, j'ai pris conscience de ces créatures décharnées, pitoyables, qui déambulent au métro Zoo. Et Christiane m'a dit : « Je ne veux pas finir comme ça. Regarde ces types, ils sont complètement délabrés. » Elle, elle avait l'air encore relativement en bon état. Je me suis sentie presque rassurée.

Nous n'avons pas trouvé Detlev. Nous sommes donc allées chez son père. Il était au courant, pour son fils, mais il ne savait pas que Christiane se droguait elle aussi. Je lui ai fait des reproches. Pourquoi ne pas m'avoir avertie ? Parce qu'il avait honte, a-t-il répondu.

Il semblait soulagé. Il voulait nous aider financièrement. Jusque-là, il n'avait trouvé personne pour aider son fils. J'ai dû lui sembler un ange envoyé du ciel. Moi-même je me sentais une femme forte. Si j'avais su ce qui m'attendait !

Le lendemain, je suis partie seule à la chasse aux conseils. Première étape : l'Aide à l'Enfance. Je leur ai dit : « Ma fille de quatorze ans se drogue à l'héroïne. Que dois-je faire ? » Ils ne savaient pas. « Placez-la dans une institution. » Pas question, je leur ai dit, Christiane aurait l'impression d'être rejetée. En outre, ils n'étaient même pas capables de me donner une adresse, il fallait d'abord en chercher une, ça allait prendre du temps, et puis de toute façon les places dans un bon centre pour enfants caractériels sont rares. Je leur ai dit : « Ça n'a rien à voir. Elle n'est pas caractérielle, elle est toxico. » Ils se contentaient de me regarder et de hausser les épaules. Pour finir, ils m'ont conseillé d'emmener Christiane chez un conseiller pédagogique.

Quand j'ai proposé ça à Christiane, elle m'a dit : « C'est de la foutaise. Ils sont complètement à côté de la plaque. J'ai besoin d'une thérapie. » Mais là, les différents services n'avaient rien à me proposer. J'ai fait le tour, les Centres d'information sur la drogue, l'Université technique, l'Association Caritas, que sais-je encore. Je ne savais vraiment pas par quel bout prendre ce problème.

On m'a dit qu'un sevrage à la maison c'était très risqué, qu'une désintoxication sans thérapie ça n'irait pas bien loin, mais qu'étant donné le jeune âge de Christiane je pouvais toujours essayer. De toute façon, il n'y avait pas de place en thérapie avant au moins un trimestre. On m'a aussi donné quelques conseils diététiques, pour l'aider à mieux affronter les symptômes du manque.

Ça a marché. J'ai repris espoir. Au bout de huit jours, j'étais sûre qu'ils avaient franchi le cap. Dieu en soit loué. Christiane a recommencé à aller à l'école régulièrement et même, à ce qu'il paraît, à travailler.

Mais elle s'est bientôt remise à traîner. Oh, elle me disait toujours où elle était. Quand elle téléphonait à 8 heures du soir, elle m'expliquait : « Maman, je suis au café Truc ou Machin. J'ai rencontré Pierre ou Paul. J'arrive tout de suite. »

Maintenant j'étais sur mes gardes. Je contrôlais ses bras, mais je n'ai pas trouvé de nouvelles traces de piqûres. Je ne l'autorisais plus à dormir chez Detlev le week-end. Mais, d'un autre côté, je voulais lui montrer que j'avais confiance en elle. Alors, je lui permettais de rentrer plus tard le samedi soir. J'étais sur mes gardes, mais je ne savais pas comment faire, quelle attitude adopter. Je me cassais la tête.

Christiane

L'idée de redevenir dépendante de l'héroïne me fait horreur. Mais quand Detlev est défoncé et moi pas, le courant ne passe pas entre nous, on est comme deux étrangers. C'est pourquoi, quand Detlev me donne à nouveau de la came, je la prends. Seringue en main, nous nous promettons de ne plus jamais retomber dans la dépendance. On se persuade encore qu'on ne l'a pas été, qu'on est parfaitement capables d'arrêter du jour au lendemain, alors qu'on a déjà recommencé à veiller anxieusement à notre provision de drogue du matin suivant.

Toute la merde a recommencé, de A à Z. Seulement on n'était pas conscients de s'y être de nouveau enfoncés à ce point, on s'imaginait encore tenir les choses en main.

Pendant quelque temps, Detlev travaille pour nous deux. Ça ne dure bien sûr pas longtemps, et il faut que je retourne au trottoir. Mais au début j'ai une chance terrible, je ne travaille qu'avec des habitués, et ça me paraît moins dégoûtant.

Dès qu'on a vu que j'allais être obligée de retourner au tapin, Detlev m'a emmenée chez Jürgen. Un homme assez connu dans les milieux d'affaires de Berlin. Il est plein aux as et déjeune avec des députés. Il a dépassé la trentaine mais il fait encore jeune. Il utilise le même vocabulaire que les jeunes et il comprend leurs problèmes. Il ne vit pas du tout comme les autres « cadres ».

La première fois où je suis chez Jürgen, je vois une douzaine de jeunes autour d'une immense table en bois, éclairée par des bougies dans des chandeliers d'argent, et garnie de bouteilles de vins de grandes marques. La conversation est générale et très détendue. Et je remarque que les mecs et les nénettes assis autour de cette table sont vachement classe. Jürgen paraît le leader, et je me dis qu'il doit avoir drôlement du chou. D'abord, ça m'impressionne de voir cet appart somptueux, où chaque chose a dû coûter des masses de fric. Ensuite, je trouve formidable qu'avec tout ça ce type soit resté si relax, si humain.

Nous sommes accueillis en amis, bien qu'étant les seuls toxicos. On bavarde un moment, et puis un couple demande s'il peut aller prendre une douche. Jürgen dit : « Bien sûr. Les douches c'est fait pour ça. »

Les douches sont juste à côté du living. Ils y vont. Quelques garçons et filles les suivent. Et puis ils reviennent, tout nus, demander des serviettes. Je me dis : Quelle équipe cool ! Tout le monde a l'air de bien s'entendre là-dedans. Et aussi que Detlev et moi, plus tard, on aura un appart aussi luxueux, où on pourra inviter de chouettes amis.

Ils sont bientôt plusieurs à se balader, tout nus ou simplement avec une serviette autour des reins. Et ils se mettent à se baiser. Un couple va dans la chambre à coucher, où il y a un lit immense. Un large couloir mène du séjour à la chambre, et on peut donc voir ce qui s'y passe. Le couple fait l'amour, et d'autres vont les rejoindre sur cet immense lit. Des types baisent des filles, des types baisent des types. Quelques-uns font ça sur la table.

J'ai compris : c'est une partouze. Ils veulent nous faire participer, Detlev et moi, mais ça ne me dit rien, je ne veux pas me faire baiser par n'importe qui. Ça ne me dégoûte pas, ce qu'ils font, ça m'excite même un peu de les voir s'amuser comme ça. Mais c'est justement pour ça que je veux être seule avec Detlev.

Detlev et moi on va dans une chambre. On se caresse et on finit par se déshabiller. Et soudain Jürgen est là, à nous regarder. Ça ne me dérange pas tellement, avec tout ce qui se passe dans cet appart. Et puis je me dis que, après tout, c'est lui qui nous paie. La seule chose que j'espère, c'est qu'il ne nous touchera pas.

Il se contente de nous regarder, et il se masturbe pendant que je fais l'amour avec Detlev. Un peu plus tard nous prenons congé : il faut que je rentre à la maison. Jürgen glisse discrètement un billet de cent marks dans la main de Detlev

Jürgen est devenu notre client attitré. Il est bissexuel. La plupart du temps on va chez lui ensemble, je m'occupe du haut et Detlev du bas. Il nous donne toujours cent marks. Parfois, l'un de nous y va seul. Pour soixante marks. Bien sûr, Jürgen est un micheton, et donc presque aussi pénible que les autres. Mais il est le seul client pour lequel j'éprouve quelque chose qui ressemble à de l'amitié. En tout cas je le respecte. J'aime bien discuter avec lui parce qu'il a toujours de bonnes idées et voit bien les choses. Il sait y faire, il est à l'aise dans cette société.

J'admire surtout sa manière de gérer son argent. C'est peut-être ce qui m'intéresse le plus en lui quand il me raconte comment il place son fric, qui grossit presque automatiquement. En même temps, il est formidablement généreux. Les autres, il ne les paie pas directement pour participer aux partouzes, mais j'ai vu un jour un type le taper de plusieurs milliers de marks pour s'acheter une Mini. Jürgen a fait le chèque et le lui a donné en disant : « Voilà ta Mini Cooper. » C'est le seul client chez qui il m'arrive d'aller rien que pour le voir, sans que je lui demande ou qu'il me demande quelque chose. Je passe quelquefois la soirée chez lui, à regarder la télé, et avec ça je trouve que le monde n'est pas si moche.

Detlev et moi nous sommes revenus au monde des toxicos. On ne fréquente plus les boîtes pour ados normaux, ça ne nous intéresse plus. Quand je ne suis pas au métro Zoo, je traîne au métro Kurfürstendamm. Il y a sur le quai une centaine de fixers. On vend de la came. Il y a même quelques michetons spécialisés qui ne veulent aller qu'avec des toxicos. Mais, surtout, c'est un lieu de rencontre.

Je vais de groupe en groupe et je bavarde. Quelquefois, me baladant ainsi au milieu des autres fixers, je me trouve supersensass. Je déambule sur ce quai de métro comme une star parmi les stars. Je vois les mémés chargées de sacs en plastique au nom de grands magasins nous zyeuter épouvantées, elles ont vraiment peur. Et je me dis : « Nous autres, les toxicos, on leur est vachement supérieurs. Ici la vie est dure, on peut mourir du jour au lendemain, et d'ailleurs on ne fera pas de vieux os. Mais cette vie c'est nous qui l'avons choisie. Moi, en tout cas, ça me plaît. » Je pense à tout le fric que je gagne. J'ai besoin de cent marks par jour, rien que pour la came. Avec les frais divers, mes dépenses se montent à quatre mille marks par mois, et il faut que je fasse rentrer cette somme. Quatre mille marks nets, c'est un salaire de directeur de société. Et moi je me les fais à quatorze ans.

Bien sûr je fais le tapin, et c'est un sale boulot. Mais quand je suis défoncée ça ne m'est pas tellement pénible. Et au fond je ne fais que rouler les clients. En tout cas, ils sont loin d'en avoir pour leur argent. C'est toujours moi qui dicte les conditions. Et je ne baise pas.

Il y a ici de plus grandes vedettes que moi. D'après ce qu'ils racontent, il faut à certains 4 grammes d'H par jour. Ça leur coûte entre cinq cents et huit cent cinquante marks par jour. Et ils arrivent presque toujours à les trouver. Ils se font plus de fric qu'un directeur général, sans se faire prendre par les flics. Et, ces vedettes-là, je les fréquente, je les rencontre à ma guise au métro Kurfürstendamm, et nous parlons d'égal à égal.

Tels sont donc mes sentiments et mes pensées en ces mois de février-mars 1977. Du moins quand je suis défoncée. Dans l'ensemble je ne vais pas très bien, mais pas trop mal non plus. Je suis encore capable de me bercer d'un tas d'illusions. J'ai repris mon personnage de toxico, je suis en plein dedans. Je me trouve vachement cool. Je n'ai peur de rien.

Avant, j'avais peur de tout. De mon père, et puis de l'ami de ma mère, de cette saloperie d'école et des profs, des gardiens d'immeubles, des agents de la circulation et des contrôleurs du métro. Maintenant, je me sens invulnérable. Même les flics en civil qui traînent quelquefois sur les quais du métro me laissent de glace, et jusqu'à présent j'ai échappé à toutes les rafles.

A cette époque, je fréquente aussi un certain nombre de fixers qui me donnent l'impression d'avoir conservé une attitude très cool envers la came. Par exemple Atze et Lufo. Atze a été mon premier ami, le premier garçon pour lequel j'ai été pincée, avant Detlev. Lufo, comme Atze et comme Detlev, est un ancien de notre bande de fumeurs de hasch, du temps du Sound, en 1976. Atze et Lufo ont commencé à se piquer un peu avant moi. Maintenant, ils vivent dans un appart impec avec de la moquette, un salon, et un lit à deux places. Lufo a même un vrai boulot, il est manœuvre dans une boîte de cosmétiques. Ces deux-là me racontent qu'ils n'ont jamais été physiquement dépendants de l'héroïne, qu'il leur arrive de s'en passer pendant un mois ou même deux. Je les crois, bien qu'ils soient complètement défoncés chaque fois que je les rencontre.

J'ai pris Atze et Lufo pour modèles. Je ne veux pas me retrouver au point où j'en étais avant notre sevrage, complètement délabrée. Et je m'imagine que si on fait comme Atze et Lufo, Detlev et moi, nous aurons aussi, un jour, un bel appart avec un grand lit, un salon, et de la moquette.

De plus, ces deux gars-là ne sont pas aussi agressifs que les autres toxicos. Et Atze a une nana, Simone, qui est vachement cool et ne se pique pas. Ils s'entendent quand même, et moi je trouve ça sensationnel. J'aime bien être chez eux et, quand je me suis engueulée avec Detlev, je vais y dormir, sur le canapé.

Un soir, en rentrant à la maison d'assez bonne humeur, je vais retrouver ma mère dans la salle de séjour. Sans mot dire, elle me tend un journal. J'ai compris. Elle fait toujours ça quand il y a un article annonçant une mort par overdose. Ça m'énerve, je ne veux pas lire ce genre de trucs.

Je prends quand même le journal. Et je lis : « L'apprenti vitrier Andreas W. (dix-sept ans) voulait échapper à l'emprise de la drogue. Son amie, une jeune élève infirmière de seize ans, tentait de l'aider. Leurs efforts ont été vains. Le jeune homme s'est injecté "la piqûre de la mort" dans le bel appartement que son père avait, à grands frais, aménagé pour le jeune couple... »

Je ne réalise pas tout de suite, je ne veux pas le croire. Mais tout colle : apprenti vitrier, appartement, amie, Andreas W. Pas d'erreur possible : il s'agit d'Andreas Wiczoreck. Atze.

Merde. C'est la seule pensée qui me vient à l'esprit. J'ai la gorge sèche, je me sens mal. Ce n'est pas possible. Pas Atze. Pourquoi aurait-il fait ça, lui si cool face à la drogue ? Je m'efforce de ne pas montrer à ma mère à quel point je suis bouleversée — elle ne sait pas que j'ai replongé. Je file dans ma chambre en emportant le journal.

Je n'avais pas vu Atze ces derniers temps, et j'apprends par le journal comment c'est arrivé. Déjà, la semaine dernière, il a pris une overdose et s'est retrouvé à l'hôpital. Là-dessus Simone s'est ouvert les veines. On les a sauvés tous les deux. La veille de sa mort, Atze est allé voir les flics et a dénoncé tous les revendeurs qu'il connaissait, y compris deux filles que tout le monde appelle « les Jumelles » et qui ont toujours de la came extra. Après ça il a écrit une lettre d'adieux. Elle est reproduite dans le journal : « Je vais me supprimer, parce qu'un fixer n'apporte à ses parents et à ses amis que des ennuis, des soucis, et le désespoir. Il ne se démolit pas seulement lui-même, il démolit aussi les autres. Merci, mes chers parents, ma chère petite mémé. Physiquement, je ne suis plus qu'une ruine. Être toxico, c'est la fin de tout. Mais qui précipite dans le malheur des êtres jeunes et pleins de vie ? Je voudrais mettre en garde tous ceux qui, un jour ou l'autre, se demandent : "Et si j'essayais ?" Regardez-moi, regardez ce que je suis devenu, pauvres crétins. Adieu, Simone, tu vas être délivrée de tes soucis. »

Allongée sur mon lit, je pense : « Voilà. Atze a été ton premier ami. Maintenant il est sous terre. » Je ne pleure pas. Je n'ai pas de larmes. Je ne suis plus capable d'aucun sentiment vrai.

Le lendemain après-midi, je vais rejoindre les autres. Personne ne pleure Atze. Ça n'est pas la mode, chez les toxicos. Mais des gens lui en veulent vachement, à Atze. Parce qu'il a dénoncé des revendeurs de bonne came (ils sont déjà en taule). Et qu'il devait du fric à plein de gars.

Le plus dingue dans toute cette histoire, c'est qu'une semaine après la mort du pauvre gars, Simone, qui n'avait jamais touché à l'héro, a commencé à se piquer. Quelques semaines plus tard, elle avait laissé tomber son job d'élève infirmière et faisait le tapin.

Lufo est mort quelques mois plus tard, en janvier 1978. D'une overdose.

La mort d'Atze met fin à la période rose. Fini de se sentir une star parmi les toxicos, la nana qui peut se piquer sans se laisser accrocher. La peur et la méfiance sont entrées dans notre bande, où tout le monde connaissait Atze. Avant, si on se shootait tous ensemble et qu'on n'avait pas assez de seringues, chacun voulait être le premier. Tout à coup, on se bat pour être le deuxième. Personne ne veut avouer qu'il a peur. Mais on a tous terriblement la trouille : et si le truc était trop fort, trop pur, s'il contenait de la strychnine ou une autre saleté ? Car on ne meurt pas seulement d'une overdose, mais aussi d'une dose de came trop pure ou trop dégueulasse.

Bref, c'est de nouveau la merde complète. Les choses se passent bien comme Atze les décrivait dans sa lettre. Ma mère aussi, j'ai fini par la démolir. Je recommence à rentrer quand bon me chante. Et ma mère m'attend. Après, elle avale quelques Valium pour pouvoir dormir un peu. Je crois qu'elle ne tient plus qu'à force de bouffer du Valium.

Je suis de plus en plus convaincue que je finirai comme Atze. De temps en temps apparaît une petite lueur d'espoir, et je m'y agrippe. J'ai un prof que j'aime bien, M. Mücke. Il nous a fait jouer — comme au théâtre — les situations qu'un jeune rencontre dans la vie. Par exemple un entretien d'embauche. L'un de nous est le chef, un autre le demandeur d'emploi. Moi, je ne me laisse pas intimider par le chef, j'ai vite fait de lui renvoyer la balle, et le garçon qui tenait son rôle se trouve tout penaud. Du coup je me dis : « Peut-être que tu sauras aussi t'en sortir dans la vie. »

M. Mücke nous a également emmenés au Centre d'orientation professionnelle. On s'est d'abord arrêtés en route pour assister à un défilé des troupes alliées. Les garçons étaient drôlement intéressés, passionnés par les chars, la technique et tout ça. Moi ça me débecte, ça fait un vacarme épouvantable et ça ne sert qu'à tuer des gens.

Mais le Centre d'orientation professionnelle, ça m'a bien plu. J'ai lu tout ce que j'ai pu trouver concernant les métiers où on s'occupe des animaux. Et j'y suis retournée le lendemain après-midi avec Detlev demander des photocopies de tout ce qu'ils avaient à ce sujet. Detlev aussi avait trouvé plusieurs métiers susceptibles de l'intéresser ; il est comme moi, il aimerait bien travailler avec des animaux, et même dans l'agriculture. On s'est mis à planer avec ça, tant et si bien qu'on a presque oublié qu'il nous fallait du fric pour acheter notre prochaine dose. Un peu plus tard, quand on s'est retrouvés au métro Zoo en train d'attendre le client, tout ça est redevenu complètement irréel, et pourtant j'ai toujours la documentation du Centre d'orientation professionnelle dans mon sac. Mais, si ça continue comme ça, je n'aurai même pas mon brevet.

Le lendemain matin, j'achète un numéro de *Playboy* en prenant le métro pour aller en classe. Je l'achète pour Detlev, qui aime beaucoup ce magazine, mais je le lis aussi. Je ne sais pas très bien pourquoi *Playboy* nous intéresse tant — à vrai dire ça me paraît aujourd'hui incompréhensible. Mais, à l'époque, *Playboy* nous semble l'image d'un monde propre. Du sexe propre. Des belles filles, sans problèmes. Pas de pédés, pas de michetons. Les mecs fument la pipe, conduisent des voitures de sport, sont bourrés de fric. Et les filles couchent avec eux parce que ça leur fait plaisir. Detlev m'a dit une fois que tout ça c'est des histoires, des conneries, mais ça ne l'empêche pas de lire *Playboy*.

Ce matin-là, dans le métro, j'y lis une histoire qui me plaît bien. Je ne comprends pas tout, car je suis en pleine défonce — je viens de me faire ma piqûre du matin —mais j'aime beaucoup l'ambiance. Ça se passe quelque part, loin, là où le ciel est bleu et le soleil brûlant. Quand j'arrive au passage où la jolie fille attend impatiemment le moment où son petit ami rentre du bureau, je fonds en larmes. Je pleure tout le reste du trajet.

En classe, je n'arrête pas de rêver. Je voudrais partir loin, loin, avec Detlev. L'après-midi, quand on se retrouve à la station Zoo, je lui en parle. Il me dit qu'il a un oncle et une tante au Canada. Ils habitent au bord d'un lac immense, avec rien que des bois et des champs tout alentour, et ils accepteront sûrement de nous héberger. Mais, dit-il, il vaut mieux que je finisse mes études avant de partir. Lui il partira le premier, il cherchera du travail — au Canada, ça ne pose pas de problème — et, quand je le rejoindrai, on vivra dans une jolie maison en bois. S'il ne peut pas l'acheter, il la louera.

Je lui réponds que j'ai bien l'intention, en effet, de terminer mes études. D'ailleurs ça marche beaucoup mieux en classe. Et, dorénavant, plus question d'y faire le pitre, je vais me concentrer sur mon travail et j'aurai un bon livret scolaire.

Detlev s'en va avec un client, je reste là. Tout à coup, deux types surgissent derrière moi : « Que fais-tu ici ? » Je pige immédiatement : des flics en civil. Je n'ai encore jamais été pincée et je n'ai pas peur des flics : jusqu'à présent ils m'ont laissée en paix. Il y a plusieurs mois que je fais le tapin au métro Zoo, comme d'autres filles de mon âge, et les flics y patrouillent tous les jours. Mais ils s'intéressent seulement aux métèques qui rapportent une bouteille de schnaps ou une cartouche de cigarettes de Berlin-Est. Ceux-là, ils leur font vraiment la chasse.

Très cool je réponds : « J'attends mon ami. »

L'un des deux flics en civil : « Tu fais le trottoir ? »

Moi : « Non, en voilà une idée ! Est-ce que j'ai l'air d'une fille à ça ? »

Ils me demandent mon âge : « Quatorze ans. » Ensuite ils veulent voir ma carte d'identité. On ne vous en délivre une qu'à seize ans, je leur fait remarquer.

Celui qui paraît le chef m'ordonne de lui remettre mon sac en plastique. La première chose qu'il en sort, c'est la cuillère. Il me demande pour quoi c'est faire.

Moi : « Pour manger mon yaourt. »

Mais après il trouve la seringue et le reste, et ils m'emmènent au poste. Je n'ai pas peur. Je sais bien qu'ils ne peuvent pas mettre en taule une gamine de quatorze ans. Mais quels salauds, ces flics en civil !

Ils m'enferment dans une cellule, juste à côté du bureau du flic en chef. Je n'essaie même pas de faire disparaître la came dissimulée dans la petite poche de mon jean. Jeter de la came est au-dessus de mes forces. Une femme agent de police arrive, me fait déshabiller — complètement, slip et soutien compris —, m'examine de partout, et finalement découvre la dose d'héro dans le jean.

Un flic tape un rapport détaillé, range le double dans un gros classeur. Ça y est, me voilà fichée comme toxico. Au fond, les flics sont assez gentils avec moi, mais ils rabâchent tous la même chose : « Enfin, ma petite, qu'est-ce qui te prend ? Tu n'as que quatorze ans. Une fille si jeune, si mignonne, et déjà à moitié crevée... »

Il faut que je leur donne le numéro de téléphone du bureau de ma mère. Ils la préviennent.

Ma mère arrive à cinq heures et demie en sortant de son travail. Elle est complètement stressée. Et la voilà qui engage la conversation avec les flics — qui de toute façon ne lui servent que des phrases toutes faites. « Ah, les enfants ! dit-elle. Je ne sais plus quoi faire. J'ai essayé de l'aider à se sevrer, mais elle ne veut pas arrêter. »

Ça c'est le bouquet ! Elle ne veut pas arrêter ! Elle est totalement à côté de la plaque, ma mère. Elle n'a rien compris, ni à moi ni à l'héroïne. Bien sûr que je veux arrêter. Mais comment? Ça, je voudrais bien qu'elle me l'explique.

Une fois dehors, elle se met à me harceler de questions. « Où es-tu encore allée traîner? — Au métro Zoo. — Tu ne dois pas y aller, tu le sais bien. — J'attendais Detlev. Peut-être que j'en ai encore le droit ? »

Elle déclare : « Il ne faut plus revoir ce vaurien, cet asocial qui ne veut pas travailler. » Et puis elle y va d'une nouvelle question : « Est-ce que tu fais le trottoir ? »

Je l'engueule comme du poisson pourri : « Tu es folle ? Répète, pour voir. Peux-tu m'expliquer ce qui te fait dire une chose pareille ? Tu me prends pour une pute ou quoi ? »

Elle n'insiste pas. Mais, maintenant, ma liberté me paraît bien compromise. Et l'air froid de ma mère m'impressionne. J'ai peur qu'elle me laisse tomber, elle aussi, qu'elle ne veuille plus m'aider. Mais en quoi est-ce qu'elle m'aide, au fond, avec ses sermons : « Ne va plus au métro Zoo », « Cesse de voir ce vaurien de Detlev ».

Elle m'emmène à la maison. Je n'ai plus de came pour demain matin. Elle vient me tirer du lit à l'aube, me dévisage : « Tu en as des yeux, ma petite fille ! Totalement sans expression. On dirait que tu es toute angoisse et désespoir. »

Dès que ma mère est partie au bureau, je vais me regarder dans la glace. Pour la première fois, je vois mon visage en crise de manque. Mes yeux ne sont plus que pupilles. Tout noirs et mornes. Effectivement sans aucune expression. J'ai chaud, je vais m'asperger le visage. J'ai froid, je me plonge dans un bain brûlant, je n'ose plus en sortir car il fait trop froid dehors, je rajoute sans arrêt de l'eau chaude. Il faut que j'arrive à passer le temps jusqu'à midi. Le matin il n'y a rien au métro Zoo, impossible de trouver un client, ou quelqu'un pour vous refiler un shoot. Personne n'a de came le matin. De toute façon, il est de plus en plus rare que quelqu'un vous en refile. Axel et Bernd font des tas d'histoires : ils ont de plus en plus de mal à s'en procurer assez pour leurs propres besoins. Même Detlev est devenu très radin. Quant aux autres, ils la jetteraient au caniveau plutôt que de vous en donner.

La crise de manque me fait de plus en plus souffrir. Je me force à sortir de la baignoire pour fouiller l'appartement à la recherche d'un peu de fric. La salle de séjour est fermée à clé : un coup de Klaus, l'ami de ma mère, qui prétend que je lui abîme ses disques. Mais j'ai appris, il y a belle lurette, à faire jouer la serrure en me servant tout simplement d'un cintre. Pas un sou dans cette fichue salle de séjour. Je me rappelle tout à coup que ma mère collectionne les pièces de cinq marks neuves, elle les empile dans une boîte de bière rangée au-dessus du buffet de cuisine.

La boîte pèse lourd dans ma main. Je tremble. Parce que je suis en crise de manque et aussi, peut-être, à l'idée de voler ma mère. C'est la première fois que ça m'arrive, ça m'a toujours paru abominable. Mais me voilà au même point que les autres toxicos. Bernd par exemple, l'ami de Detlev, a quasiment vidé l'appartement de ses parents — la télé, la cafetière électrique, le couteau électrique. Tout ce qui est vendable, il l'a bradé pour s'acheter de la came. Moi, jusqu'à présent, j'avais seulement liquidé mes bijoux et mes disques.

Les pièces de cinq marks roulent de la boîte. Le quart de gramme d'H vient de baisser : il est passé de quarante à trente-cinq marks. Je calcule : il me faut sept pièces, et comme je prends en principe quarante marks par client il va m'en rester cinq, je pourrai remettre chaque jour une pièce dans la boîte. En une semaine, j'aurai tout rendu et, avec un peu de chance, ma mère ne s'apercevra de rien. Je file donc, munie de mes sept pièces de cinq, au resto de l'Université technique de Berlin — c'est là qu'on peut trouver de la came le matin.

Comme ma mère inspecte mes bras tous les soirs, je me pique maintenant dans la main. Toujours au même endroit. Ça fait une croûte, mais j'ai raconté à ma mère que c'est une blessure qui ne veut pas guérir. Elle finit tout de même par voir une marque toute fraîche. Je reconnais les faits : « Mais juste un seul shoot, tout à l'heure. Je m'en fais juste un de temps en temps, très rarement, ça ne peut pas me faire de mal. »

Ma mère me flanque une vraie dérouillée. Je ne me défends pas. D'ailleurs ça m'est égal. De toute façon, elle me traite comme un tas de merde, ne perd pas une occasion de me faire la morale. Elle a trouvé, instinctivement, la bonne technique. Car c'est seulement quand un fixer est dans la merde jusqu'au cou, à ne plus savoir comment s'en dépêtrer, qu'il est prêt à vouloir sérieusement changer la situation. Alors, ou bien il se tue, ou bien il met à profit les minces chances de s'en sortir, de se désintoxiquer, qui lui restent. Évidemment, à l'époque, j'étais loin de l'avoir compris.

Ma mère a trouvé un autre espoir auquel se raccrocher. Elle va m'envoyer passer un mois de vacances, peut-être davantage, chez ma grand-mère et mes cousins. A la campagne, dans le Hesse. Je suis partagée entre la joie et l'angoisse : comment vais-je supporter la séparation avec Detlev et le sevrage ? Mais je ne fais plus que ce que l'on me fait faire. J'obtiens cependant de passer la dernière nuit avec Detlev.

Cette dernière nuit à Berlin me réconforte un peu. Après avoir fait l'amour, je dis à Detlev : « On a toujours tout fait ensemble, nous deux. Je voudrais profiter de ces quatre semaines pour me désintoxiquer pour de bon. C'est une occasion qui ne se reproduira plus. Et je voudrais que tu en fasses autant. Quand je reviendrai, on sera clean tous les deux et on commencera une nouvelle vie. »

Detlev est d'accord. De toute façon, dit-il, il a pris la même résolution, il allait m'en parler. Il sait déjà comment se procurer du Valeron. Demain ou après-demain, il arrête de faire le trottoir et se met à chercher du boulot.

Le lendemain, je m'envoie un shoot super avant de partir vers ma nouvelle vie chez grand-mère. En arrivant, je ne suis pas encore en crise de manque, enfin pas vraiment. Mais je me sens un corps étranger dans l'idyllique cuisine de ferme. Tout m'exaspère, mon petit cousin qui veut grimper sur mes genoux, les w.-c. rustiques que j'ai trouvés si romantiques à mon dernier séjour...

Le lendemain matin, je suis en plein syndrome de sevrage. Je me glisse hors de la maison, je file me réfugier dans la forêt. Le chant des oiseaux me tape sur les nerfs, la vue d'un lapin me terrorise. Je grimpe sur un perchoir d'observation pour fumer une cigarette. Je n'arrive pas à la finir. Si je pouvais mourir sur place ! Au bout d'un certain temps, je réussis à me traîner jusqu'à la maison, je me remets au lit. Je raconte à ma grand-mère que j'ai la grippe. Elle me plaint, mais ne s'inquiète pas vraiment de me voir dans un état si lamentable.

Au-dessus de mon lit il y a un poster : une main de squelette barrée d'une seringue. En dessous, la phrase : « Voilà comment ça finit. Ça a commencé par une simple curiosité. » Ma cousine assure qu'on lui a donné ce poster à l'école. J'ignorais que ma mère avait mis grand-mère au courant. Je regarde la seringue, je ne vois qu'elle — ni l'inscription ni la main. Je l'imagine pleine de came extra. La seringue se détache du papier, s'avance à ma rencontre. Je passe des heures à fixer cette saleté de poster, j'en deviens presque dingue.

Ma cousine vient me voir à plusieurs reprises. Elle fait semblant de ne pas s'apercevoir de mon état. Elle veut me faire écouter des airs à la mode, elle doit croire que ça me distraira. A la réflexion, c'est touchant de voir la famille s'occuper de moi comme ça.

Cette première journée de sevrage est interminable. Je m'assoupis. Je rêve d'un type que j'ai vu à Berlin. A force de se fixer, tout son corps est à vif. Il pourrit sur pied. Ses pieds sont tout noirs, presque paralysés, c'est à peine s'il peut encore marcher. Il pue tellement qu'on ne peut pas s'en approcher à moins de deux mètres. Quand on lui dit d'aller se faire soigner à l'hôpital, il sourit et on dirait une tête de mort. En fait, il attend de mourir. Ce type-là m'obsède, j'ai sans cesse son image devant les yeux, sauf quand je suis obnubilée par la seringue ou à moitié évanouie de douleur. Tout recommence comme la première fois : je transpire, je pue et je dégueule.

Le lendemain matin, je n'y tiens plus. Je me traîne jusqu'à la cabine téléphonique du village, j'appelle ma mère. En pleurant toutes les larmes de mon corps, je la supplie de me laisser rentrer à Berlin.

Ma mère se montre très froide : « Ah, ça ne va pas ? Mais puisque tu n'as pris qu'un peu de drogue de temps en temps, ça ne doit pas être bien grave. »

Je capitule. Mais qu'elle veuille bien au moins m'envoyer des somnifères, par exprès. Je sais qu'on peut trouver de l'héro à la petite ville voisine — je l'avais appris à mon précédent séjour —, mais je n'ai pas la force d'y aller. En plus je n'y connais personne. Hors de son environnement familier, un fixer est totalement isolé et désemparé.

Mon cold turkey ne dure heureusement que quatre jours. Après, je me sens complètement vidée, incapable même d'apprécier la sensation physique d'être délivrée du poison. Berlin me dégoûte, mais au village je ne me sens pas non plus chez moi. J'ai l'impression de n'avoir plus ma place nulle part. J'essaie de ne pas y penser.

Pour planer un peu, je n'ai que les somnifères — ma

mère les a envoyés bien trop tard pour qu'ils servent pendant le sevrage — et du cidre (grand-mère en a plein sa cave). Je me lance dans la grande bouffe — un trip comme un autre. J'engloutis quatre ou cinq petits pains au petit déjeuner, et dans l'après-midi, une bonne douzaine de tranches de Knäckebrot avec de la confiture. La nuit — comme de toute façon je ne m'endors jamais avant deux ou trois heures du matin — je m'attaque au stock de fruits au sirop : prunes, pêches, fraises. Avec de la crème Chantilly par-dessus.

A ce régime, j'ai vite fait de prendre dix kilos. La famille est tout heureuse de voir mon ventre déborder de la ceinture de mes pantalons et mes fesses s'arrondir. Mes bras et mes jambes, eux, restent obstinément aussi grêles qu'avant. Tout ça, je m'en fiche. Je suis devenue boulimique. Je n'entre bientôt plus dans mes jeans. Ma cousine me prête ces stupides pantalons à carreaux que je ne veux plus porter à Berlin depuis l'âge de onze ans. Ça aussi, ça m'est égal. Je m'intègre, petit à petit, à la communauté enfantine du village. Mais ça me paraît assez irréel : c'est un trip, un beau film ; mais le mot « fin » est pour bientôt.

Je ne parle jamais de drogue, et d'ailleurs j'ai cessé d'y penser. Je ne veux pas gâcher le beau film. Pourtant, juste après mon sevrage, j'ai écrit à Detlev en lui demandant de m'envoyer de l'H. J'ai même glissé vingt marks dans l'enveloppe. Moi, j'ai fait une chose pareille, après avoir dit à Detlev de décrocher ! A vrai dire je n'ai pas expédié la lettre, car j'ai pensé que Detlev ne m'enverrait pas d'héro et garderait les vingt marks pour se piquer.

Je fais du cheval presque tous les jours et je visite, en compagnie de ma cousine, les vieux châteaux des environs. Nous allons aussi, avec les autres enfants, nous amuser dans la carrière qui a autrefois appartenu à mon grand-père. Cette carrière, il l'a bue, avant de crever d'alcoolisme. Ma mère n'a pas eu une enfance facile.

Selon ma grand mère, il y aurait quelque part dans cette carrière une porte en fer derrière laquelle sont entassés nos papiers de famille, vieux de plusieurs générations. Cette porte, nous la cherchons presque tous les soirs. Les ouvriers oublient quelquefois de retirer la clé du bulldozer, alors on se balade avec dans la carrière. Ma cousine a le même âge que moi, et on recommence à bien s'entendre toutes les deux. Je lui parle de Detlev, comme une ado normale parle de son amoureux. Je lui confie que je couche avec Detlev, elle m'approuve pleinement.

Elle me raconte qu'un garçon de Düsseldorf vient chaque été camper dans les environs. Ce garçon, il lui plaît bien, mais il a voulu faire des choses avec elle, et elle, elle n'a pas cédé. S'est-elle conduite comme une idiote ?

Je dis non, elle a eu tout à fait raison, mieux vaut se garder pour celui qu'elle aimera vraiment. Ma cousine et tous ses amis viennent m'exposer leurs problèmes. Je suis devenue Christiane-Conseil : je leur donne des lignes de conduite, je leur dis surtout de ne pas tout prendre au tragique. Leurs problèmes me paraissent assez ridicules, mais je sais écouter et j'ai toujours un conseil à donner. Je suis formidable quand il s'agit des problèmes des autres. Il n'y a que les miens dont je ne viens pas à bout.

Un soir, coup de fil de Detlev. Je suis folle de joie. Il m'explique qu'il téléphone de chez un client, un type drôlement généreux, alors on peut causer un bon moment. Je lui raconte mon sevrage, comment j'ai failli en devenir dingue. Et lui ? Lui, il n'a pas encore décroché, tout ça c'est de la merde. Je lui dis que je suis contente de le revoir bientôt. Il avait promis de m'écrire, est-ce qu'il va le faire ? Detlev n'en a pas envie, mais il me retéléphonera la prochaine fois qu'il sera chez ce client.

Après cette conversation, je suis de nouveau convaincue que, Detlev et moi, c'est comme si on était mariés. Nous sommes unis pour le meilleur et pour le pire. Le soir, dans mon lit, je passe désormais de longues minutes à penser à lui. Rien qu'à lui. C'est comme une prière. Et je compte les jours jusqu'à nos retrouvailles.

Grand-mère me donne régulièrement de l'argent de poche. Je fais des économies terribles. Je ne sais pas très bien pourquoi, les économies, ça n'a jamais été mon fort. Mais je réalise quand j'arrive à la somme de quarante marks. J'en suis très fière et je les cache, mes quarante marks — quarante, pour moi, est un chiffre magique. C'est le prix d'un shoot. C'est aussi celui que je demande à mes clients.

Je me dis : « Ce n'est pas possible ! Tu n'es pas en train de mettre de l'argent de côté pour ton premier shoot ! » Je cours m'acheter un T-shirt à vingt marks, rien que pour échapper au maléfique quarante. Après tout, si je suis venue ici, c'est pour décrocher définitivement.

Le mois de vacances s'est écoulé. Ma mère téléphone : « Est-ce que tu veux rester encore un peu ? » Impulsivement, je réponds : « Non. » Si elle m'avait demandé : « Veux-tu rester toute la vie ? », j'aurais sans doute réfléchi à la question. Dès le début, j'avais considéré toute cette histoire comme un trip qui commençait dans l'horreur et se terminait tout en beauté et en douceur. Mais ça ne pouvait durer qu'un mois, je le savais bien, j'y étais préparée. Maintenant je voulais retourner auprès de Detlev, parce que nous deux c'est comme si on était mariés.

Le jour de mon départ, Mémé et ma cousine essaient en vain de me persuader de garder les fameux pantalons à carreaux, qui sont maintenant juste à ma taille. Je me tortille pour entrer dans mon jean, les coutures craquent, impossible de fermer la fermeture à glissière. Tant pis, je rentrerai à Berlin la braguette ouverte. J'enfile mon long veston noir — un veston d'homme —, mes bottes à hauts talons. Ça y est, j'ai remis mon uniforme de toxico.

Dès le lendemain de mon retour à Berlin, je me pointe au métro Zoo. Detlev et Bernd sont là. Pas Axel. Il doit être avec un micheton.

Les deux garçons me font un accueil grandiose. Ils sont vraiment heureux de me revoir. Surtout Detlev, évidemment. Je lui demande : « Ça se passe bien, le sevrage ? Tu as trouvé un bon job ? » Nous éclatons de rire tous les trois.

Et puis je leur pose la question : « Où est Axel ? »

Ils me regardent d'un air bizarre. Au bout d'un moment, Detlev murmure : « Tu ne sais pas qu'Axel est mort ? »

Quel choc, ça me coupe la respiration. Je leur dis : « Oh, c'est des blagues ! » Mais je sais bien que c'est vrai.

Maintenant Axel. Axel qui, chaque semaine, dans son taudis de toxico, me préparait un lit avec des draps tout propres. Axel, à qui j'apportais toujours du thon en boîte — un truc complètement idiot — et qui m'achetait des yaourts Danone. Le seul à qui je pouvais me confier quand je m'étais engueulée avec Detlev. Mon seul refuge quand j'avais envie de chialer. Car lui, au moins, il n'était jamais agressif ni blessant, du moins avec les copains de la bande.

« Comment est-ce arrivé ? »

Detlev m'explique : « Ils l'ont trouvé dans un W.-C. public, l'aiguille était encore plantée dans son bras. » Les deux garçons évoquent la mort d'Axel comme si c'était de l'histoire ancienne. On dirait qu'ils n'ont pas envie d'en parler.

Je n'arrête pas de penser à ces boîtes de thon à la con. Je me dis que je n'en achèterai plus jamais. Tout à coup je pense à Detlev : où peut-il bien coucher maintenant ? « La mère d'Axel a déjà vendu l'appartement, m'apprend Detlev. J'habite chez un client. »

Moi : « Oh, merde ! » Ça me bouleverse presque autant que la mort d'Axel. Pendant un moment, je me dis que j'ai perdu Detlev, définitivement.

Il poursuit : « C'est un type bien. Il est encore jeune, dans les vingt-cinq ans, et il n'a pas de brioche. Je lui ai parlé de toi. Tu pourras venir dormir chez lui. »

J'accompagne Detlev qui veut acheter de la came. On rencontre des copains, et je répète tout le temps :

« C'est dégueulasse, ce qui est arrivé à Axel. » Mais les autres n'embraient pas. Alors je me contente de me le redire trois ou quatre fois à moi-même : « C'est dégueulasse, ce qui est arrivé à Axel. »

On va ensuite dans des toilettes publiques. Detlev a envie de se piquer tout de suite. Je l'accompagne pour l'assister. J'attends qu'il m'offre un peu de came. Peut-être pour pouvoir lui dire « non », pour lui montrer comme je suis forte. Mais il ne m'en offre pas. Je suis encore malade de l'histoire d'Axel. Quand je vois Detlev préparer son shoot, ça me fait terriblement envie. Un tout petit shoot, ça ne peut pas me faire de mal, et ça m'aidera à ne plus penser à Axel et à Detlev-qui-dort-chez-un-client.

« Déjà ? me dit Detlev. Je croyais que tu avais arrêté.

— Mais oui mon vieux, je décroche. Tu es bien placé pour savoir comme c'est facile. Tu l'as fait, pas vrai, pendant que j'étais à la campagne ? Je t'assure, mon pote, après tout ce que je viens d'apprendre, j'ai drôlement besoin d'un peu de came. »

Detlev : « Ce n'est pas si difficile de décrocher. Je peux le faire quand je veux. Mais ça ne me disait rien. Seulement, toi, ne recommence pas. »

Tout en causant il se fait son shoot. Il m'en a laissé une petite partie dans la seringue. Ça suffit pour me défoncer un peu — il y a si longtemps que je n'ai rien pris — et me faire presque oublier Axel.

Je replonge beaucoup plus vite que la première fois. Ma mère ne se doute de rien. Elle est contente de me voir si grassouillette. De fait, je vais garder un bon bout de temps mes kilos superflus.

Je vais souvent chez Rolf, le fameux client de Detlev. Il le faut bien, nous n'avons aucun autre endroit où nous retrouver dans le même lit. Rolf me déplaît dès la première minute. Il en pince pour Detlev, et bien sûr il est jaloux de moi. Il est ravi quand je me dispute avec Detlev, et se range toujours de son côté. Ça me met dans une rage noire. Detlev se conduit avec ce Rolf en seigneur et maître, il l'envoie faire les courses, lui commande de faire la cuisine et la vaisselle. Ça me met en rogne. J'aimerais bien, moi, faire les courses et la cuisine pour Detlev.

J'explique à Detlev que ça n'est pas possible de continuer comme ça. Mais, il me répond, il n'a pas d'autre endroit où aller. Rolf est dans l'ensemble un type bien, moins énervant de toute façon que tous ses autres clients.

Detlev fait de Rolf ce qu'il veut, lui en fait voir de toutes les couleurs, crie : « Tu as de la chance que je veuille bien habiter chez toi ! » Il ne va le rejoindre au plumard que s'il a absolument besoin d'argent. Nous dormons, Detlev et moi, dans la même chambre que Rolf. Quand on fait l'amour, Rolf regarde la télé ou bien, tout simplement, nous tourne le dos. Il est tout ce qu'il y a de plus pédé et ne supporte pas de voir Detlev coucher avec moi. On est déjà bien bas, tous les trois.

Et si Detlev finissait par devenir pédé, lui aussi ? Cette idée m'obsède. Une nuit, je crois bien que ça y est. Comme il n'a plus un sou, il est allé rejoindre Rolf.

Moi je suis dans l'autre lit. Detlev a éteint la lumière, comme il le fait toujours en ces cas-là. Je trouve que ça dure longtemps, je crois même avoir entendu Detlev soupirer. Je me lève et allume une bougie. Ils sont fourrés sous la couverture, en train de se peloter me semble-t-il. Ça, c'est une entorse à mes accords avec Detlev : il ne doit pas se laisser peloter. Je suis furieuse. Je voudrais dire à Detlev de venir me retrouver, mais j'en suis incapable. Je leur lance : « Ça doit être le pied. »

Detlev ne répond pas, Rolf, fou de rage, éteint la bougie. Detlev passe la nuit entière avec Rolf. Moi, je pleure à en tremper mon oreiller, mais en silence, je ne veux pas que les deux autres se rendent compte de mon chagrin. Le lendemain matin je suis si triste, si amère, que j'envisage sérieusement de quitter Detlev. La drogue mine de plus en plus notre amour.

Je comprends, en tout cas, que tant qu'on prendra de l'héroïne je n'aurai pas Detlev pour moi toute seule. Il me faudra le partager avec ses clients, tout particulièrement avec Rolf. De mon côté c'est tout différent : j'ai recommencé à faire le tapin tous les jours — impossible de faire autrement — et, comme je suis presque toujours pressée, je ne peux plus me montrer aussi difficile qu'avant dans le choix de mes clients, ni leur dicter mes conditions.

Je ne veux pas aller tout le temps chez ce Rolf. J'ai donc renoué avec les autres de la bande, surtout Babsi et Stella. Mais nous ne nous entendons plus aussi bien. Chacune veut parler d'elle-même, pendant des heures, sans se donner la peine, ne serait-ce que deux minutes, d'écouter l'autre. Babsi, par exemple, pérore inlassablement sur la signification d'un trait d'union sur une plaque de rue, alors que Stella et moi brûlons de raconter comment on s'est fait rouler par un revendeur qui nous a filé de la farine au lieu d'héroïne. A force de lui crier « La ferme ! », Stella et moi réussissons à faire taire Babsi. Mais ensuite, comme on veut parler toutes les deux en même temps, que chacune veut raconter l'histoire à sa façon, on se dispute à notre tour. La plupart de nos tentatives de conversation se terminent ainsi, très vite, par des « la ferme ! » Chacun de nous a terriblement besoin que quelqu'un l'écoute. Mais c'est précisément ce que nous ne trouvons plus dans la bande. Avant on se comprenait. Maintenant c'est fini. La seule façon de se faire entendre c'est de raconter ses aventures avec des flics ; on est tous d'accord contre eux, ces salauds. Et moi, en la matière, j'ai plus d'expérience que les autres : en ce début de l'été 1977, j'en suis à ma troisième arrestation.

Ça s'est passé au métro Kurfürstendamm. Detlev et moi on revient de chez un client. Très contents. On a eu cent cinquante marks pour pas grand-chose, juste une petite exhibition. On a déjà notre sachet de came dans la poche et il nous reste plein de fric. Je remarque l'afflux de flics en civil sur le quai du métro. Une rafle. Une rame entre en gare. Paniquée, je pique un sprint — Detlev, ahuri, sur mes talons — et m'engouffre dans un wagon. Mais je bouscule un vieux bonhomme qui s'écrie : « Dis donc, espèce de salope de droguée ! » C'est ça qu'il dit. Les journaux ont tellement parlé de ce qui se passe au métro Kurfürstendamm que tout le monde est au courant.

Deux flics en civil entrent derrière nous. Évidemment, notre comportement a attiré l'attention. Mais ils nous auraient repérés même sans ça : des gens se sont précipités sur nous, se sont accrochés à nos fringues en criant comme des hystériques : « Messieurs les agents, ils sont là » — ils ont vite pigé qu'il y a une rafle. J'ai l'impression d'être un hors-la-loi dans un western : je vais me retrouver pendue au premier arbre venu.

Je me serre contre Detlev. Un des flics nous dit : « Pas la peine de jouer à Roméo et Juliette. Allez, allez. »

Ils nous embarquent dans un minibus et nous amènent au poste. Les flics se montrent très désagréables avec moi, mais ne me posent plus de questions. Ils se contentent de me dire que c'est la troisième fois qu'ils m'attrapent, que j'ai déjà un dossier. Ils ne se donnent même plus la peine d'avertir ma mère. Ils m'ont rangée dans la catégorie des cas désespérés : ils vont grossir mon dossier de deux ou trois rapports, en attendant le jour de mettre une croix à côté de mon nom.

On nous relâche au bout d'une petite heure. Comme ils nous ont pris la came, il faut qu'on retourne en acheter. Heureusement, nous avons encore assez d'argent.

Les flics en civil du métro Zoo ont fini par me connaître et ils me laissent à peu près tranquille. Il y en a même un assez gentil, un jeune, avec un accent d'Allemagne du Sud. Un jour, il rapplique à pas de loup derrière mon dos et me met brusquement son insigne sous les yeux. Quel choc ! Mais il éclate de rire, me demande si je fais le trottoir. Je lui fais ma réponse habituelle : « Non, est-ce que j'en ai l'air ? »

Il n'est pas dupe. Mais il ne fait même pas mine de jeter un coup d'œil dans mon sac en plastique. Il me dit simplement : « Ne traîne pas trop par ici ces prochains jours. Sinon, je serai obligé de t'embarquer. » Peut-être n'est-ce pas de la gentillesse, mais seulement de la flemme : il n'a peut-être pas envie de m'emmener jusqu'au poste, et les types au poste n'ont pas forcément envie d'écrire trente-six fois le même rapport sur une demi-morte de quatorze ans.

Après notre arrestation au métro Kurfürstendamm, Detlev et moi allons nous approvisionner chez un revendeur nouveau pour nous — notre fournisseur habituel est introuvable. Nous filons nous shooter dans les toilettes du Winterfeldplatz. Elles sont dans un état lamentable, aucun robinet ne fonctionne.

Je nettoie ma seringue avec la flotte de la chasse d'eau, dans la cuvette du cabinet dégueulasse. Ça m'arrive souvent, quand il y a trop de monde pour pouvoir la rincer au lavabo.

Le truc du revendeur inconnu m'assomme. Je m'écroule, tombe de tout mon long sur le carrelage sale. Je me relève aussitôt, mais je reste un bon moment en plein brouillard.

Pour la première fois depuis longtemps, on va faire un tour au Sound. Detlev se trémousse sur la piste de danse, moi je m'installe à côté du distributeur de jus d'orange. Il a un trou sur le dessus. Je m'appuie à l'appareil, plonge deux pailles accolées dans le trou et me gorge de jus d'orange, à l'œil, jusqu'à en avoir envie de vomir. Je vais aux toilettes.

A mon retour, un des gérants me tombe dessus, me traite de sale camée, et m'ordonne de le suivre. J'ai très peur. Il m'attrape par le bras, m'entraîne, et ouvre une porte qui donne sur la pièce où on entrepose les caisses de boissons. Il y a aussi un tabouret de bar.

Je connais la suite. On m'a raconté l'histoire. Les toxicos et autres indésirables, ils les déshabillent et les attachent au tabouret de bar. Après quoi ils tapent dessus, des fois à coups de fouet. J'ai entendu parler de types qui, après un tel passage dans l'entrepôt du Sound, en ont eu pour des semaines d'hôpital, quelques-uns avec une fracture du crâne. Les malheureux avaient une telle trouille qu'ils n'osaient même pas porter plainte. Ces mecs de la gérance font ça par sadisme, mais aussi pour éloigner les fixers de leur boutique, parce que la police les menace tout le temps de fermer le Sound. Évidemment, les droguées qui couchent avec eux, ils les laissent tranquilles. Ce Sound est une boîte ignoble. Si les parents savaient ce qui se passe dans « la discothèque la plus moderne d'Europe » ! On y incite les jeunes à se droguer, des adolescentes tombent entre les mains de proxénètes sans que la direction lève le petit doigt.

A la vue de ce sinistre entrepôt, la panique me prend. Je rassemble mes forces, m'arrache aux mains du type et fonce vers la sortie. J'ai atteint la rue avant qu'il ne me rattrape. Il me balance contre une voiture. Je ne sens pas le choc. Je pense à Detlev. J'ai très peur pour lui. Ils savent qu'on est venus ensemble, et je n'ai pas revu Detlev depuis qu'il s'est lancé, complètement défoncé, sur la piste de danse.

Je cours à une cabine téléphonique, j'appelle la police. J'explique que mon ami est en train de se faire tabasser au Sound. Les flics ont l'air ravis de la nouvelle. Ils vont enfin pouvoir fermer le Sound. Ils sont là quelques minutes plus tard, un plein car. Ils passent la boîte au peigne fin, mais pas de Detlev. J'ai une idée : je téléphone à Rolf. Detlev est déjà couché.

Les flics m'avisent de ne pas recommencer ce genre de plaisanterie. Je rentre à la maison, persuadée que la drogue est en train de me rendre folle.

A la suite de mes diverses arrestations — ce sera leur seule conséquence — je suis convoquée à la Brigade criminelle. Gothaerstrasse, bureau 314. Je n'ai pas oublié le numéro, j'y suis retournée si souvent...

En sortant de l'école, je passe à la maison. Je veux me faire un bon shoot avant d'aller chez les flics : si je suis défoncée, ils ne m'impressionneront pas. Mais je n'ai plus de citron, et la came n'a pas l'air très propre. A cette époque, d'ailleurs, elle est de plus en plus frelatée : elle passe de main en main, grossiste, intermédiaire, petit revendeur, et chacun y rajoute quelque chose, histoire d'augmenter son bénéfice.

Comment dissoudre cette saleté de came ? Je prends du vinaigre, tout simplement. Ça contient de l'acide, n'est-ce pas ? Je le verse directement de la bouteille sur la poudre dans la cuillère. J'en mets beaucoup trop. Mais comme je ne veux pas jeter une dose d'H, je m'injecte la solution.

L'effet est foudroyant. Je ne me réveille qu'une

bonne heure plus tard, l'aiguille toujours fichée dans mon bras. J'ai atrocement mal à la tête. Impossible de me lever. Ça y est, je vais mourir. Je chiale, allongée par terre. J'ai peur. Je ne veux pas mourir comme ça, toute seule. Je me traîne à quatre pattes jusqu'au téléphone. Je mets au moins dix minutes à faire le numéro du bureau de maman. Je ne peux rien lui dire d'autre que : « Viens, maman, je t'en prie, je vais mourir. »

Ma mère arrive. J'ai réussi à me lever. J'ai toujours l'impression que ma tête va éclater, mais je serre les dents. Je dis à ma mère : « C'est encore ma circulation. »

Elle a bien compris que je me suis piquée. Son visage exprime un désespoir terrible. Elle ne dit rien, elle me regarde. Je ne supporte pas ces yeux tristes, désespérés. Ça me taraude la tête.

Au bout d'un moment, elle me demande si j'ai envie de quelque chose. « Oui, de fraises. » Elle sort, m'en rapporte un plein panier.

J'ai vraiment cru que, cette fois, c'était la fin. Mais ça n'était pas une overdose, juste le vinaigre. Mon corps a perdu toute capacité de résistance, il ne suit plus. Ça s'est passé comme ça pour les autres, ceux qui sont morts. Plusieurs fois, après un shoot, ils ont perdu connaissance. Et un jour ils ne se sont plus réveillés. Je ne sais plus pourquoi j'ai eu si peur de mourir. De mourir seule. Les toxicos meurent seuls. Le plus souvent dans des chiottes puantes. J'ai vraiment envie de mourir. Au fond, je n'attends rien d'autre. Je ne sais pas pourquoi je suis au monde. Avant non plus je ne le savais pas bien. Mais un fixer, pourquoi ça vit ? Pour se démolir et démolir les autres ? Je me dis, cet après-midi-là, qu'il vaudrait mieux que je meure, rien que par amour pour ma mère. De toute manière, je ne sais plus si j'existe ou non.

Le lendemain matin, ça va mieux. Après tout, je vais peut-être tenir le coup encore un moment. Il faut que j'aille voir les flics, sinon ils viendront me chercher. Mais je n'ai plus la force d'y aller seule. Je téléphone tous azimuts à la recherche de Stella. J'ai la chance de la trouver chez un de nos clients communs. Elle accepte de m'accompagner. Sa mère vient, une fois de plus, de signaler sa disparition à la police. Mais Stella n'a peur de rien, elle se fiche de tout.

Assises sur un banc de bois, dans un long couloir, nous attendons sagement qu'on m'appelle au bureau 314. J'y fais mon entrée en petite fille modèle — un peu plus je ferais la révérence. Une dame Schipke me tend la main, fort aimablement, en me déclarant qu'elle a une fille un peu plus âgée que moi — elle a quinze ans — mais qui ne se drogue pas. Bon, la flicaille fait son numéro maternel. Elle s'informe de ma santé, m'offre une tasse de chocolat, du gâteau et des pommes.

Cette Mme Schipke, toujours avec ses airs maternels, me parle d'autres toxicos et me demande de leurs nouvelles. Elle me montre des photos de fixers et de revendeurs ; je ne lui dis rien d'autre que : « Oui, je les connais de vue. » Elle me raconte que certaines personnes du monde de la drogue lui ont dit beaucoup de mal de moi. Du coup, elle me fait causer. Je me rends bien compte que je me fais avoir par cette saloperie, mais je parle. Trop. Après quoi je signe une déposition — plein de trucs qu'elle m'a plus ou moins fait dire.

Ensuite, un autre flic vient m'interroger sur le Sound. Là, je me mets à déballer pour de bon. Je parle de tous les gens que je connais qui y ont été entraînés vers la drogue, et aussi des brutalités de la clique de la gérance. A ma demande, on fait entrer Stella, elle confirme tout ce que j'ai raconté et se déclare prête à témoigner sous serment devant n'importe quel tribunal. Mme Schipke, qui n'a pas cessé de fouiner dans ses papiers, a vite fait d'identifier Stella et lui passe un savon. Stella l'envoie sur les roses avec une telle insolence que je me dis : « Elle va se faire coffrer. » Mais Mme Schipke a fini sa journée. Elle convoque Stella pour le lendemain. Bien sûr, Stella n'ira pas.

En prenant congé, Mme Schipke me dit : « Eh bien, je suis sûre que nous nous reverrons bientôt. » Elle a le culot de me dire ça, sur le même ton doucereux que le reste. Elle m'annonce ainsi, tout de go, que je suis un cas désespéré.

Je me suis fait avoir par cette flicaille, son chocolat, son gâteau et ses sourires. J'en pleurerais de rage.

Je fais deux clients, j'achète ma came, et je rentre à la maison. Mon chat est allongé dans la cuisine, pratiquement incapable de se remettre sur ses pattes. Ça fait plusieurs jours qu'il est malade. Il a l'air si misérable, il pousse des miaulements si plaintifs, que je me dis, lui aussi il va bientôt mourir.

Je me fais plus de soucis pour mon chat que pour moi. Le vétérinaire m'a donné de l'extrait de sang de bœuf, mais la pauvre bête ne mange plus : la soucoupe reste toujours pleine.

Je décide de me shooter tout de suite. Je prépare mes instruments, et ça me donne une idée. Je mets un peu d'extrait de sang de bœuf dans la seringue, et je la vide directement dans la gueule du chat. Il se laisse faire sans réagir. Après, il me faut un bon moment pour nettoyer la seringue.

Je me shoote, mais le résultat n'est pas fameux. J'ai envie de mourir, mais j'ai une trouille terrible avant chaque piqûre. Peut-être aussi la vue de mon chat m'impressionne-t-elle. C'est moche de mourir quand on n'a pas encore vécu.

Je ne vois pas d'issue. Ma mère et moi, on n'échange plus une parole sensée depuis le jour où elle a compris que j'ai replongé. Je gueule, et elle me regarde de son air désespéré. La police me surveille. La déposition que j'ai signée suffirait amplement à me faire comparaître devant le tribunal pour enfants, et je suis bonne pour une condamnation. Et puis, je le sens bien, ma mère serait assez contente de me larguer. Elle a compris qu'elle ne peut plus m'aider. Elle n'arrête pas de téléphoner à droite et à gauche, service social par-ci, centre antidrogue par-là, et paraît de plus en plus désespérée car elle se rend bien compte que personne ne peut ou ne veut nous aider, elle et moi. Tout ce qu'elle a trouvé, c'est de me menacer de m'expédier dans sa famille, loin de Berlin.

Enfin, un beau jour de mai 1977, ma pauvre cervelle finit par réaliser qu'il ne me reste que deux solutions : ou l'overdose à bref délai, ou une désintoxication sérieuse. C'est à moi seule de décider. Je ne peux plus compter sur Detlev, et je ne veux surtout pas le rendre responsable de ma décision.

Je vais à la cité Gropius. A la Maison du Milieu, ce centre de jeunes dirigé par un pasteur, là où ma carrière de toxico a commencé. Le club est fermé : complètement débordés par le problème de l'héroïne, ils ont dû le remplacer par un centre antidrogue. Un centre antidrogue rien que pour la cité Gropius, tellement l'héroïne fait des ravages depuis que la drogue a fait son apparition dans le coin, il y a deux ans. Ils me disent ce que je sais déjà, et de longue date : ma seule chance, c'est une bonne thérapie. Ils me donnent les adresses d'Info-Drogue et de Synanon, parce que c'est encore eux qui réussissent le mieux.

Je ne suis pas très rassurée. D'après ce qu'on raconte, ces thérapies sont vachement dures. Les premiers mois, c'est pire que la prison. A Synanon, ils vous rasent la tête. C'est selon eux le symbole du début d'une vie nouvelle. Me balader avec un crâne à la Kojak, ça je n'y arriverai pas. Mes cheveux, c'est ce à quoi je tiens le plus. Derrière eux je dissimule mon visage. S'ils me les coupent, autant me supprimer tout de suite.

La conseillère estime d'ailleurs que je n'ai guère de chances d'entrer à Info-Drogue ou à Synanon, parce qu'ils n'ont pas une place libre. Leurs conditions d'admission sont draconiennes : il faut être en bon état physique et leur prouver, par une autodiscipline librement consentie, qu'on a la force de décrocher. La conseillère dit aussi qu'à mon âge — à peine quinze ans, je suis encore presque une enfant —j'aurai beaucoup de mal à faire ce qu'ils demandent. En fait, on n'a pas encore de thérapie pour les enfants.

Je propose d'aller à Narconon. Narconon, c'est le centre thérapeutique de l'Église scientologique, une secte. Je connais quelques fixers qui y sont allés, ils disent que c'est pas mal. Si on paie d'avance, il n'y a pas de conditions d'admission. On a le droit de se fringuer à sa guise, d'apporter ses disques, et on accepte même les animaux.

La conseillère me dit d'y réfléchir, de me demander pourquoi tant de fixers racontent que chez Narconon la thérapie est vachement relax, tout en continuant allègrement à se piquer. Elle, en tout cas, ne connaît aucun exemple de thérapie réussie chez Narconon.

Mais alors que faire, puisque je n'ai aucune chance d'être admise ailleurs ? Elle me donne l'adresse de Narconon.

De retour à la maison, je fais prendre encore un peu d'extrait de sang de bœuf à mon chat, toujours avec ma seringue. Quand ma mère rentre du bureau, je lui annonce : « Je vais me désintoxiquer définitivement. Chez Narconon. Il faudra quelques mois, un an peut-être. Après, je serai clean pour de bon. »

Ma mère a l'air de ne plus croire un mot de ce que je raconte. Elle ne s'en suspend pas moins au téléphone, à essayer de glaner des informations sur Narconon.

Je suis lancée à fond dans cette histoire de thérapie. J'ai l'impression de renaître. Pas de clients cet après-midi-là, et je ne prends rien. Je veux me sevrer avant d'entrer à Narconon. Je ne veux pas commencer par la

Chambre Poulet froid[1]. Je veux arriver clean, pour avoir de l'avance sur les autres nouveaux entrants. Je veux leur prouver tout de suite que je suis bien décidée à décrocher.

Je vais me coucher de bonne heure. Le chat est de plus en plus mal en point. Je l'installe à côté de moi, sur l'oreiller. Je suis assez fière de moi. Je me fais mon sevrage toute seule, de ma propre volonté. Quel autre fixer peut en dire autant ? Ma mère, quand je lui ai annoncé ma décision, n'a réagi que par un petit sourire incrédule. Elle n'a pas pris de jours de congé. Mes sevrages, pour elle, ça fait presque partie du quotidien, et elle n'y croit plus. Je suis bien toute seule.

Le lendemain matin, c'est la crise de manque. Peut-être pire encore que les fois précédentes. Mais je suis certaine de tenir le coup. Quand j'ai mal à en crever, je me dis : « C'est seulement le poison qui sort de ton corps. Tu vas vivre, parce que tu ne t'empoisonneras jamais plus. » Quand je m'assoupis, je n'ai pas de cauchemars, je rêve de ce que sera ma vie après la thérapie. Merveilleuse.

Le troisième jour, la douleur devient plus supportable et les images de l'avenir de plus en plus concrètes : je prépare mon bac, j'ai un appartement à moi et un cabriolet VW que je conduis presque tout le temps décapoté.

Mon appartement est dans un quartier où il y a beaucoup de verdure. Dans un immeuble ancien. Mais pas un de ces immeubles bourgeois où les plafonds sont

1. Poulet froid, autre terme pour l'état de manque. (*N.d.T.*)

incroyablement hauts et avec du stuc partout. Pas une de ces maisons avec hall d'entrée immense, tapis rouge dans les escaliers, du marbre, des miroirs, et votre nom en lettres dorées. Je ne veux pas habiter une maison qui pue la richesse. Car la richesse est à mes yeux synonyme de fourberie, d'agitation et de stress.

Mon appartement est dans une de ces vieilles maisons habitées par des ouvriers. Il a deux ou trois pièces, pas très grandes, basses de plafond, éclairées par de petites fenêtres. L'escalier, aux marches de bois légèrement usées, est si étroit qu'on s'y frôle lorsqu'on s'y croise, et il y flotte toujours une odeur de nourriture. Les voisins viennent dire « bonjour », « comment ça va ». Tout le monde travaille dur, mais on est heureux : on n'est pas jaloux les uns des autres, on s'entraide au contraire, et on ne veut pas en avoir toujours plus. Bref, on n'est pas comme les riches, ni comme les ouvriers de la cité Gropius. Ma maison est une maison paisible.

Dans mon appartement, la pièce principale est la chambre à coucher. Mon lit, très large, recouvert d'un tissu foncé, est adossé au mur de droite. Il est flanqué de deux tables de nuit — la seconde est pour Detlev — et de palmiers en pot. Du reste, il y a plein de plantes et de fleurs dans cette chambre. Le mur derrière mon lit est tapissé d'un papier que l'on ne trouve pas dans le commerce : on y voit un désert, de gigantesques dunes de sable, et une oasis. Sous les palmiers, des bédouins vêtus de blanc boivent du thé, assis en rond et totalement relax. La paix. A gauche, dans la niche, juste sous la fenêtre mansardée, c'est mon coin. Je l'ai installé comme on fait en Arabie ou en Inde, plein de coussins autour d'une table basse et ronde. C'est là que je passe mes soirées, dans un calme complet. Loin de toute agitation, sans désirs et sans problèmes.

Ma salle de séjour ressemble, en fait, à la chambre à coucher. Des plantes, des tapis. Mais avec, au milieu, une grande table en bois, entourée de chaises en rotin. Pour les dîners entre amis — c'est moi qui fais la cuisine. Aux murs, des rayonnages chargés de bouquins. Des bouquins très cool, écrits par des gens qui ont trouvé la paix, et qui connaissent bien la nature et les bêtes. Ces rayonnages, je les ai fabriqués moi-même, comme la plupart de mes meubles, parce que je n'ai pas trouvé ce qui me plaisait dans les magasins. Je ne veux pas de tape-à-l'œil, de meubles ayant pour fonction essentielle de montrer qu'ils ont coûté une fortune. Et il n'y a pas de portes dans mon appartement, seulement des rideaux — les portes, ça claque, ça fait du bruit et de l'agitation.

J'ai un chien, un Rottweiler, et deux chats. J'ai démonté le siège arrière de ma voiture pour que le chien y soit plus à l'aise.

Le soir, je prépare le dîner. Tranquillement, en prenant mon temps, pas comme ma mère qui fait toujours la cuisine à toute allure. Un bruit de clé dans la serrure. C'est Detlev qui rentre du boulot. Le chien lui saute au cou. Les chats font le dos rond et viennent se frotter contre ses jambes. Detlev m'embrasse et s'assied à table pour dîner.

Je rêve, mais je ne sais pas que je rêve. Ces images-là sont pour moi la réalité d'après-demain. Après la thérapie. Je n'imagine pas un instant qu'il pourrait en être autrement. Au point que, le soir de mon troisième jour de sevrage, j'annonce à ma mère que, ma thérapie achevée, je déménagerai et j'aurai mon propre appartement.

Le quatrième jour, je me sens assez bien pour me lever. J'ai encore vingt marks dans la poche de mon jean, et ça me tracasse. Vingt marks c'est la moitié de quarante, et si j'en avais encore vingt, je pourrais me payer un shoot — le dernier avant d'aller chez Narconon.

Je fais la conversation à mon chat. Je lui explique que je vais le laisser seul une heure ou deux, ça n'est pas terrible. Je lui fais avaler, toujours avec ma seringue, un peu de sucre de raisin et d'infusion de camomille — il ne supporte aucun autre aliment — et lui assure : « Toi non plus, tu ne vas pas mourir. »

J'ai envie de m'éclater et de me balader sur le Kudamm. Car je sais bien qu'une fois chez Narconon je ne pourrai plus sortir comme je veux, et surtout pas seule. Et je veux me faire un dernier shoot, parce que le Kudamm sans H ça n'est pas le pied. Reste le problème des vingt marks. Il faut que je trouve un client. Mais je ne veux pas aller au métro Zoo. Je ne me vois pas dire à Detlev : « Tu sais, j'ai réussi mon sevrage. C'est drôlement chouette. Je viens juste chercher un client car il me manque vingt marks pour me shooter. » Detlev ne comprendrait sûrement pas, il se moquerait de moi et me dirait : « Ben t'es toujours une toxico. ».

L'idée me vient dans le métro : je vais me faire draguer par un automobiliste. J'y pense à cause des vingt marks, c'est à peu près le prix. Stella et Babsi le font souvent, mais moi j'ai toujours eu horreur de ça. D'abord, on ne peut pas examiner le type qui s'approche de vous, on monte dans la voiture de n'importe qui.

Le pire, c'est quand on tombe sur un proxénète. Ils se déguisent souvent en clients. Et une fois qu'on est dans le bagnole, il n'y a plus rien à faire. Ce n'est pas qu'ils veulent faire travailler les toxicos, ça ne les intéresse pas, elles dépensent trop d'argent pour la drogue. Mais ils veulent les chasser de Kurfürstenstrasse parce qu'elles cassent les prix sur le marché des professionnelles.

Babsi est montée une fois dans la voiture d'un souteneur. Il l'a séquestrée pendant trois jours. Il l'a torturée, et après ça, il l'a obligée à faire des passes avec des floppées d'hommes, des métèques, des clodos ivres, n'importe quoi. Et pendant tout ce temps-là Babsi était bien sûr en crise de manque. Elle a vécu un véritable enfer pendant ces trois jours. Mais elle est quand même retournée à Kurfürstenstrasse. C'est qu'elle y est la reine, avec son visage d'ange et sa silhouette plate, sans seins ni fesses.

Les putes professionnelles sont presque aussi dangereuses que les souteneurs. La Potsdamer Strasse, le quartier général des putes de la plus basse espèce, n'est qu'à deux cents mètres du baby-tapin de la Kurfürstenstrasse. De temps en temps, elles font une vraie chasse aux toxicos. Si elles en attrapent une, elles lui tombent dessus à coups de griffe et lui réduisent la figure en bouillie.

Je descends au métro Kurfürstenstrasse. Je suis morte de peur. Je pense aux conseils de Babsi et de Stella : éviter les jeunes types en voiture de sport ou en grosse américaine — c'est peut-être un souteneur. Les vieux, avec cravate et un peu de brioche, c'est okay, surtout s'ils ont un chapeau. Mais le mieux, ce sont les mecs qui trimballent un siège d'enfant sur la banquette arrière : de braves pères de famille, juste en quête d'un peu de changement, et ils ont encore plus la trouille que nous.

Je remonte la rue en direction du Sound, non pas au bord du trottoir mais le long des maisons, sans prendre l'air de racoler. Pourtant, un type me fait signe presque aussitôt. Je le trouve bizarre, l'air agressif. Peut-être à cause de sa barbe. Je l'envoie promener et continue mon chemin.

Il n'y a pas d'autre fille en vue. C'est qu'il n'est pas encore midi. Je sais — Babsi et Stella me l'ont dit — que ça les rend fous, les types, quand ils se sont débrouillés pour avoir une demi-heure et qu'ils ne trouvent pas de fille. Des fois, il y a sur Kurfürstenstrasse plus de clients que de filles. Plusieurs autres voitures s'arrêtent. Je fais semblant de ne pas les voir.

Je contemple la vitrine d'un magasin de meubles. C'est reparti : je rêve de mon appartement. Mais je me dis : « Christiane, ma fille, ressaisis-toi. Ces vingt marks, il faut les trouver vite fait. Concentre-toi. » Dans ces cas-là, il faut toujours que je me concentre, pour être plus vite débarrassée.

Une Commodore blanche s'arrête. Pas de siège d'enfant à l'arrière, mais le type n'a pas l'air tordu. Je monte, sans trop réfléchir. Nous nous mettons d'accord pour trente-cinq marks.

Nous allons à l'Askanischen Platz, il y a là une vieille gare désaffectée. Ça va très vite. Le type est gentil, j'oublie même que c'est un client. Il dit qu'il aimerait me revoir, mais il part dans trois jours en Norvège pour les vacances, avec sa femme et ses deux gosses.

Je lui demande s'il veut bien me déposer à l'Université technique — c'est là où on trouve de la came le matin. Il accepte aussitôt.

Il fait beau, ce 18 mai 1977. Je me souviens de la date : deux jours avant mon quinzième anniversaire. Je traîne, je bavarde avec deux ou trois gars, je caresse un chien. C'est le bonheur. C'est formidable, je trouve, de ne pas être pressée, de pouvoir attendre, pour me shooter, le moment où j'en aurai vraiment envie. C'est que je ne suis plus en état de dépendance physique.

Au bout d'un moment passe un type qui me demande si je veux de la drogue. Je dis oui, je lui en achète pour quarante marks. Je descends me piquer dans les toilettes pour dames de la place Ernst-Reuter — elles sont assez propres. Je ne verse que la moitié de la dose dans la cuillère, car après un sevrage il faut y aller avec modération. Je me fais mon shoot avec une certaine solennité, en me disant que c'est le dernier.

Je me réveille deux heures plus tard, le derrière dans la cuvette des W.-C., l'aiguille dans le bras. Mes affaires sont répandues sur le sol. Mais je me sens tout de suite relativement d'aplomb. Au fond, j'ai choisi le bon moment pour décrocher, il est juste encore temps. Ma balade sur le Kudamm, c'est fichu. Je mange au resto U pour 2,5 marks de la purée de pommes de terre et des poireaux, mais je vomis tout quelques minutes plus tard. Je me traîne au métro Zoo pour dire au revoir à Detlev, mais ne l'y trouve pas. Il faut que je rentre à la maison, mon chat a besoin de moi.

Le pauvre matou n'a pas bougé, il est toujours sur mon oreiller. Je nettoie ma seringue, lui redonne un peu d'infusion et de sucre de raisin. Ce n'est pas ainsi que j'imaginais ma dernière journée de toxico. Si je me donnais un jour de plus ?

Là-dessus, ma mère arrive et me demande où j'ai passé l'après-midi. « Sur le Kudamm. » Elle n'est pas contente : « Tu avais dit que tu passerais te renseigner chez Narconon. »

Folle de rage, je me mets à hurler : « Fous-moi la paix ! Je n'ai pas eu le temps. Tu piges ? » Elle crie à son tour : « Tu emballes tes affaires, et tu files tout de suite chez Narconon ! Et tu y restes. »

Je viens de me préparer une côtelette avec de la purée. J'emporte mon assiette dans les waters, je m'y enferme et je mange. Voilà donc ma dernière soirée chez ma mère. J'ai gueulé parce que je me dégoûte et qu'elle a compris que je me suis encore piquée.

Je range quelques affaires dans mon grand sac en osier. Je cache la seringue, la cuillère et le reste de came dans mon slip. Nous allons chez Narconon en taxi. On ne me pose aucune question. Ces gens-là prennent vraiment tout le monde. Ils ont même des rabatteurs qui se baladent sur la Scène de la drogue.

Mais des questions, ils en posent à ma mère. Avant

de m'admettre, ils veulent voir la couleur de son fric : quinze cents marks, payables d'avance, pour le premier mois. Naturellement, ma mère n'a pas cette somme. Elle promet de la réunir dès le lendemain matin, elle va solliciter un prêt à sa banque — il lui sera sûrement accordé. Elle les supplie de me garder. Ils y consentent.

Je demande l'autorisation d'aller aux toilettes. On me la donne. Donc on ne vous fouille pas. Et on ne vous renvoie pas, comme ailleurs, si on découvre que vous avez apporté vos ustensiles de fixer. Je me fais un shoot en vitesse. A mon retour, ils voient bien que je suis défoncée mais ne font aucune remarque. Je leur remets la seringue et le reste. Le type a l'air étonné, et me félicite.

On m'emmène dans la Chambre Poulet froid. On est trois là-dedans. L'un des deux autres se tire dès le lendemain matin. Un beau bénéfice pour Narconon.

On me donne des livres sur la doctrine de l'Église scientologique. Marrante, cette secte. Leurs histoires, on peut y croire ou non. Moi, j'ai besoin de croire en quelque chose.

Au bout de deux jours, on me permet de quitter la Chambre Poulet froid. Je vais partager une chambre avec Christa. Une vraie cinglée. On l'a privée de thérapie parce qu'elle ne cesse de se moquer des thérapies et des thérapeutes. Elle fouille les plinthes de notre chambre, en disant que quelqu'un y a peut-être caché de la came. Elle m'emmène au grenier : « Il suffirait d'installer quelques matelas, on pourrait y faire une de ces javas, avec du vin, du haschisch et tout. » Elle m'a déprimée, cette femme. Moi j'étais venue à Narconon pour m'en sortir, pour me désintoxiquer, et elle ne cesse de parler de la drogue et de traîner Narconon dans la boue.

Le deuxième jour, coup de téléphone de ma mère. Elle m'annonce que le chat est mort. Après seulement, elle me souhaite bon anniversaire. Tout ça lui tape sur le système, à elle aussi. Je passe le reste de la matinée à chialer sur mon lit.

Quand les types s'en aperçoivent, ils déclarent que j'ai besoin d'une séance. On m'enferme dans une pièce avec un mec — un ancien toxico — qui me bombarde d'ordres saugrenus. Je suis obligée de les exécuter.

Il me dit : « Tu vois ce mur. Approche-toi de ce mur, Touche le mur. » Et on remet ça. Pendant des heures. Je tâte les quatre murs de cette pièce. A un moment donné, j'en ai ras le bol : « En voilà des conneries. Vous êtes cinglé ou quoi ? Fichez-moi la paix, ça suffit comme ça. » Sans cesser de sourire, il me persuade de continuer. Ensuite, il me fait toucher différents objets. Jusqu'au moment où, complètement épuisée, je me jette à terre en sanglotant.

Il sourit. Et, dès que je suis un peu calmée, la séance reprend. Je suis hébétée. Je touche le mur avant même d'en avoir reçu l'ordre. La seule pensée dont je suis encore capable c'est : « Il faudra bien que ça s'arrête. »

Au bout de cinq heures pile, il déclare : « Okay, ça suffit pour aujourd'hui. » Je me sens drôlement bien. Il m'emmène dans une autre pièce où il y a un appareil bizarre, de fabrication artisanale ; une sorte de pendule entre deux boîtes en fer-blanc. Le type m'ordonne d'y poser ma main et me demande : « Tu te sens bien ?

— Oui. Maintenant, j'ai vraiment conscience de tout ce qui m'entoure. »

Le mec regarde le pendule : « Il n'a pas bougé. Tu n'as donc pas menti. La séance a bien marché. »

Le truc bizarre est un détecteur de mensonge. Un des objets du culte de cette secte. En tout cas, je suis contente que le pendule n'ait pas bougé. Pour moi, c'est la preuve que je me sens bien. Pour me libérer de l'héro, je suis prête à croire n'importe quoi.

Ils font toutes sortes de choses étonnantes là-dedans. Par exemple, ce même soir, Christa a de la fièvre : ils lui font toucher une bouteille et dire si elle est chaude ou froide. Au bout d'une heure, à ce qu'il paraît, sa fièvre était tombée.

Tout ça m'a chavirée à tel point que, le lendemain matin, je me précipite au bureau demander une nouvelle séance. Pendant une semaine, je suis lancée à fond dans le trip de la secte. J'ai vraiment foi dans la thérapie. Il y a un programme non-stop : séances, ménage, corvée de cuisine. Ça nous mène jusqu'à dix heures du soir. On n'a pas une minute pour réfléchir.

La seule chose qui m'énerve, c'est la nourriture. Je ne suis pas difficile, mais j'ai du mal à avaler la bouffe qu'on nous sert ici. Et pour le prix qu'on leur paye, ça pourrait quand même être un peu mieux. Après tout, ils n'ont pas d'autres frais. Les animateurs des séances sont presque tous d'anciens toxicos, auxquels on dit que ce travail fait partie de leur thérapie ; on leur donne tout juste un peu d'argent de poche. Les boss de Narconon, eux, mangent à part. Un jour, je les ai vus en train de déjeuner : ils se tapaient un de ces gueuletons !

Un dimanche, enfin, j'ai le temps de réfléchir sérieusement. D'abord je pense à Detlev, ça me rend triste. Ensuite je me pose des questions : Que faire après la thérapie ? Ces séances m'ont-elles vraiment aidée ? J'ai plein de questions, mais aucune réponse. Je voudrais bien parler avec quelqu'un, mais je n'ai personne : ici, il est interdit de nouer des amitiés, c'est l'un des grands principes de la maison. Si on essaie de discuter de ses problèmes avec les types de Narconon, ils vous flanquent illico une séance. Depuis que je suis dans cette boîte, je n'ai pas eu une vraie conversation.

Le lundi, je me pointe au bureau et je leur crache le morceau d'un trait. En premier lieu, la bouffe. Ensuite, on m'a volé presque tous mes slips. Impossible de pénétrer dans la buanderie, car la fille qui en a la clé passe son temps en ville pour se shooter. D'ailleurs elle n'est pas la seule. Ce genre de trucs, ça me débecte. Et le rythme forcené des séances, et le travail ménager. Je suis épuisée, je n'ai pas ma ration de sommeil. « Okay, je leur dis, vos thérapies, c'est très bien. Mais elles ne m'apportent pas la solution de mes problèmes. Tout ça, au fond, c'est du dressage. Vous essayez de nous dresser. Mais moi j'ai besoin de quelqu'un à qui parler de mes problèmes. Et j'ai besoin de temps pour me colleter avec mes problèmes. »

Ils m'écoutent sans mot dire, avec leur éternel sourire. Après quoi j'ai droit à une séance supplémentaire. Elle dure toute la journée, jusqu'à dix heures du soir. J'en sors de nouveau totalement apathique. Peut-être savent-ils ce qu'ils font, après tout ? Ma mère m'a raconté, au cours d'une de ses visites, que la Sécurité sociale lui rembourse les frais de mon séjour chez Narconon. Puisque l'État dépense de l'argent pour ça, c'est que ça doit être okay.

D'autres pensionnaires de Narconon ont encore plus de problèmes que moi. Gaby par exemple. Elle est tombée amoureuse d'un type et voulait absolument coucher avec lui. Elle est allée, comme une idiote, le raconter aux boss. Résultat : une séance supplémentaire. Elle a tout de même baisé avec le type, ça s'est su, et on les a ridiculisés devant tout le monde. Gaby s'est enfuie le soir même et n'est jamais revenue. Le type, un animateur qui soi-disant était clean depuis plusieurs années, s'est tiré quelques jours plus tard. Il est redevenu toxico jusqu'à la moelle.

En réalité, les gens de Narconon ne s'inquiètent pas tellement que l'on baise ou non. L'important, pour eux, c'est de nous empêcher de nouer des liens. Mais ce type travaillait chez eux depuis plus d'un an — comment supporter si longtemps l'isolement ?

Tard le soir, nous avons quelques instants de loisirs. Je les passe toujours avec les plus jeunes des pensionnaires. Je suis la plus jeune mais personne, dans cette bande que nous commençons à constituer, n'a atteint ses dix-sept ans. C'est la première vague des très jeunes drogués : nous étions tous encore des enfants quand nous avons commencé à nous piquer. Et on devient une loque en un ou deux ans, parce qu'à l'âge de la puberté le poison est encore plus dévastateur que plus tard. Si nous nous retrouvons ici, c'est tous pour la même raison : pas de place en thérapie ailleurs.

Comme moi, la plupart en sont vite arrivés à la conclusion que les séances n'apportent pas grand-chose. De toute façon, celles où on met deux jeunes ensemble se transforment en franche rigolade : comment garder longtemps son sérieux quand on doit engueuler un ballon de foot, ou se regarder droit dans les yeux pendant deux heures ? On a renoncé à nous faire passer au détecteur de mensonge. A quoi bon, puisque nous affirmons que la séance ne nous a servi à rien ? On s'est marrés, c'est tout. Nos malheureux animateurs sont de plus en plus désemparés.

Nous n'avons bientôt plus qu'un seul sujet de conversation : l'héro. Parfois, en petit comité, je parle aussi des moyens de se tirer.

Au bout de quinze jours de Narconon, j'ai mon plan. Deux garçons et moi, nous nous déguisons en « commando de grand nettoyage » : grâce à notre arsenal de seaux, balais-brosses et serpillières, nous franchissons toutes les portes sans encombre. On est fou de joie tous les trois. Si impatients de se shooter que c'est tout juste si on ne fait pas dans nos culottes. Nous nous séparons à l'entrée du métro. Je prends la direction Zoo. Je vais retrouver Detlev.

Il n'est pas là. Stella, oui. Elle me fait fête. On n'a pas vu Detlev ces derniers temps, me raconte-t-elle. Je crains qu'il ne soit en prison. Quant aux clients, ils se font rares dans le coin. Nous allons Kurfürstenstrasse. Il ne s'y passe rien non plus. Enfin une voiture s'arrête. Nous la connaissons, et son conducteur aussi. Un type qui nous a déjà suivies plusieurs fois, même sur le chemin des w.-c. publics quand on va se piquer. Nous l'avons toujours pris pour un flic en civil. Mais c'est seulement un amateur de petites droguées.

Il ne s'intéresse qu'à moi, mais autorise Stella à monter dans la voiture.

Je lui déclare : « Trente-cinq marks pour un pompier. Je ne fais rien d'autre.

— Je t'en donne cent. »

Je suis perplexe. Un truc pareil, ça ne m'est jamais arrivé. Les types qui roulent en Mercedes chicanent pour cinq marks. Celui-là, dans sa Volks rouillée, m'en propose spontanément cent. Il m'explique qu'il est agent de renseignement. Bon, un mégalo. Mais ce sont souvent les meilleurs clients ; il ne lésinent pas sur l'argent : c'est encore un moyen de se faire mousser.

Il me donne effectivement cent marks. Stella va immédiatement acheter de la came, on se pique dans la voiture. Puis on va à l'hôtel. Je prends mon temps avec le type (Stella m'attend dans le hall) parce qu'il a été généreux et que je suis en pleine défonce — ça fait deux semaines que je n'ai rien pris. Je n'ai même pas envie de quitter l'étroit plumard de cette minable chambre d'hôtel.

Je bavarde un peu avec le type. Il est vraiment marrant. Il finit par me raconter qu'il a un demi-gramme d'héroïne chez lui, il nous le donnera si on le retrouve dans trois heures Kurtürstenstrasse. Je lui soutire encore trente marks en lui disant qu'on a besoin de faire un bon repas : une somme pareille ne compte pas pour un richard comme lui ; j'ai bien compris que s'il roule dans cette voiture pourrie c'est pour tromper l'ennemi vu qu'il est un espion, etc. Il est coincé, il me file le fric.

Stella et moi retournons au métro Zoo. Je n'ai pas abandonné l'espoir de trouver Detlev. Tout à coup, un petit chien noir et blanc, tout ébouriffé, fonce vers moi et saute dans mes bras. Je dois lui rappeler quelqu'un. Il est extra ce chien, on dirait un chien de traîneau un peu sous-développé. Un type tout dépenaillé se pointe, me demande si je veux l'acheter. Bien sûr. Il en veut soixante-dix marks, je marchande, il me le laisse pour quarante. Quel pied : je suis défoncée et j'ai de nouveau un chien. Stella propose de l'appeler Lady Jane. Je le baptise Janie.

Nous déjeunons dans un restaurant de Kurtürstenstrasse. Janie a droit à la moitié de nos côtelettes. L'« espion » est exact au rendez-vous, il m'apporte bel et bien un demi-gramme d'héroïne. C'est dingue. Ça vaut cent marks.

Nous repartons au métro Zoo. Toujours pas de Detlev, mais on tombe sur Babsi. Je suis drôlement contente : on a beau se disputer, c'est ma meilleure amie. Toutes les trois, nous montons sur la terrasse. Babsi a très mauvaise mine, des jambes comme des allumettes, plus de poitrine du tout, elle ne pèse plus que 31 kilos. Mais son visage est toujours aussi beau.

Je leur raconte Narconon, dis que la boîte est assez cool. Stella ne veut pas en entendre parler : elle est née toxico et mourra toxico, affirme-t-elle. Mais Babsi est emballée à l'idée qu'on pourrait s'y désintoxiquer ensemble. Ses parents et sa grand-mère ont essayé en vain de lui trouver une place en thérapie. Elle est en cavale, une fois de plus, mais aimerait bien décrocher. Elle est dans un état épouvantable.

On taille une bonne bavette, et on se sépare. Ma Janie en laisse, je vais faire mes courses dans une boutique fabuleusement chère mais ouverte le soir : j'achète deux sacs d'aliment pour chiens, et un gros stock d'entremets instantanés — ça c'est pour moi. Après quoi je téléphone à Narconon. Ils m'autorisent à revenir. J'annonce que j'amène une amie, sans préciser que c'est un chien.

Je n'y ai pas beaucoup réfléchi mais je savais bien, au fond, que je retournerais chez Narconon. Où aurais-je pu aller ? Chez moi ? J'imagine la tête de ma mère en me voyant débarquer. De plus, ma sœur est revenue — elle ne voulait pas rester chez mon père — et occupe ma chambre et mon lit. Le vagabondage ? Très peu pour moi. Dormir chez un client, ça signifie se trouver totalement à sa merci — et baiser, automatiquement. Je n'ai encore iamais passé la nuit chez un client. Et, surtout, je suis toujours décidée à décrocher. En route pour Narconon, puisque de toute manière je n'ai pas le choix.

A la maison — nous appelons toujours Narconon « la maison » — l'accueil est assez froid, mais sans commentaires. Ils ne disent rien non plus pour Janie. Il y a déjà vingt chats dans la baraque.

Je vais chercher des vieilles couvertures au sous-sol et j'installe le lit de Janie à côté du mien. Le lendemain matin, elle a fait pipi et caca partout. Janie n'a jamais été propre. Elle a un grain, cette bête. Mais moi aussi. Je l'aime, Janie. Ça m'est égal de nettoyer ses saletés.

J'ai tout de suite droit à une séance supplémentaire. Ça aussi ça m'est égal. J'exécute leurs ordres comme une automate. La seule chose qui m'ennuie, c'est de passer tout ce temps loin de Janie. Les autres s'occupent d'elle, mais j'en suis malade parce que je veux que ce soit mon chien. Tout le monde joue avec elle, et elle joue avec n'importe qui — au fond, c'est une petite putain. Tout le monde la nourrit, et elle engraisse à vue d'œil. Mais je suis la seule à lui parler. Maintenant, j'ai au moins quelqu'un à qui parler.

J'ai fait deux autres fugues. La dernière a duré quatre jours. J'ai dormi chez Stella — sa mère était en clinique, pour désintoxication alcoolique. La vie de merde a recommencé : client, shoot, client, shoot. Sur ce, j'apprends que Detlev et Bernd sont partis pour Paris.

Là, je perds les pédales. Comment, le type qui est pour ainsi dire mon mari fiche le camp sans même m'avertir ! Nous avons toujours rêvé d'aller à Paris. Nous voulions louer une chambrette à Montmartre et nous y désintoxiquer. Nous n'avions jamais entendu parler de la drogue à Paris, et nous pensions que ça n'existait pas. A Paris il n'y a que des artistes, des mecs super, ils boivent du café, ou un verre de vin de temps en temps.

Et voilà, Detlev est à Paris avec Bernd. Je n'ai plus d'ami, je suis seule au monde. Avec Babsi et Stella, ce sont de nouveau les vieilles histoires, les querelles pour un oui pour un non. Il ne me reste que Janie.

Je téléphone à Narconon. Ils me disent que ma mère est passée prendre mes affaires. Elle aussi me laisse tomber. La colère me prend : je vais leur montrer. A tous. Je vais leur montrer que je me tire d'affaire toute seule.

Je retourne chez Narconon, ils me reprennent. Je me jette dans la thérapie comme une possédée. Je fais tout ce qu'on me dit. Je deviens une véritable élève modèle, j'ai de nouveau les honneurs du détecteur de mensonge et le pendule ne bouge jamais quand j'affirme que la séance m'a été extraordinairement bénéfique. Je me dis : « Ça y est, tu vas y arriver, maintenant. » Je ne téléphone pas à ma mère. J'emprunte des vêtements. Je porte des caleçons de garçon mais ça m'est égal. Je ne veux pas prier ma mère de me rapporter mes affaires.

Un jour, coup de fil de mon père. « Salut Christiane. Dis donc, où t'es-tu fourrée ? Je viens juste d'apprendre ton adresse, et par hasard encore.

— Je suis bouleversée d'entendre que tu t'intéresses à moi, pour une fois.

— Dis-moi, tu veux rester dans cette drôle de tribu ?

— Bien sûr. »

Mon père en a le souffle coupé. Il lui faut un bon moment pour reprendre sa respiration. Puis il me demande si je veux bien venir déjeuner avec lui et un de ses amis. J'accepte.

Une demi-heure plus tard on m'appelle au bureau. Qui est là ? Mon cher père, que je vois pour la première fois depuis plusieurs mois. Il monte avec moi dans la chambre que je partage avec quatre autres filles. Ses premières paroles : « Qu'est-ce que c'est que ce foutoir ? »

Il a toujours été un maniaque de l'ordre. Et notre chambre, comme le reste de la maison, c'est un vrai capharnaüm, le ménage pas fait et des fringues dans tous les coins.

Nous nous apprêtons à aller déjeuner, lorsqu'un des responsables dit à mon père : « Il faut nous signer un papier, l'engagement de ramener Christiane. »

Mon père, furieux, se met à hurler : il est le père, et seul juge de l'endroit où doit vivre sa fille. Jamais sa fille ne remettra les pieds ici.

A reculons, j'essaie de gagner la salle de thérapie, tout en le suppliant : « Je veux rester ici, papa. Je ne veux pas mourir, papa. Laisse-moi ici, je t'en prie. »

Les gens de Narconon, accourus en entendant nos cris, prennent mon parti. Mon père sort en gueulant : « J'appelle la police. »

Je sais qu'il va le faire. Je grimpe sur le toit. Il y a là une espèce de plate-forme pour les ramoneurs. Je m'y blottis, tremblant de froid.

Effectivement, deux paniers à salade s'amènent. Les flics et mon père fouillent la maison de haut en bas. Les gens de Narconon, inquiets, m'appellent. Personne ne monte sur le toit. Les flics et mon père repartent.

Le lendemain matin, je téléphone à ma mère à son bureau. En sanglotant, je lui demande ce qui se passe.

Sa voix est glaciale : « Je me désintéresse totalement de ce qui peut t'arriver.

— Mais tu es ma tutrice. Tu ne peux pas me laisser tomber comme ça. Je ne veux pas que papa m'emmène. Je veux rester ici, je ne ferai plus de fugue, je te le jure. Je t'en prie, fais quelque chose. Il faut que je reste ici, maman, sinon je vais mourir. Il faut me croire, maman. »

Voix agacée de ma mère : « Non, rien à faire. » Un déclic. Elle a raccroché.

Je suis complètement à plat. Puis la colère monte. Je me dis : « Eh bien dorénavant tu les emmerdes. Ils ne se sont jamais occupés de toi, et maintenant que ça leur chante ils te tombent sur le paletot, ces idiots qui n'ont fait que des conneries. La mère de Kessi, elle, elle a empêché sa fille de s'enfoncer dans la merde. Tes salauds de parents n'ont pas levé le petit doigt, et tout à coup ils s'imaginent savoir ce qui est bon pour toi. »

Je demande une séance supplémentaire, je m'en donne à cœur joie. Je veux rester à Narconon et peut-être, par la suite, devenir membre de l'Église scientologique. En tout cas, je ne permettrai à personne de me sortir d'ici. Je ne veux plus me laisser démolir par mes parents.

Trois jours plus tard, nouvelle convocation au bureau. Mon père est là, très calme. Il explique qu'il doit m'emmener au bureau de la Sécurité sociale, à cause du remboursement de mon séjour à Narconon.

Moi : « Non. Je ne veux pas t'accompagner. Je te connais papa, tu ne me laisseras pas revenir. Et je ne veux pas mourir. »

Mon père montre un papier aux responsables de Narconon. Il est signé de ma mère, et l'autorise à m'emmener. Le chef de Narconon me dit qu'il ne peut rien faire, il lui est impossible de me garder contre la volonté de mon père.

Il me conseille de ne pas oublier de faire mes exercices. Toujours penser à la confrontation. La confrontation, c'est leur maître mot. Il faut toujours confronter. Quels idiots ! Pour moi, il n'y a rien à confronter : je vais mourir. Je ne tiendrai pas le coup. Dans quinze jours au plus tard j'aurai replongé. Toute seule, je ne m'en sortirai jamais. Voilà ce que je pense en partant de chez Narconon, en l'un des rares moments où j'évalue lucidement ma situation. Seulement, dans ma détresse, je me persuade que Narconon aurait pu me sauver. Je pleure de rage et de désespoir. Je n'en peux plus.

La mère de Christiane

Après le fiasco Narconon, mon ex-mari a décidé de prendre Christiane chez lui pour la ramener enfin à la raison, selon son expression. A mon avis, ce n'était pas une bonne solution. D'abord, il ne pouvait pas la surveiller vingt-quatre heures sur vingt-quatre. Ensuite, étant donné mes relations avec lui, j'avais du mal à digérer l'idée de lui confier Christiane. D'autant plus que mon autre fille était revenue vivre avec moi parce que son père est trop dur avec elle.

Mais je ne savais plus à quel saint me vouer, et me disais que ses méthodes seraient peut-être plus efficaces que les miennes. Peut-être aussi — je n'exclus pas cette possibilité — ai-je voulu m'en convaincre pour me décharger provisoirement de la responsabilité de Christiane. Depuis son premier sevrage, j'étais perpétuellement au régime de la douche écossaise, passant de l'espoir au plus profond désespoir. Quand j'ai demandé à son père d'intervenir, j'étais physiquement et moralement au bout du rouleau.

Trois semaines après ce premier sevrage, si pénible (celui que Christiane et Detlev avaient fait à la maison), la première rechute m'a fait l'effet d'un coup sur la tête. La police m'a appelée à mon bureau pour m'informer de l'arrestation de Christiane et me demander de venir la chercher.

Je suis restée assise à mon bureau, toute tremblante, à regarder l'heure toutes les deux minutes. Je n'osais pas demander la permission de partir tout de suite. Je ne pouvais me confier à personne. Que dirait ma chef? J'ai soudain compris le père de Detlev. Au début on a honte, terriblement honte.

Au commissariat, je trouve une Christiane aux yeux tout gonflés de larmes. L'agent me montre la piqûre encore fraîche sur son bras, et ajoute qu'elle a été arrêtée au métro Zoo où elle attendait dans « une attitude équivoque ».

C'est quoi, « une attitude équivoque » ? Je n'arrive pas à me l'imaginer — peut-être n'en ai-je pas envie. Christiane est horriblement malheureuse d'avoir rechuté. Nouveau sevrage. Sans Detlev. Elle ne bouge pas de la maison, semble prendre la chose au sérieux. J'ai pris mon courage à deux mains, je suis allée à son école et j'ai mis son professeur principal au courant. Il a été épouvanté, mais m'a remerciée de ma franchise, les autres parents ne l'ont pas habitué à ça. A son avis, il y a encore d'autres drogués parmi les élèves. Il aimerait bien aider Christiane, mais ne sait pas comment.

C'est toujours la même chose, où que je m'adresse : ou bien on est aussi désemparé que moi, ou bien on se désintéresse totalement de gens comme Christiane. Une expérience que je vais vivre souvent.

Je me suis aperçue, petit à petit, combien il est facile

pour un adolescent de se procurer de l'héroïne. Rien que sur le chemin de l'école. J'ai vu des revendeurs guetter Hermannplatz, à Neukölln[1]. *Je n'en ai pas cru mes oreilles le jour où un de ces types a accosté Christiane en ma présence, pendant qu'on faisait des courses. Certains sont étrangers, mais il y a aussi des Allemands parmi ces trafiquants. Christiane m'a raconté comment elle les connaît, qui vend quoi, à qui, et ainsi de suite.*

Tout ça m'a paru complètement fou. Dans quel monde vivons-nous ?

J'ai voulu changer Christiane d'établissement, pour au moins lui éviter ces rencontres sur le chemin de l'école. Les vacances de Pâques étaient toutes proches, et j'espérais que dans un environnement différent elle courrait moins de dangers. C'était bien sûr une idée naïve, et de toute façon ça n'a rien donné, elle n'a pas été admise dans l'autre collège.

Elle a été très déçue mais s'est bornée à dire : « Tout ça n'a aucun sens. La seule chose qui peut m'aider, c'est une thérapie. » Mais où trouver une place ? J'ai téléphoné à tous les services possibles et imaginables. Dans le meilleur des cas, ils me donnaient l'adresse d'une consultation antidrogue. Là, on exigeait que Christiane vienne se présenter de sa propre volonté. Ils disaient tous du mal les uns des autres, mais ils étaient tous d'accord sur un point : il faut que ça vienne d'elle, sinon on ne peut pas la guérir.

Christiane, elle, monte tout de suite sur ses grands

1. Quartier de Berlin. *(N.d.T.)*

chevaux quand je la supplie d'aller à la consultation antidrogue. « Pour quoi faire ? Ils n'ont pas de place pour moi. Je ne vais pas être pendue à leurs basques pendant des semaines. »

Que faire ? Je ne pouvais pas la traîner de force chez ces gens-là, puisque c'était contre leurs principes. Aujourd'hui, je comprends assez bien leur attitude : à cette époque, Christiane n'était effectivement pas mûre pour suivre sérieusement une thérapie. D'un autre côté, j'estime que les enfants toxicomanes comme Christiane ont droit à toute l'aide possible, même contre leur volonté.

Plus tard, quand Christiane s'est sentie si mal en point qu'elle serait bien allée d'elle-même suivre une thérapie, même sévère, on nous a dit : « Tout est complet. Six à huit semaines d'attente. » A chaque fois ça me rendait malade, je ne pouvais que leur dire : « Et si ma petite fille est morte d'ici là ? — Oui, bien sûr. Alors qu'elle vienne pour quelques entretiens avec nos conseillers. On verra si ses intentions sont sérieuses. » Avec le recul, je ne peux pas leur en vouloir : ils ont si peu de places qu'ils sont bien obligés de faire une sélection.

Je n'ai donc rien trouvé. Mais quand Christiane est rentrée de vacances, j'ai eu l'impression qu'elle n'avait plus besoin de thérapie. Elle avait une mine superbe. J'ai cru que c'était gagné.

Elle me parlait souvent de son amie Babsi, qui se vend à de vieux bonshommes pour se payer de l'héroïne. Elle trouvait ça répugnant ; elle, elle ne pourrait jamais... Elle était si heureuse d'être enfin loin de toutes ces saletés, me disait-elle. Elle avait l'air sincère. J'aurais juré sur n'importe quoi qu'elle le pensait sérieusement.

Mais ça n'a duré que quelques jours. Je l'ai vu à ses pupilles en tête d'épingle. Je ne supportais plus son baratin : « Mais qu'est-ce que tu racontes, j'ai seulement fumé un petit joint. » Ç'a été le début d'une période terrible. Elle s'est mise à me débiter d'énormes mensonges, tout en sachant que je la perçais à jour. Je lui ai interdit de sortir, elle n'en a pas tenu compte. J'ai failli l'enfermer dans l'appartement, mais j'ai eu peur qu'elle saute par la fenêtre.

J'étais à bout de nerfs. Je ne supportais plus la vue de ces pupilles minuscules. Trois mois s'étaient écoulés depuis le jour où je l'avais surprise dans la salle de bains. Au moins une fois par semaine, les journaux annonçaient une nouvelle mort par overdose. En quelques lignes. Les victimes de l'héroïne étaient devenues un fait divers aussi banal que les accidents de la circulation.

J'avais affreusement peur. Surtout parce que Christiane ne se confiait plus à moi, niait l'évidence. Ça me rendait folle. Quand elle se sentait démasquée, elle devenait grossière et agressive. Petit à petit, sa personnalité se modifiait.

Je tremblais pour sa vie. Son argent de poche — vingt marks par mois — je ne le lui donnais plus que par toutes petites sommes. Si je lui remets les vingt marks d'un coup, me disais-je terrifiée, elle se paiera un shoot. Peut-être fatal. Le pire n'était pas de la savoir toxicomane — j'étais presque arrivée à me faire à cette idée — c'était la peur constante que son prochain shoot soit le dernier. Je lui étais reconnaissante de rentrer encore de temps en temps à la maison, au contraire de son amie Babsi. La mère de Babsi me téléphonait souvent, en larmes, pour savoir où pouvait bien être sa fille.

Je vivais sur le qui-vive. Épouvantée chaque fois que le téléphone sonnait : c'était peut-être la police, la morgue, ou quelque autre horreur. Aujourd'hui encore, je bondis de mon lit à la première sonnerie.

Christiane refusait tout dialogue. Si j'essayais d'aborder la question de la drogue, la réponse était, invariablement : « Fous-moi la paix. » J'avais l'impression qu'elle se laissait couler.

Elle soutenait cependant ne plus se piquer et s'en tenir au haschisch. Mais je ne me faisais plus aucune illusion. Je fouillais régulièrement sa chambre, et j'y trouvais toujours quelque ustensile suspect. Deux ou trois fois même, une seringue. Je la lui flanquais sous le nez, sur quoi elle braillait, d'un air offensé, que c'était celle de Detlev. Elle la lui avait confisquée.

Un jour, en rentrant du bureau, je les ai trouvés assis côte à côte sur le lit de Christiane, dans sa chambre d'enfant, en train de faire chauffer une cuillère. Frappée de stupéfaction devant un tel culot, je n'ai su que crier : « Fichez-moi le camp, et tout de suite ! »

Ils sont partis, et j'ai fondu en larmes. Je me suis tout à coup sentie abandonnée de tous, envahie d'une rage folle contre la police et le gouvernement. Ce matin, le journal annonçait la mort d'un jeune drogué. Encore un. Ça fait déjà trente cette année. Et nous n'étions qu'au mois de mai. Je ne comprenais plus : on nous parle à la télévision des sommes fabuleuses dépensées pour lutter contre le terrorisme, et pendant ce temps-là les revendeurs se promènent librement dans Berlin et vendent de l'herbe en pleine rue comme s'il s'agissait de cornets de crème glacée. Tout à coup je me suis entendue prononcer, à haute voix, « les salauds ».

Tant de pensées tourbillonnaient dans ma tête que j'en perdais le fil. Assise dans ma salle de séjour, j'ai regardé mes meubles, un par un. J'avais envie de tout casser. Voilà, me disais-je, ce pour quoi tu t'es donné tant de mal. J'ai recommencé à pleurer.

Ce soir-là, j'ai battu Christiane. Une raclée terrible. Je l'avais attendue, assise droite comme un i *dans mon lit. Dévorée d'angoisse et de remords. J'avais tout raté. Mon mariage avait été une erreur, je m'étais trop absorbée dans ma vie professionnelle. Et de plus j'avais trop longtemps fermé les yeux, par lâcheté, sur la situation de Christiane.*

Ce soir-là, j'ai perdu mes dernières illusions.

Christiane n'est rentrée qu'à minuit et demi. De ma fenêtre, je l'ai vue descendre d'une Mercedes. Juste devant la porte de notre immeuble. Mon Dieu, ai-je pensé, c'est la fin de tout, elle a perdu jusqu'aux dernières traces de respect d'elle-même, c'est la catastrophe. J'étais anéantie. Je l'ai attrapée et frappée à m'en faire mal aux mains. Après quoi on s'est effondrées toute les deux sur le tapis et on a pleuré ensemble. Christiane était liquéfiée. Je lui ai lancé en pleine figure qu'elle est une putain : « Inutile de nier, je sais. » Elle s'est bornée à secouer la tête et à sangloter : « Mais pas comme tu crois, maman. »

Je ne lui ai pas demandé de détails. Je l'ai envoyée prendre son bain, et au lit. Ce que j'éprouvais, personne ne peut l'imaginer. Christiane se vend à des hommes ! Je crois ce coup-là encore plus terrible que quand j'ai appris qu'elle se piquait.

Je n'ai pas fermé l'œil de la nuit. Dans mon désespoir, j'ai même envisagé un placement en institution. Mais ça n'aurait fait qu'aggraver les choses. On l'aurait hébergée, en attendant mieux, au Centre médico-psychologique de l'Ollenhauerstrasse, celui-là même dont un professeur m'a dit un jour le plus grand mal — et notamment que les jeunes filles s'y incitent mutuellement à la prostitution.

Je ne voyais plus qu'une seule possibilité : éloigner Christiane de Berlin. Définitivement. Qu'elle le veuille ou non. La sortir de ce marécage, l'envoyer dans un endroit sans héroïne.

Ma mère, qui habite dans le Hesse, a immédiatement accepté de la prendre, et ma sœur — elle vit, elle, dans le Schleswig-Holstein — aussi. Lorsque j'ai annoncé ma décision à Christiane, elle a eu l'air décontenancée. J'ai commencé les préparatifs. C'est alors que Christiane, prenant des airs contrits, m'a déclaré qu'elle voulait suivre une thérapie. Elle s'était même trouvé une place. Chez « Narconon ».

Quel soulagement ! Je craignais tant que Christiane,

sans thérapie, soit incapable de tenir le coup et ne s'enfuie de chez ma mère ou ma sœur.

Je n'avais pas d'informations précises sur Narconon. Je savais seulement que c'est très cher. L'avant-veille de son quinzième anniversaire, je l'y conduis en taxi. Un jeune homme nous accueille pour l'entretien d'admission. Il nous félicite de notre décision, et m'assure que désormais je n'aurais plus à m'inquiéter : la thérapie-Narconon est, en règle générale, couronnée de succès. Je pouvais partir tranquille. Enfin !

Là-dessus, il me tend un papier à signer. Un engagement de paiement, cinquante-deux marks par jour, quatre semaines payables d'avance. C'est plus que mon salaire mensuel. Mais quelle importance ? En outre, le jeune homme affirme que je serai remboursée par les assurances sociales.

Le lendemain, je réunis la somme de cinq cents marks et la porte à Narconon. Puis je fais un emprunt de mille marks à la banque. Je leur remettrai le chèque à la prochaine réunion de parents.

L'animateur de ces réunions de parents est soi-disant un ancien drogué. Son passé ne semble avoir laissé aucune trace en lui. C'est grâce à Narconon, qui a fait de lui un homme nouveau, nous explique-t-il. Ça nous impressionne. Il m'annonce que Christiane fait de grands progrès.

En réalité, c'était du cinéma. Ces gens-là en voulaient surtout à notre argent. J'ai appris plus tard, par la presse, que Narconon appartient à une secte américaine assez douteuse et se taille de jolis bénéfices en exploitant l'angoisse des parents.

Mais, comme d'habitude, j'ai compris trop tard, une fois le mal fait. Et je m'imaginais Christiane en de bonnes mains. Je voulais qu'elle y demeure le plus longtemps possible. J'avais donc besoin d'argent.

J'ai fait le tour des services administratifs. Aucun n'était compétent, paraît-il. Et nulle part on ne m'a dit la vérité sur Narconon. J'étais découragée. A me voir ainsi ballottée de guichet en guichet, j'avais l'impression de voler leur temps à tous ces gens. Finalement, quelqu'un m'a dit : il faut avant toute chose un certificat médical, délivré par les services de la Santé publique, attestant la toxicomanie de Christiane. Munie de ce document, je pourrai demander la prise en charge de la thérapie. J'ai cru à une plaisanterie. La détresse de Christiane sautait aux yeux de quiconque s'y connaissait un peu. Mais c'est ça, l'administration. Seulement, lorsque, au bout de deux semaines d'efforts, j'ai enfin obtenu un rendez-vous chez le médecin agréé, Christiane avait fichu le camp de chez Narconon. Sa troisième fugue.

Je pleurais toutes les larmes de mon corps. Je me disais, ça recommence, on repart à zéro. Mon ami et moi, nous nous sommes mis à sa recherche. Le matin, on passait au peigne fin les quartiers de la périphérie, le soir le centre ville (même les w.-c. publics) et les discothèques, entre-temps les gares et les stations de métro. Tous les lieux hantés par les drogués. Jour après jour, nuit après nuit. Nous avions déclaré sa disparition à la police. Ils ont dit qu'ils l'inscrivaient sur la liste des personnes recherchées, elle finira bien par reparaître quelque part.

Si j'avais pu m'enfoncer sous terre ! Je n'étais plus qu'angoisse. Peur d'une voix m'annonçant au téléphone : votre fille est morte. Je n'étais plus qu'un paquet de nerfs. Je n'avais plus envie de rien, ne m'intéressais plus à rien, je me forçais à faire mon travail. Je ne voulais pas prendre de congé maladie. J'ai eu des troubles cardiaques, je ne pouvais plus bouger mon bras gauche, il s'engourdissait chaque nuit. Mon estomac protestait, j'avais mal aux reins, ma tête menaçait d'éclater. Je n'étais plus qu'un petit tas de misères.

Je suis allée voir un médecin. Il m'a donné le coup de grâce. Après m'avoir examinée, il a considéré tout ça comme nerveux et m'a prescrit du Valium. Quand je lui ai raconté pourquoi j'étais dans un tel état, il m'a dit que, quelques jours auparavant, une jeune fille venue consulter lui a avoué qu'elle se droguait. Elle lui a demandé quoi faire.

« Et que lui avez-vous dit ?

— D'aller se pendre. Il n'y a pas d'issue. »

C'est ça qu'il lui a dit.

Au bout d'une semaine, Christiane est revenue à Narconon. Je n'ai pas pu me réjouir de la nouvelle. Quelque chose était mort en moi. Je pensais avoir fait tout ce qui est humainement possible. Mais ça ne servait à rien. Au contraire.

A Narconon, Christiane avait changé. Mais pas en bien. Elle n'avait plus rien d'une jeune fille, elle était devenue vulgaire — presque repoussante.

J'avais été choquée dès mes premières visites après son entrée à Narconon. Tout à coup elle était devenue une étrangère, il y avait quelque chose de cassé. Jusque-là, elle avait gardé, en dépit de tout, un lien avec moi. C'était fini, brisé, comme après un lavage de cerveau.

C'est alors que j'ai prié mon ex-mari d'emmener Christiane dans ma famille. Mais il a préféré la prendre chez lui. Il allait la mater. Au besoin par la manière forte.

Je n'ai pas protesté. J'étais au bout de mon rouleau. J'avais déjà commis tant d'erreurs que je craignais, en m'obstinant à envoyer Christiane chez ma mère, de continuer la série.

Christiane

Avant de m'emmener chez lui, mon père fait une halte à son bistrot favori, près du métro Wutzkyallee. Il veut me commander une boisson alcoolisée, mais je ne bois que du jus de pomme. Il me dit que si je ne veux pas mourir je dois cesser de me droguer. « C'est exactement la raison pour laquelle je voulais rester à Narconon », je lui réponds.

Le juke-box rabâche un vieux tube. Quelques jeunes jouent au flipper et au billard. Ceux-là, affirme mon père, sont des adolescents normaux. D'ailleurs, ici, je trouverais bientôt de nouveaux amis et je comprendrai de moi-même combien j'avais été stupide de me droguer.

Je l'écoute à peine. Je suis crevée, amère, et n'ai qu'une seule envie : être seule. Je hais le monde entier. Narconon me semble à nouveau la porte du Paradis, et mon père vient de me la claquer au nez. Je prends Janie avec moi dans mon lit et lui demande : « Janie, connais-tu l'être humain ? » Je réponds pour elle : « Hé non. » Janie va vers n'importe qui en frétillant de la queue, elle croit que tous les hommes sont bons. C'est ce que je n'aime pas en elle. J'aurais préféré qu'elle grogne, en se méfiant de tout le monde.

A mon réveil, je m'aperçois que Janie n'a pas fait de saletés dans la pièce. Autant la sortir tout de suite. Mon père est déjà parti au boulot.

La porte d'entrée est fermée à clé. Je me jette dessus, secoue la poignée. Elle reste close. Je m'efforce de garder mon calme. Mon père ne peut tout de même pas m'avoir enfermée comme une bête sauvage. Et il sait bien qu'il faut sortir le chien.

Je fouille l'appartement à la recherche d'une clé. Il doit bien en avoir mis une quelque part, ne serait-ce qu'en cas d'incendie. Je regarde sous le lit, derrière les rideaux, dans le frigo. Pas de clé. Je n'ai pas le temps de me mettre en rogne pour de bon, car je dois trouver une solution pour Janie avant qu'elle ne dégueulasse la moquette. Je l'amène sur le balcon. Elle comprend ce que j'attends d'elle.

J'inspecte l'appartement. Il y a quelques changements depuis mon départ. La chambre à coucher est vide : ma mère a emporté le lit. Dans la salle de séjour, un divan que je ne connaissais pas — là dort mon père — et une télé couleur toute neuve. Le caoutchouc a disparu, de même que le bambou avec lequel mon père m'a si souvent tanné les fesses. Il y a un baobab à la place.

Dans la chambre d'enfants, la vieille armoire est toujours là : on ne peut toujours ouvrir qu'un seul battant de sa porte, sous peine de la voir s'écrouler. Le lit, comme autrefois, craque à chaque mouvement. Mon père m'enferme pour me faire devenir une jeune fille normale, et il n'est même pas capable d'aménager correctement son appartement.

Janie et moi retournons sur le balcon. Elle pose ses pattes avant sur la balustrade, regarde la rue, onze étages plus bas, et les tours sinistres qui nous entourent.

J'ai besoin de parler à quelqu'un. J'appelle Narconon. Ils m'annoncent une surprise : Babsi est arrivée. Elle veut vraiment décrocher, elle aussi. Elle me raconte qu'on lui a donné mon lit. Je suis affreusement triste de ne pas être avec elle à Narconon. Nous causons longtemps.

Quand mon père est rentré, je ne lui dis pas un mot. Il parle pour deux. Il n'a pas perdu de temps ; il a planifié toute mon existence. J'ai un emploi du temps pour chaque jour de la semaine : ménage, courses, nourrir ses pigeons voyageurs, nettoyer leur pigeonnier (qui n'est pas à la cité Gropius, mais à Rudow). Et contrôle téléphonique de la bonne exécution du programme. Pour mes loisirs il m'expédie un chaperon, une de mes anciennes copines, Catherine, une nouille qui ne jure que par le hit-parade de la télé.

Mon vieux me promet aussi une récompense : il m'emmènera en Thaïlande. La Thaïlande, c'est son trip. Il y va au moins une fois par an. A cause des nanas, mais aussi des fringues qui y sont vraiment pour rien. Tout son argent, il le met de côté pour ses voyages en Thaïlande. C'est sa drogue.

J'écoute mon père en me disant que, pour le moment du moins, je n'ai qu'à lui obéir. Ça vaut mieux que d'être enfermée. Dès le lendemain, entrée en vigueur des nouvelles dispositions. Conformément au programme, je fais le ménage, puis le marché. Arrivée de Catherine pour la promenade. Je la fais cavaler comme une dératée, et quand je lui annonce que je dois maintenant aller nourrir les pigeons, elle déclare forfait et renonce à m'accompagner.

J'ai donc mon après-midi à moi. Comme mon moral est toujours à zéro, j'ai terriblement envie d'être paf, sans trop savoir ce que je vais bien pouvoir prendre. Je vais aller passer une heure au parc Hasenheide, à Neukölln. On y trouve du hasch, dans une ambiance très cool. J'ai envie d'un joint...

Mais je n'ai pas d'argent. Je sais où en trouver. Mon père a plus de cent marks, en pièces, dans une bouteille — sa tirelire pour le prochain voyage en Thaïlande. J'en prends cinquante, pour avoir de la marge, en me disant qu'en économisant sur l'argent des commissions j'aurai vite fait de combler le trou.

A peine ai-je fait quelques pas dans le parc, je tombe sur Piet, le garçon de la Maison du Milieu en compagnie duquel j'ai fumé mon premier joint. Il s'est mis à l'héroïne, lui aussi. Je lui demande donc si on en trouve dans le coin.

Lui : « Tu as du fric ? »

Moi : « Oui. »

Lui : « Viens avec moi. » Il m'emmène voir un groupe de métèques, je leur achète un sachet d'un quart. Il me reste dix marks. Nous allons aux toilettes du parc, Piet me passe son artillerie [1] en échange de la

1. Instruments pour injection de drogue (Dico Didro). *(N.d.T.)*

moitié de ma dose — c'est bien un toxico, maintenant. On se fait tous les deux un petit shoot.

Je me sens formidablement bien. La Hasenheide, c'est la Scène la plus cool de Berlin. Pas un endroit pourri comme le Kurfürstendamm. On y consomme surtout du haschisch. Fumeurs et fixers y coexistent tout à fait pacifiquement, alors qu'au Kudamm le haschisch passe pour une drogue de bébé et on méprise les fumeurs.

Au parc Hasenheide, personne ne se soucie de savoir à quoi vous vous droguez. Vous pouvez même ne pas vous droguer du tout. L'important, c'est d'avoir envie de s'éclater, qu'on soit parti ou non. Des groupes font de la musique, jouent de la flûte ou du bongo. C'est une grande communauté où tout le monde — y compris les métèques — s'entend bien. Ça devait être comme ça à Woodstock.

Je suis à la maison à l'heure dite. Mon père rentre à six heures, et ne s'aperçoit pas que je suis défoncée. J'ai un peu mauvaise conscience à cause des pigeons. Ils ont jeûné aujourd'hui, mais demain je leur donnerai double ration. Je décide de ne plus me piquer ; au parc Hasenheide, on n'est pas déconsidéré si on est seulement fumeur de hash, et ça m'ira parfaitement. Je ne veux pas retourner au Kurfürstendamm, c'est trop dégueulasse. Au parc Hasenheide, je réussirai à décrocher. J'en suis persuadée.

J'y retourne chaque après-midi avec Janie. Elle aime beaucoup cet endroit, il y a plein d'autres chiens gentils. Ici, même les chiens sont gentils. Et tout le monde aime bien Janie et la caresse.

Les pigeons, je les nourris un jour sur deux, quelquefois seulement tous les trois jours. Ça suffit, pourvu qu'on les laisse se gaver à en éclater et qu'on répande ensuite quelques provisions dans le pigeonnier.

Je fume de l'herbe quand on m'en offre. Et il y a toujours quelqu'un pour m'en offrir. C'est encore une différence entre les fumeurs et les fixers : les premiers sont partageurs.

Je fais plus ample connaissance avec le métèque qui m'a vendu la dose d'héro le premier jour. Je m'étais installée à côté de la couverture sur laquelle il est assis avec quelques copains. Il m'a invitée à y prendre place et s'est présenté : Il s'appelle Mustafa, il est turc, les autres sont arabes. Ils ont tous entre dix-sept et vingt ans. Ils étaient en train de manger de la galette avec du fromage et du melon. Ils m'en donnent un peu, ainsi qu'à Janie.

Mustafa, je le trouve assez cool. C'est un revendeur, mais la manière dont il travaille est vachement cool, rien à voir avec l'agitation et le cinéma des trafiquants allemands. Mustafa arrache des touffes d'herbe et planque son sac de came dessous. Les flics peuvent toujours venir, ils ne trouvent rien. S'il vient un client, Mustafa, tranquille comme Baptiste, fouille la pelouse à coups de canif jusqu'à ce qu'il ait récupéré son bien.

Il ne vend pas de sachets tout prêts comme les revendeurs du Kudamm, il a de la came en vrac et son instrument de mesure c'est la pointe de son couteau. Ses doses sont toujours correctes. Il essuie du doigt la poudre restée collée à la lame, et me la donne à sniffer.

Mustafa me déclare tout de suite que c'est dégueulasse de se shooter. Si on ne veut pas tomber dans la dépendance, il faut se contenter de sniffer. Lui et les Arabes s'en tiennent là, et aucun d'eux n'est accroché. D'ailleurs, ils ne sniffent que quand ils en ont envie.

De crainte que je ne retombe dans la dépendance physique, Mustafa ne m'autorise pas toujours à priser. Je constate que ces métèques savent se servir de la drogue. Pas comme les Européens. Pour nous autres, les Européens, l'héro est à peu près ce qu'a été jadis l'eau de feu pour les Indiens. Il m'est arrivé de penser que les Orientaux pourraient exterminer les Européens et les Américains avec ça, comme les Européens ont, dans le temps, exterminé les Indiens par l'alcoolisme.

Je découvre les métèques. Ils ne sont pas seulement les « toi baiser » qui ont toujours représenté pour Babsi, Stella et moi le comble de l'horreur. Mustafa et les Arabes sont des hommes très fiers, très faciles à blesser. Ils m'ont acceptée parce que je me conduis avec dignité. J'ai très vite compris comment ça se passe chez eux. Par exemple, il ne faut jamais rien solliciter. Ils ont encore le sens de l'hospitalité, c'est important à leurs yeux : si on veut quelque chose on se sert. Qu'il s'agisse de graines de tournesol ou d'héro. Mais il ne faut pas non plus donner l'impression qu'on abuse. Ainsi, il ne me viendrait pas à l'idée de leur demander un peu d'H à emporter. Ce que je prends, je le sniffe tout de suite. Ils ont fini par m'accepter tout à fait, bien qu'ils n'aient pas très bonne opinion des filles allemandes. J'ai appris que, sur certains points, les métèques peuvent en remontrer aux Allemands.

Je trouve tout ça merveilleusement cool, et je n'ai

plus du tout le sentiment d'être une droguée. Jusqu'au jour où je constate que je suis retombée dans la dépendance physique.

Le soir, avec mon père, je joue la fille prodigue. Je l'accompagne souvent au bistrot et, de temps en temps, pour lui faire plaisir, je commande une bière. La clientèle de l'endroit me débecte — j'ai horreur des alcoolos — mais je veux qu'ici aussi on me porte de la considération. Je veux pouvoir m'affirmer dans la vie qui sera la mienne, dans un avenir d'où la drogue sera absente.

Je m'exerce au flipper et m'entraîne au billard comme une enragée. Je voudrais aussi apprendre à jouer au skat[1]. Je voudrais pratiquer tous les jeux masculins. Mieux que les hommes. Si je suis obligée de vivre avec des gens de l'espèce des habitués du « Schluckspecht », je veux au moins m'en faire respecter. Être une vedette. J'aurai ma fierté. Comme les Arabes. Je ne demanderai jamais rien à personne. Je ne me sentirai jamais en état d'infériorité.

Mais je n'ai pas appris à jouer au skat. J'ai de nouveau d'autres soucis. Les premières manifestations de la crise de manque se sont fait sentir. Il faut que j'aille au parc tous les jours, et ça prend du temps : je ne peux pas me pointer chez Mustafa, prendre mon H et me tirer. Et les pigeons de mon père qui n'ont rien mangé depuis trois jours ! Chaque après-midi, il faut que je trouve un moyen de larguer Catherine, mon chaperon,

1. Jeu de cartes. (*N.d.T.*)

et d'être à la maison — ménage et courses faits — à l'heure du téléphone de contrôle paternel. En cas d'absence, il ne me reste qu'à inventer une excuse plausible, et pas deux fois la même. Je ne me sens plus bien du tout.

Et puis un après-midi, au parc Hasenheide, deux mains se posent sur mes yeux. Je me retourne : Detlev ! Nous tombons dans les bras l'un de l'autre. Janie fait la fête. Detlev a bonne mine. Il est clean, dit-il. Je le regarde dans les yeux : « Ben mon vieux, pour être clean... Tes pupilles ne sont plus qu'un point. » Detlev a effectivement décroché pendant son séjour à Paris, mais il est allé tout droit au métro Zoo se payer un shoot.

Nous allons chez moi. On a encore le temps avant le retour de mon père. Comme mon lit est décidément trop branlant, j'étends le couvre-pieds par terre. On fait l'amour, heureux comme des rois. Ensuite on cause. De désintoxication. On va s'y mettre dès la semaine prochaine. Detlev me raconte comment Bernd et lui se sont procuré le fric pour aller à Paris : ils ont enfermé un client dans la cuisine, lui ont tranquillement fauché son carnet d'Eurochèques, et l'ont revendu pour mille marks à un receleur. Bernd s'est fait pincer. Mais lui les flics ne l'auront jamais car le type ignore son nom.

Nous nous retrouvons chaque jour au parc Hasenheide. Ensuite, j'emmène généralement Detlev chez moi. Nous ne parlons plus guère désintoxication, car nous sommes très heureux comme ça. Seulement, j'ai de plus en plus de mal à boucler mon budget-temps. Mon père multiplie les contrôles et me charge d'un tas de nouvelles tâches. J'ai besoin de temps pour la bande des Arabes, d'autant plus que je voudrais bien rapporter un peu de came à Detlev. Et je veux avoir beaucoup de temps à consacrer à Detlev. C'est de nouveau le stress.

Finalement, je ne vois plus d'autre solution que d'aller faire un client au métro Zoo à l'heure du déjeuner. Je n'en dis rien à Detlev. Mais le bonheur c'est fini, c'est de nouveau la vie de toxico. Et les quelques bonnes journées qui suivent toujours un sevrage — on n'a pas peur du manque et on n'est pas forcé d'avoir tout le temps de la came — deviennent plus courtes chaque fois.

Environ une semaine après le retour de Detlev, qui fait son apparition au parc Hasenheide ? Rolf, le pédé, le logeur de Detlev. Il a l'air sombre et ne prononce que trois mots : « Ils l'ont coffré. » Detlev a été pris dans une rafle et on lui a tout de suite collé sur le dos l'affaire des Eurochèques. Le receleur l'avait donné.

Je vais m'enfermer dans les toilettes publiques pour pleurer un bon coup. Une fois de plus, les lendemains qui chantent ce n'est pas pour nous. La réalité a repris ses droits ; c'est-à-dire qu'il n'y a aucun espoir. Pour tout arranger, je suis tenaillée par la peur de la crise de manque. Mais il m'est impossible d'aller m'asseoir tranquillement à côté des Arabes à mâchonner des graines de tournesol en attendant qu'on me file un sniff. Je vais à la station Zoo, m'installe contre une vitrine et attends le client. Mais ici c'est le calme plat : il y a un match de foot à la télé. Même pas un métèque en vue.

Survient un type que je connais : Henri, le vieux client de Stella et de Babsi. Le type qui paye toujours en nature, fournit même la seringue, mais veut baiser. De toute manière, depuis que je sais que Detlev est en taule, et pour longtemps, tout m'est égal. Henri ne me reconnaît pas, mais quand je lui dis : « Je suis Christiane, l'amie de Stella et de Babsi », ça fait tilt. Il me propose tout de suite de l'accompagner. Il offre deux quarts. C'est pas mal, ça fait l'équivalent de quatre-vingts marks. Mais je discute, et j'obtiens en plus un peu de fric pour des cigarettes, du coca, etc. En route.

Henri s'arrête en chemin pour acheter de la came — sa provision est épuisée. C'est marrant de voir ce mec, avec sa tête de comptable, se balader au milieu des toxicos. Mais il s'y connaît : il a sa revendeuse attitrée, qui lui fournit toujours de la marchandise extra.

Je sens venir la crise de manque. Si je m'écoutais, je me ferais un shoot tout de suite, dans la voiture. Mais Henri ne lâche pas le moindre grain d'H.

Il me fait visiter sa papeterie. Il ouvre un tiroir, en sort un paquet de photos. C'est lui qui les a prises. Du porno. Complètement débile. Au moins une douzaine de filles. Quelquefois on les voit tout entières — toutes nues —, quelquefois seulement le bas-ventre. Pauvre crétin, pauvre vieux cochon. Je pense surtout à la came que ce salaud a toujours dans sa poche, et je regarde les photos assez distraitement. Jusqu'au moment où je tombe sur celles représentant Stella, Babsi et Henri en pleine action.

Je dis : « Chouettes photos. Maintenant allons-y, j'ai besoin d'un shoot. » On monte à son appartement. Il me donne une dose d'un quart et fait chauffer une cuillère. Il s'excuse : c'est une cuillère à soupe, il n'a plus de petites cuillères, elles lui ont toutes été fauchées par des toxicos. Je me pique. Il m'apporte une bouteille de bière de malt et me fiche la paix pendant un quart d'heure. Il a suffisamment l'expérience des toxicos pour savoir qu'après un shoot on a besoin d'un quart d'heure de tranquillité.

Babsi et Stella m'ont toujours raconté qu'Henri est un homme d'affaires. Mais son appartement ne ressemble pas à celui d'un homme d'affaires. Les rideaux de la salle de séjour sont jaunes de crasse, et constamment tirés pour éviter les regards indiscrets. Dans une vieille armoire s'entasse tout un bric-à-brac de porcelaines kitsch, de bouteilles habillées d'osier ayant autrefois contenu du vin italien, et dans un coin sont suspendues des cravates. Contre le mur, deux vieux divans accolés et recouverts d'une vieille couverture écossaise à franges. C'est là que nous nous installons.

Cet Henri n'est même pas un type désagréable. Malheureusement — pas pour lui, c'est sa grande force — il est casse-pieds. A force de me tanner, il a ce qu'il voulait : je couche avec lui pour avoir la paix et pouvoir rentrer chez moi. En plus, il veut absolument que j'éprouve quelque chose. Alors je fais semblant de jouir — après tout il s'est montré généreux.

Me voici donc à mon tour, après Stella et Babsi, la nana d'Henri. C'est pratique, ça fait gagner beaucoup de temps : plus besoin de rester pendue des heures aux basques des Arabes pour un petit sniff de rien du tout, plus besoin d'attendre le client, plus besoin même de courir acheter la came. Ça me donne la possibilité de venir à bout, sans trop de peine, de mes diverses tâches : le ménage, les courses, les pigeons, etc.

Je passe presque tous mes après-midi chez Henri. Je l'ai plutôt à la bonne maintenant. A sa manière, il m'aime. Il me le répète sans cesse, et il veut m'entendre dire que je l'aime aussi. Il est terriblement jaloux. Il a toujours peur que je ne retourne au métro Zoo. Au fond il est gentil.

Je n'ai plus personne d'autre à qui parler. Detlev est en taule, Bernd aussi, Babsi chez Narconon, Stella semble avoir disparu de la surface de la terre, ma mère se désintéresse de moi (du moins je le crois). Quant à mon père, je passe mon temps à lui mentir. Il ne me reste qu'Henri : je peux lui parler de n'importe quel sujet, je n'ai rien à lui cacher — ou presque. La seule chose dont je ne peux pas lui parler à cœur ouvert, ce sont mes sentiments pour lui.

Quelquefois, je me sens vraiment bien quand il me prend dans ses bras. J'ai l'impression de compter pour lui, qu'il me respecte. Qui d'autre me respecte ? Ailleurs que sur son divan crasseux, je me sens plutôt sa fille que sa maîtresse. Mais il est de plus en plus crampon, il voudrait que je sois tout le temps avec lui — pour l'aider au magasin, pour qu'il me présente à ses soi-disant amis. De vrais amis, il n'en a pas un seul.

Du coup, c'est de nouveau la course contre la montre. D'autant plus que mon père devient de plus en plus méfiant.

Il fouille tout le temps mes affaires. Il faut que je

fasse très attention de ne rien laisser entrer de suspect dans l'appartement. Il a fallu que je trouve un code pour les adresses et les numéros de téléphone. Par exemple : Henri habite rue de la Forêt — j'ai donc dessiné deux ou trois arbres sur mon carnet. Le numéro de la rue ainsi que le numéro de téléphone sont camouflés en devoir de calcul. Le 3 95 47 73 est devenu : 3,95 marks plus 47 pfennigs + 73 pfennigs. Et j'ai fait consciencieusement l'addition. Au moins, ça me fait faire encore un peu de calcul.

Un jour, Henri perce le mystère de la disparition de Stella : elle est en taule. Ça lui flanque un coup. Pas pour Stella, mais parce qu'elle risque de le balancer aux flics. J'apprends alors qu'il est, depuis pas mal de temps, sous le coup d'une information pour détournement de mineures. Jusqu'à présent ça l'a laissé froid, bien qu'il ait déjà un casier judiciaire. Son avocat, dit-il, est le meilleur de Berlin, Mais si Stella raconte qu'il paie les filles en nature, c'est-à-dire en came, ça va le mettre dans de beaux draps.

Moi aussi ça me fait un choc. Et, comme Henri, je ne m'inquiète pas pour la pauvre Stella mais pour moi-même. S'ils l'ont mise en cabane malgré ses quatorze ans, je n'y couperai pas non plus. Et je n'ai aucune envie d'aller en prison.

J'appelle Narconon pour annoncer la nouvelle à Babsi. Je lui téléphone presque tous les jours. Jusqu'à présent elle s'y plaît bien — il est vrai qu'elle a déjà fait deux fugues, histoire de se payer un shoot. Aujourd'hui, elle ne vient pas à l'appareil : on m'apprend qu'elle est à l'hôpital. Une jaunisse.

Babsi et moi, c'est le même topo : dès qu'on tente sérieusement un sevrage, on attrape la jaunisse. Babsi en est à sa énième tentative. La dernière fois, elle est même allée jusqu'à Tübingen, accompagnée d'un conseiller d'un centre antidrogue, pour suivre une thérapie. Mais au dernier moment elle a eu la trouille parce que la boîte de Tübingen a la réputation d'être très sévère. Babsi est au même stade de délabrement physique que moi. Nous nous surveillons toujours l'une l'autre. On se sert de miroir pour juger de l'ampleur des dégâts.

Le lendemain matin, je fonce voir Babsi à l'hôpital Westend. Janie et moi prenons le métro jusqu'à la place Theodor-Heuss, puis nous faisons le reste du chemin à pied, au pas de course. C'est un quartier vachement chouette. Des villas terribles, et plein d'arbres. Je ne savais même pas qu'il existe des endroits pareils à Berlin. Au fond je ne connais pas Berlin. Rien que la cité Gropius et ses environs, le quartier de Kreuzberg où habite ma mère, et les quatre terrains d'action de la Scène. Il pleut à verse. Janie et moi nous sommes trempées mais bien contentes : parce que nous courons dans la verdure et — ça c'est pour moi — parce que nous allons voir Babsi.

On ne veut pas laisser entrer Janie à l'hôpital. Je n'avais pas pensé à ça. Mais un des portiers est sympa : il accepte de me la garder le temps de ma visite. Je monte dans le service et cherche en vain Babsi. Finalement, je demande au premier médecin que je rencontre où elle est : « J'aimerais bien le savoir », me dit-il. Il me raconte qu'elle s'est sauvée hier. Et elle risque de claquer à la moindre absorption de drogue, n'importe quelle drogue, car elle n'est pas guérie et son foie ne tiendra pas le coup.

Je récupère Janie et nous repartons. Dans le métro je réfléchis : si le foie de Babsi est déglingué, le mien aussi. Nous deux, on est toujours pareilles. Si je pouvais retrouver Babsi ! J'ai oublié toutes nos querelles. Je crois que nous avons besoin l'une de l'autre. Elle doit avoir besoin de parler, et puis je voudrais la convaincre de retourner à l'hôpital. Mais je reviens à la réalité : je sais qu'elle n'y retournera pas après deux jours de cavale et de défonce. Je ne le ferais pas non plus. Je sais aussi où la chercher : elle doit être au turf, du côté de la Scène, ou chez un client. Je n'ai pas le temps de fureter partout, mon père ne va pas tarder à téléphoner. Je me conforme à la morale du fixer : chacun pour soi. Je rentre à la maison. Je n'ai d'ailleurs pas envie d'aller traîner par là-bas, Henri me fournit suffisamment de came pour mes besoins.

Le lendemain matin, je descends acheter le journal, le B.Z. [1]. Je le fais tous les matins. Depuis, en fait, que ma mère ne me donne plus, le soir, les fameuses coupures annonçant : « Encore une victime de la drogue. » Sans bien en avoir conscience, c'est toujours la première information que je cherche. Les articles sont de plus en plus courts parce que c'est de plus en plus fréquent. Mais les noms de ceux trouvés morts, une aiguille plantée dans le bras, me sont de plus en plus souvent familiers.

1. *Bild Zeitung* (*N.d.T.*).

Donc, ce matin-là, je me prépare une tartine de confiture tout en feuilletant le journal. Un gros titre en première page : « Elle n'avait que quatorze ans. » J'ai compris. Sans même lire la suite. Babsi. J'en avais le pressentiment. Je suis incapable d'éprouver quoi que ce soit. Morte. J'ai l'impression d'avoir lu l'annonce de ma propre mort.

Je cours à la salle de bains me faire un shoot. Après ça, les larmes me viennent enfin. Je ne sais pas si je pleure sur Babsi ou sur moi. Je me recouche. Je fume une cigarette pour me donner le courage de lire l'article en entier. C'est rédigé comme un fait divers à sensation : « La seringue à usage unique, en plastique d'un blanc laiteux, est encore plantée dans la main gauche : Babette D. (quatorze ans), collégienne, est morte. La jeune fille — à ce jour la plus jeune victime de la drogue — a été découverte inanimée dans un appartement de la Brotteroder Strasse. Nadjy R. (trente ans) a déclaré à la P.J. qu'il l'avait levée à la discothèque Sound de la Genthiner Strasse. Comme elle n'avait pas où dormir, il l'avait recueillie dans son appartement. Babette est la quarante-sixième victime de la drogue à Berlin depuis le début de l'année. » Etc. Avec tout le baratin habituel sur la Scène et les fixers — c'est si simple, n'est-ce pas ? Après, ç'a été le tour des magazines de raconter des tas de salades sur Babsi, « La Plus Jeune Victime de la Drogue en Allemagne ».

Vers midi, j'ai un peu repris du poil de la bête. Ce que j'éprouve maintenant c'est une colère noire. Je suis convaincue qu'un salaud a dû vendre de la drogue frelatée à Babsi — peut-être un truc contenant de la strychnine. La came à la strychnine commence à envahir Berlin. Je n'hésite plus. Je vais à la police, j'entre sans frapper dans le bureau de la Schipke, et je déballe. Je lui raconte tout ce que je sais sur les revendeurs malhonnêtes, les maquereaux dans le commerce de la drogue, le Sound. Tout ça n'a pas l'air de l'intéresser beaucoup. A la fin elle me sort son sempiternel : « Bon, à la prochaine fois Christiane. »

Je me dis que ça leur est bien égal aux flics si on vend de la drogue frelatée. Tout ce qu'ils attendent, c'est de pouvoir rayer un autre nom de toxico de leurs listes. Je me jure de trouver moi-même l'assassin de Babsi.

Le type chez qui on a trouvé Babsi est hors de cause. Je le connais bien. Il a plein de fric et il est très marrant. Il aime la compagnie des très jeunes filles. Il m'a déjà emmenée faire un tour en voiture, invitée à déjeuner et payée pour ça. Il ne veut coucher qu'avec des filles qui en ont envie. Moi il peut m'attendre longtemps. C'est un homme d'affaires mais il n'a jamais été fichu de comprendre que la prostitution c'est du commerce et rien d'autre.

Je vais donc faire le tapin Kurfürstenstrasse. Mon objectif est de gagner suffisamment de fric pour pouvoir tester la came de tous les revendeurs suspects. J'achète effectivement de l'héro à plusieurs types, et je me retrouve bientôt en pleine défonce. De toute manière personne ne sait, ou ne veut savoir, chez qui Babsi a acheté son dernier shoot. Je m'imagine toujours être à la poursuite de l'assassin de Babsi, alors qu'en réalité ça n'est plus qu'un prétexte pour me charger à bloc. Avec bonne conscience. Je me tiens des discours du genre : « Il faut que tu trouves ce salopard, même si tu dois y laisser ta peau. » Du coup, je n'ai plus peur de me piquer.

Berndt Georg Thamm

Directeur du Centre d'Information et d'Aide psychologique et sociale de l'Association Caritas, Berlin.

Horst Bromer

Psychologue. Conseiller au service « drogue » de la même association.

D'après nos estimations, la proportion des douze-seize ans chez les héroïnomanes de la République fédérale et de Berlin-Ouest est passée, ces trois dernières années, de 0 à 20 %. Christiane est un représentant typique de cette nouvelle cible des trafiquants de drogue, tout comme son amie Babsi, venue nous consulter en 1977 et morte deux mois plus tard d'une overdose. Nous avons été impuissants à aider cette adolescente de quatorze ans. Depuis, Stella ainsi que d'autres fixers de la bande de Christiane se sont adressés à nous. Ils présentent tous les caractéristiques de cette nouvelle génération de très jeunes drogués : manifestement agressifs ils ont, par ailleurs, un besoin encore infantile de protection, de considération, d'amour et de chaleur.

Babsi nous a été amenée en mai 1977 par des personnes assumant, à son égard, des responsabilités éducatives. Son comportement était celui d'une petite fille triste, encore accrochée aux jupes de sa mère. En réalité, elle avait déjà connu tous les hauts et les bas de la vie de toxicomane — une vie qu'elle menait depuis deux ans.

A un moment ou un autre, tout drogué tente de se libérer de l'esclavage de l'héroïne et de ses conséquences : prostitution, délinquance, déchéance physique. Les plus âgés — ceux qui ne sont tombés dans la dépendance que vers 17, 18 ou 19 ans — se tournent, après plusieurs tentatives infructueuses pour y arriver seuls, vers les services spécialisés. Jusqu'à présent ceux-ci, ainsi que l'éventail des moyens dont ils disposent — conseil, cure, thérapie —, étaient conçus en fonction de cette population, à savoir des toxicomanes plus ou moins adultes. Le principe de base étant que l'intéressé devait venir de lui-même, et que notre travail consistait à l'aider à se prendre en charge.

Nous disposons, pour une population d'environ 50 000 drogués, d'environ 180 places de thérapie dans le secteur public, et 1 100 dans le privé (cliniques, communautés, etc.). Les anciens drogués y vivent en collectivité et sont assujettis à un programme rigoureux. Nous n'avons pas de chiffres fiables sur le taux de réussite de ces thérapies. On estime à plus de 80 % la proportion des rechutes, notamment parce qu'après leur désintoxication ces personnes se retrouvent dans la même situation qu'au point de départ : celle qui précisément les a amenés à se droguer.

Quant aux groupes, de plus en plus nombreux, des fixers de douze à seize ans, ils ne disposent même pas de ces aides. Certes, nous recevons en consultation des enfants comme Babsi, venus sous la pression d'un éducateur ou d'un service social. Mais ils refusent le règlement sévère des centres actuels de thérapie et ne remplissent donc pas la condition obligatoire pour y être admis : se présenter de sa propre volonté.

Ils ont entendu, de la bouche de fixers ayant rechuté, les récits des « atrocités » commises dans les centres de thérapie. Même Babsi s'est montrée pleine de méfiance à notre égard, et l'est restée tout au long de notre entretien. Nous n'avons pu dissiper sa peur d'être envoyée quelque part à son corps défendant. Effectivement, c'est une décision difficile pour n'importe quel drogué d'entrer dans un centre de thérapie. Il souffre certes de sa toxicomanie et de tout ce qu'elle entraîne, mais c'est une souffrance à laquelle il s'est habitué. Dans une communauté thérapeutique, il lui faudra non seulement renoncer à son environnement familier, à ses relations habituelles, mais encore accepter de se laisser dicter par autrui ce qu'il doit faire et ne pas faire, et ce jusqu'à l'atteinte à ses libertés individuelles. Par exemple, pour symboliser sa rupture avec le monde de la drogue, il devra se faire couper les cheveux, changer de manière de s'habiller, et renoncer à la musique « dans le vent » qui le stimule.

Mais, pour un gosse de quatorze ans, la coiffure, l'habillement et la musique sont beaucoup plus impor-

tants que pour un fixer de vingt ans : il s'est peut-être battu pendant deux ans avec ses parents pour pouvoir porter les cheveux longs, des jeans moulants, ou pour ses disques. Et voilà qu'en guise de billet d'entrée dans un centre de thérapie, et alors qu'il se demande avec angoisse ce qui l'y attend, on exige de lui le sacrifice de ces attributs conquis de haute lutte, ceux qui lui valent la considération de ses amis, de ses relations, et de sa bande. A notre avis, c'est trop exiger de ces enfants.

L'affectivité de ces enfants toxicomanes est encore peu structurée. Ils oscillent entre des rêves et des aspirations infantiles à un monde sécurisant, et des comportements d'adultes en situation de compétition. Les conflits que connaît l'être humain à la période de la puberté sont pour ainsi dire « compensés » par la fixation physique et psychique à la drogue. Ces enfants ne vivent pas l'expérience du détachement progressif de la maison paternelle et la lente acquisition de l'autonomie. Ils ont seulement appris à fuir la réalité, ce qu'ils font à chaque phase critique de la vie.

Malgré les dures conditions de vie que connaissent ces jeunes de douze à seize ans dans la jungle de la drogue, en dépit de tout ce qu'ils y apprennent, ils restent, sur le plan affectif, des enfants. Et réagissent en gosses cabochards lorsqu'ils doivent se soumettre aux thérapies actuelles, effectivement mal adaptées à des enfants.

Babsi, comme bien d'autres, n'a pu se plier aux exigences d'une thérapie de longue durée. Nous avions pourtant essayé, au cours d'entretiens longs et répétés, de l'y préparer. Après son sevrage, effectué dans un établissement neuropsychiatrique, nous l'avons emmenée à l'Association Drogue-Secours de Tübingen, l'un des rares centres qui acceptent, exceptionnellement, des jeunes de son âge. Babsi nous a semblé, pendant la plus grande partie du voyage, à la fois tendue et dans un état d'excitation joyeuse. Nous avons longuement parlé de Dieu et du monde. La désintoxication physique lui avait apporté gaieté et confiance en elle. Cependant, peu avant l'arrivée à Tübingen, elle a manifesté de l'inquiétude et de la nervosité.

A notre arrivée, Babsi a été accueillie par un ancien drogué et conduite dans la salle d'attente réservée aux nouveaux arrivants. Mais, avant même l'entretien d'admission, elle a déclaré vouloir rentrer à Berlin. Elle a vu ce qu'il lui faudrait accepter : elle venait de subir la fouille d'usage (bagages, vêtements, mais aussi fouille corporelle) pour éviter l'introduction de drogue dans l'établissement. Maintenant, on allait couper court ses longs cheveux. Quand elle a aperçu le coiffeur s'approcher d'elle armé de ses ciseaux, elle n'a pas tenu le coup. Une personne du Centre a eu un nouvel entretien avec elle, mais n'a rien pu changer à sa décision. Il n'aurait pas été raisonnable de garder Babsi à Tübingen dans ces conditions : elle se serait fermée à la thérapie et, de par ses résistances, aurait constitué un danger pour les autres. En outre, elle se serait probablement enfuie à la première occasion.

Babsi est morte quarante-quatre jours plus tard d'une overdose d'héroïne. La plus jeune des 84 vic-

times — c'est le chiffre officiel — que l'héroïne a fait à Berlin en cette année 1977.

La mort de Babsi nous a renforcés dans notre conviction : il est urgent d'étendre enfin aux douze-seize ans le réseau d'aide aux toxicomanes plus âgés, de l'adapter à cette population, ou d'en créer un nouveau.

Sans vouloir dramatiser, on peut dire que l'avenir de la lutte contre la drogue en Allemagne se joue ici. Si les choses restent en l'état, cette tranche d'âge continuera à passer à travers les mailles du filet. Il faut développer de nouvelles conceptions thérapeutiques, spécialement pensées pour des enfants, et moins rigides quant au postulat de l'autodécision. Si nous n'y parvenons pas, nous nous retrouverons dans la situation qui est celle des États-Unis : la mort d'un enfant par overdose d'héroïne ne fera bientôt plus figure de cas exceptionnel.

Cependant, la solution du problème n'est pas davantage entre les mains des conseillers et thérapeutes spécialisés qu'entre celles de la police. Pas plus qu'il n'est réductible à un processus pathologique individuel comparable à une maladie infectieuse, ou à une fracture morale qu'il suffirait de réduire et de consolider.

La meilleure des thérapies ne peut accomplir de miracles, et elle n'est d'une aide efficace que pour un très faible nombre de jeunes.

La drogue, qui s'est déjà infiltrée dans les écoles, les discothèques et les centres de loisirs, va poursuivre, à notre avis, ses ravages dans une population de plus en plus jeune. Ce n'est plus seulement une minorité des douze-dix-huit ans qui est menacée. Par exemple, le seul hasard décide souvent de la manière dont une fille de treize ans va franchir le cap de la période pubertaire : sans dégâts notables, ou bien en plongeant dans l'alcool, l'héroïne, en rejoignant une secte ou un groupe anarchiste apôtre de la violence. Les jeunes sont aujourd'hui aussi réceptifs, face à la drogue, que les adultes face aux séductions de l'industrie pharmaceutique. Chaque jeune ou presque connaît quelqu'un, ami ou simple relation, qui a déjà pris de la drogue, en prend, ou a l'intention d'en prendre. Les motivations des drogués d'aujourd'hui sont très différentes de celles des amateurs de « hasch » et de « trips » des années 60 : il ne s'agit plus, comme chez les hippies d'alors, de rechercher l'élargissement de la conscience, mais sa suppression. Et il en est de même pour les consommateurs d'alcool ou de drogues douces. C'est pourquoi l'on ne peut plus, aujourd'hui, classer les jeunes en danger en « alcooliques », « fumeurs de haschisch » et « junkies ». On passe facilement de l'un à l'autre, et le but poursuivi est le même.

Force nous est de constater que l'opinion publique est insuffisamment informée de l'ampleur véritable du problème, aussi bien sur le plan qualitatif que quantitatif. La plupart des hommes politiques croient toujours à une « vague » qui aurait atteint son point culminant et ne devrait pas tarder à retomber. Aussi les parlementaires nous parlent-ils de « maîtriser » le phénomène de la drogue comme s'il s'agissait de tourner un robinet.

En réalité, notre société produit de plus en plus de

marginaux volontaires. Beaucoup de jeunes se réfugient dans la drogue parce qu'ils ne trouvent pas — à l'école, dans le monde du travail ou dans leurs loisirs — la réponse à leurs besoins.

Parallèlement à ce processus (il se développe à une cadence accélérée), les drogues illégales comme le haschisch, le LSD et l'héroïne sont devenues, à côté des drogues légales comme l'alcool et certains produits pharmaceutiques, une source de profits de première grandeur. Leur commerce étant, apparemment, fort bien géré. Si l'on considère — et nous sommes modestes — que dans le seul Berlin-Ouest un groupe d'environ 5 000 personnes, le noyau dur des consommateurs d'héroïne, recueille chaque jour un demi-million de marks (par la prostitution, par le vol simple ou à main armée), imaginez la somme que cela représente à l'échelle nationale. Les criminels qui tirent de tels bénéfices de la toxicomanie ne sont évidemment pas prêts à y renoncer, et les polices locales et régionales ne sont pas de taille à les y contraindre. Les quantités d'héroïne comme de drogues douces tombées aux mains de la police ne représentent qu'une fraction minime de la consommation.

Le trafic de la drogue étend aujourd'hui sur la République fédérale et Berlin-Ouest un réseau serré de distribution. De telle sorte que, comme il en a été pour les drogues douces, on peut trouver partout de l'héroïne. Il n'existe pratiquement plus de zones épargnées : simplement, selon les régions, le danger de contagion est plus ou moins aigu.

Chaque grande ville a déjà sa « Scène ». Dans les

régions rurales, les revendeurs ont installé leurs quartiers dans des discothèques et des centres de loisirs destinés aux jeunes.

L'omniprésence de la drogue est certainement un facteur décisif de sa consommation croissante : le jeune qui cherche un comportement compensatoire en trouve sans grande difficulté. Or, en ville comme à la campagne, bien des jeunes souffrent d'un immense ennui, du sentiment confus que leur existence n'a pas de sens. Leur seule distraction est la visite hebdomadaire à la discothèque.

Mais là, cette minorité toujours croissante de jeunes ne trouve guère de possibilités de communication, particulièrement de communication verbale. Après s'être laissé étourdir par la musique, le jeune en sort déçu : une fois encore, il n'a pas vécu une expérience valable.

Ces enfants et ces jeunes, insatisfaits du présent, ne trouvent pas d'encouragement dans leurs perspectives d'avenir et ne peuvent puiser de forces dans leur passé. Car leur enfance, cette période de spontanéité et d'épanouissement relativement libre et épargnée par les manipulations — et donc équilibrante — a généralement pris fin avec l'entrée à l'école : à partir de ce moment, leur univers a été celui de la compétition et de la consommation passive.

Chez ces jeunes ainsi frustrés de leur enfance, l'imagination est appauvrie, la confiance en soi et les capacités d'autonomie sont réduites. Ils courent de stimulation en stimulation, incapables de se forger des défenses et de résister aux multiples tentations de la société de consommation, tentations auxquelles ils ont été exposés dès leur plus jeune âge.

La sélection scolaire devenant de plus en plus rigoureuse, de plus en plus de jeunes constatent, dès la puberté, qu'en dépit de tous leurs efforts leurs futurs moyens financiers ne leur permettront pas d'accéder aux enchantements promis par les vitrines et la publicité, à ce monde qui les fascine depuis leur tendre enfance. Certes, ils affecteront parfois de le mépriser et afficheront hautement leur volonté de « vivre autrement ». Mais chez beaucoup prime l'amertume de se voir refuser les bienfaits de la consommation.

L'argent joue un rôle de plus en plus déterminant, jusque dans les relations humaines. Pour faire la connaissance d'une jeune fille, le jeune homme devra commencer par dépenser dix, vingt ou trente marks dans une discothèque. Sans même parler de ce qu'il lui en coûte pour être habillé à la dernière mode, avoir des disques, assister aux concerts pop, etc. C'est lourd pour un apprenti ou un lycéen. Ainsi naissent — petites causes, grands effets — de gros problèmes, et les jeunes vont chercher à satisfaire leurs désirs d'une autre manière.

Les parents sont incapables de leur indiquer la voie, empêtrés qu'ils sont eux-mêmes, souvent, dans d'insolubles contradictions. Le fruit de leur travail — passé et à venir — ne leur permet pas de s'offrir ce qu'ils souhaitent ou qu'on leur a appris à souhaiter. Mais, contrairement à leurs enfants, ils n'abandonnent pas la course, bandent leurs forces et redoublent d'efforts dans leur labeur de Sisyphe. Laissant en rade des valeurs telles que l'amitié, l'entraide, la loyauté, la compréhension de la détresse d'autrui.

Le processus de destruction de la vie familiale prend des proportions alarmantes. A Berlin, on a déjà pris le parti d'envoyer dans de nombreux foyers des « auxiliaires familiaux » (psychologues, travailleurs sociaux, étudiants). Ils y voient une incroyable misère morale faite d'absence de communication et d'hostilité. Divorce (le taux augmente sans cesse), télévision allumée en permanence, suicides, alcoolisme, abus des médicaments (véritables « béquilles psychiques ») : voilà l'environnement de bien des jeunes, aux prises par ailleurs avec leurs problèmes pubertaires. Ce garçon ou cette fille se trouve alors dans un labyrinthe à plusieurs issues et dans un dédale de galeries nommées, entre autres, famille, loisirs, perspectives de travail, compétition scolaire, sexualité et rêves. La question étant : comment va-t-il s'en sortir ? L'issue trouvée peut déboucher sur une secte, une bande d'alcooliques, voire chez les fixers. L'héroïne, la plus dangereuse des drogues, est aussi la plus efficace pour « résoudre », à une vitesse record, tous les problèmes.

L'obstacle décisif reste, pour beaucoup de ces jeunes en danger, le prix élevé de la drogue. C'est pourquoi les jeunes filles sont devenues la cible privilégiée des trafiquants. Ces dernières années, chez les douze-seize ans consommateurs d'héroïne, le nombre des jeunes filles a augmenté beaucoup plus vite que celui des garçons. Comme il leur est plus facile, en se livrant à la prostitution, de trouver l'argent nécessaire, elles sont une proie de choix pour les dealers[1] *qui les amènent délibérément à la dépendance.*

Cela commence souvent à la discothèque, suivant un mécanisme très simple. Un jeune homme y fait son apparition : physique avantageux, vêtements conformes aux impératifs de la dernière mode dans l'établissement en question. Il entre en conversation avec des jeunes filles. Elles le trouvent sensationnel, admirablement « cool ». Bientôt, il va offrir à la victime choisie les premières prises d'héroïne. Gratuitement. Il répète l'opération plusieurs fois. Et voilà encore une jeune fille « accrochée »[2] *qui, de son côté, va éventuellement introduire la drogue dans son cercle d'amis.*

Ce mode de prospection est caractéristique du petit revendeur, quelquefois payé à la commission. Contrairement aux intermédiaires et aux grossistes, il est lui-même toxicomane et son bénéfice lui permet tout juste de vivre, parfois même seulement de couvrir ses propres besoins en héroïne. Il n'a pas besoin de grands talents de persuasion. Les jeunes aiment le risque et dans leur désir, bien compréhensible, de vivre des expériences personnelles dans un monde où elles sont de plus en plus rares, ils saisissent la main « secourable » du dealer. Et ils connaîtront effectivement, lors de ces premières rencontres avec l'héroïne, un sentiment de bonheur et l'impression d'être libérés de tout souci.

1. Vendeurs de drogue.
2. Être habitué à une substance, ne plus pouvoir s'en passer *(N.d.T.)*

Ils voudront d'autant moins renoncer à ce « super-pied » que la réalité est tout autre. Après la troisième fois, la dépendance psychique s'est installée. Ensuite, plus ou moins vite selon la fréquence d'utilisation, ce sera en quelques semaines le tour de la dépendance physique. Le toxicomane ne pourra plus se passer d'héroïne, sous peine de souffrir des douloureux symptômes de la crise de manque, et deviendra un client régulier de son revendeur. Pour la plupart des toxicomanes, c'est l'engrenage. Si un petit trafiquant est arrêté, il est remplacé dès le lendemain. Chaque toxico aspire donc à devenir lui-même revendeur, pensant ainsi satisfaire ses besoins de manière plus agréable qu'en se livrant au vol — avec ou sans effraction — et à la prostitution. En d'autres termes, le commerce de l'héroïne gagne en tout acheteur non seulement un client, mais aussi un vendeur potentiel. A Berlin, nous en sommes déjà au stade des revendeurs de quatorze et seize ans.

Le problème de la drogue en zone rurale est encore largement sous-estimé. Notamment parce que ses manifestations sont moins visibles qu'en ville. A plus ou moins brève échéance, un grand nombre des jeunes ruraux contaminés gagnent les grands centres urbains, faute de pouvoir trouver au village les sommes de plus en plus considérables qui leur sont nécessaires.

La toxicomanie conduit presque toujours les femmes et les jeunes filles à la prostitution. Les fixers masculins se spécialisent, pour la plupart, dans les délits contre les biens : les uns dans les cambriolages d'entrepôts, de centres d'apprentissage, ou le vol à la rou-

lotte, les autres dans le vol de sacs à main ou à l'étalage. Et chacun a son receleur attitré, ou tout au moins un point de chute pour toutes ces calculettes, ces appareils photo, ces magnétophones, le petit électroménager, les alcools, etc. Et au bout du compte, sauf s'il a opéré sur commande, tout cela ne rapportera au fixer (et indépendamment de la valeur de son butin) guère plus que la somme dont il a besoin pour sa ration quotidienne d'héroïne.

Comme cette somme varie de quarante à deux cents marks, la Scène porte l'empreinte de cette perpétuelle course à l'argent. Contraints de se procurer chaque jour la somme nécessaire, les drogués deviennent brutaux, agressifs, s'isolent les uns des autres. Malgré l'augmentation continuelle de la dose, l'effet euphorisant de l'héroïne décroît petit à petit. Il finit même par disparaître tout à fait : on ne se pique plus alors que pour échapper aux cruelles souffrances de la crise de manque.

Christiane

Je ne me donne plus beaucoup de mal pour abuser mon père. De toute façon, il y a longtemps qu'il se doute de quelque chose. Je crois qu'il n'attend plus que la preuve décisive. Elle ne va pas tarder.

Un soir, je m'aperçois que je n'ai plus de dope pour le lendemain matin. Impossible de sortir en chercher, mon père est à la maison. J'appelle Henri, en cachette, et nous nous donnons rendez-vous à la cité Gropius. Mon père nous surprend devant le Schluckspecht. Henri a juste le temps de déguerpir — mais mon père trouve la came.

Je confesse tout. A commencer par mes relations avec Henri. Je n'ai plus la force de mentir. Mon père m'ordonne de fixer rendez-vous à Henri pour le lendemain, au parc Hasenheide, en lui demandant de m'apporter encore de la came. Puis il appelle les flics, leur raconte tout, et exige qu'ils viennent arrêter Henri au parc. Ils lui répondent que... on ne peut faire ça comme ça, il faut procéder à une rafle en bonne et due forme, ce genre d'opération ne s'organise pas du jour au lendemain. Ils n'ont donc aucune envie d'arrêter un « suborneur d'enfants » ? — c'est l'expression de mon père. C'est trop de boulot. Moi, naturellement, je suis heureuse qu'on m'épargne le sale rôle de provocateur.

J'avais toujours pensé que, le jour où il découvrirait la vérité, mon père me laisserait à moitié morte sur le carreau. Mais sa réaction est très différente. Il me paraît saisi par le désespoir. Presque autant que ma mère. Il parle très gentiment. Il a fini par comprendre que, même si on le veut vraiment, il n'est pas si simple d'en finir avec l'héroïne. Mais il n'a pas abandonné l'espoir de m'y amener.

Le lendemain, il m'enferme de nouveau dans l'appartement. Il emmène Janie. Je ne la reverrai jamais. J'ai une abominable crise de manque. A midi je n'y tiens plus, je téléphone à Henri. Je le supplie de m'apporter de l'héro. Comme il faut une clé pour entrer dans l'immeuble, je ferai descendre une corde de ma fenêtre, du onzième étage. Je finis par le convaincre. Mais en échange il me demande de lui faire parvenir, par le même chemin, une lettre d'amour et un de mes slips. Il ne donne jamais de dope sans contrepartie. C'est un homme d'affaires, n'est-ce pas.

Je fouille l'appartement à la recherche de tout ce qui peut faire office de corde, de la corde à linge en plastique à la ceinture de robe de chambre. Je noue le tout ensemble. C'est interminable, il faut faire plein de nœuds et plein d'essais avant d'arriver à une longueur suffisante. Après, je gribouille la fameuse lettre. En pleine crise de manque.

Henri est exact au rendez-vous. Je sors de l'armoire un slip brodé — brodé de mes propres mains —, je le fourre ainsi que la lettre dans la housse de mon séchoir à cheveux, et j'expédie mon colis aérien par la fenêtre de la chambre d'enfants. Ça marche. Henri prend son dû, met le sachet de dope dans la housse. Plusieurs personnes s'intéressent à notre manège, mais ça n'a pas l'air de déranger Henri. Quant à moi je m'en fiche royalement. Je ne pense qu'à une seule chose : la came.

Enfin elle est là. Je m'apprête à la faire chauffer, quand le téléphone sonne. Henri. Nous nous sommes mal compris, il voulait un slip sale. J'ai l'héro, tout le reste m'est égal. Pour que le type arrête de me casser les pieds, je prends une culotte — la plus vieille — dans le panier à linge et la lui jette par la fenêtre. L'objet atterrit dans un buisson. Henri, après avoir fait mine de s'éloigner, se lance à sa recherche.

Ce type est complètement dingue. J'ai appris par la suite que, le jour de l'histoire de la corde, il était depuis trois semaines déjà sous le coup d'un mandat d'arrêt. Les flics n'avaient simplement pas encore eu le temps de venir le chercher. Et son avocat lui avait même dit qu'il s'était mis dans un mauvais cas. Mais, dès qu'il s'agissait de filles, Henri perdait complètement la tête.

Il a fallu que je témoigne à son procès. J'ai dit la vérité. D'un côté, je me fichais de lui autant que des autres clients. Mais de l'autre il me faisait de la peine, et ça ne m'a pas été facile de déposer contre lui. En tout cas, il n'était pas pire que les autres michetons, ils savent parfaitement que les toxicos se servent de leur fric pour s'acheter de la drogue. Ce sont tous des dégueulasses. Mais Henri était un malheureux drogué. Sa drogue à lui, c'était les filles jeunes. Je crois que sa place aurait été plus à l'hôpital psychiatrique qu'en prison[1].

Je suis restée enfermée dans l'appartement pendant plusieurs jours. Mais comme Henri m'avait apporté une provision d'héro, je n'ai pas fait de sevrage. Un matin, mon père est parti sans fermer la porte à clé. J'ai fichu le camp. Je suis restée en cavale toute une semaine avant qu'il ne me retrouve et ne me ramène à la maison. Contre toute attente, il ne m'a pas battue. Il a seulement eu l'air encore un peu plus désespéré.

Je lui ai alors dit que je n'y arriverais pas toute seule. C'est trop dur quand on est toute seule toute la journée. Babsi morte, Detlev en taule, Stella en taule. Je lui ai parlé de Stella. Stella en train de crever derrière les barreaux à l'âge de quatorze ans. Je l'ai appris par une fille qui vient d'être libérée et qui a été sa compagne de cellule. Stella n'a qu'une idée en tête : se tuer. Son seul soutien ce sont les terroristes — des filles de la Fraction Armée rouge, détenues dans cette même prison. Elle a rencontré plusieurs fois Monica Berberich, et est fascinée par cette femme. Beaucoup de fixers trouvent les terroristes formidables. Il y en a même qui ont essayé d'entrer dans un groupe terroriste avant de se défoncer à l'héro. Au moment de l'enlèvement de Schleyer, ça m'a tentée moi aussi. Mais j'ai horreur de

1. Henri G. a été condamné le 10-2-1978 par le tribunal de grande instance de Berlin à trois ans et demi d'emprisonnement pour avoir fourni de l'héroïne à Christiane et à Babsi, ainsi que pour attentat à la pudeur sur une autre mineure. *Note de l'auteur.*

la violence. Jamais je ne pourrais faire du mal à quelqu'un, la seule vue d'un acte de violence me rend malade. Je me disais cependant que ces gens de la bande à Baader faisaient peut-être la bonne analyse de la situation. Qu'on ne peut changer cette société pourrie que par la violence.

L'histoire de Stella a réellement pris mon père aux tripes. Il voudrait la sortir de taule et l'adopter. Je l'avais persuadé que si on s'y mettait ensemble, Stella et moi, j'arriverais à décrocher. C'était aussi, pour lui, la bataille de la dernière chance. Un raisonnement idiot, mais comment aurait-il pu le savoir ? Mon père n'a certainement pas toujours employé la bonne méthode avec moi, pendant le temps que j'ai passé chez lui, mais il a fait ce qu'il a pu. Comme ma mère.

Mon père s'est mis à faire le siège des services sociaux et a réussi à faire libérer Stella. Elle était vraiment au bout du rouleau, physiquement et psychologiquement. Pire qu'avant son arrestation.

Je m'étais bien promis d'être clean à son arrivée chez nous, mais je ne le suis pas. Et je fais replonger Stella dès le premier jour. Mais elle l'aurait fait de toute façon. Pendant quelques jours encore, nous parlons sérieusement de décrocher. Ensuite, on met au point une technique presque parfaite pour berner mon père. A nous deux c'est facile, nous nous partageons toutes les tâches. Nous allons même au turf à tour de rôle. Toujours Kurfürstenstrasse. Racoler les automobilistes.

Tout m'est tellement égal que même ça ne me dégoûte plus. Nous sommes une bande de quatre filles :

Stella et moi, plus les deux Tina. Le hasard veut qu'elles s'appellent toutes les deux Tina. Une a un an de moins que moi, elle vient juste d'avoir quatorze ans.

Nous travaillons toujours au moins à deux. Quand l'une part avec un client, l'autre note ostensiblement le numéro de la voiture — ça décourage les types qui auraient envie de nous faire une entourloupette. C'est également une protection contre les proxénètes. Les flics, nous n'en avons pas peur. Certains nous font un petit signe d'amitié quand ils passent dans leur voiture de patrouille. J'en ai même un parmi mes habitués. Un gars tout à fait rigolo. Il réclame tout le temps de l'amour, et il faut constamment lui expliquer que le tapin c'est du boulot et pas de l'amour.

Il n'est pas le seul client à qui je dois expliquer ça. La plupart veulent faire la causette. Ça commence toujours par les mêmes salades. Comment une fille aussi jolie que toi en est-elle arrivée là ? Il y a certainement une autre solution, etc. C'est le genre de baratin qui m'exaspère le plus. Certains se mettent en tête de me sauver. Je reçois des demandes en mariage en bonne et due forme. Tous ces beaux sentiments ne les empêchent pas d'exploiter la détresse des toxicos pour leur satisfaction personnelle, en toute connaissance de cause. Menteurs comme des arracheurs de dents, ces types. Ils s'imaginent pouvoir nous aider alors qu'ils sont empêtrés jusqu'au cou dans leurs propres problèmes.

La plupart d'entre eux sont des mecs qui n'osent pas aller chez les professionnelles. D'une façon générale, ils ont des difficultés avec les femmes, alors ils en viennent au baby-tapin. Ils nous racontent qu'ils se sentent complètement frustrés, à cause de leur femme, à cause de leur famille, à cause de la vie qu'ils mènent et où rien ne change jamais. Quelquefois, ils ont même l'air de nous envier, au moins parce que nous sommes jeunes. Ils nous interrogent sur la jeunesse actuelle, ses goûts, sa musique, son langage, la mode vestimentaire, etc.

Une fois, un de ces types, un mec d'une cinquantaine d'années, a voulu à tout prix fumer du haschisch car il se figurait que tous les jeunes le font. Il me paie donc un supplément, et nous voilà partis à la recherche d'un revendeur. On a fait la moitié de Berlin. Je n'avais jamais remarqué que dans cette ville on trouve de l'héro à tous les coins de rue et nulle part du hasch. On a mis presque trois heures à en dénicher un peu. Le type a fumé son joint dans la voiture. Ça l'a rendu tout heureux, d'avoir fait une chose pareille !

On rencontre de drôles de tordus dans ce boulot. Il y a un type, il veut tout le temps qu'on tape sur la tige d'acier qu'il a dans la jambe depuis un accident de moto. Un autre trimballe un bout de papier avec un tampon, ça a l'air d'un document officiel : c'est une attestation de stérilité — il ne veut pas utiliser de préservatifs. Un autre encore, le plus salaud de tous, m'a raconté qu'il est dans le cinéma, il voudrait me faire faire un bout d'essai. Après quoi il a sorti un pistolet et m'a obligée à m'occuper de lui gratis.

Mes clients préférés, ce sont les étudiants. Eux, ils arrivent à pied. Ce sont dans l'ensemble des mecs assez bloqués, mais moi j'aime bien causer avec eux. On discute de cette société pourrie. Ce sont les seuls que j'accompagne dans leur piaule. Avec les autres, ça se passe dans la voiture ou à l'hôtel. Là c'est vraiment moche : ça coûte dix marks de plus au client, et pour le prix on n'a même pas le droit d'utiliser le lit, on nous installe une couchette d'appoint.

Stella et moi, nous communiquons par des petits mots en langage codé qu'on gribouille sur un mur ou une colonne Morris. De cette manière, nous savons toujours, au moment de la relève, ce que fait l'autre, et si mon père a inventé une nouvelle astuce pour mieux nous surveiller. Quelquefois, quand j'en ai vraiment marre de Kurfürstenstrasse, à m'en chavirer l'estomac, je vais passer un moment dans une boutique nommée « Teen Challenge ». On vous y donne des brochures et des livres racontant l'histoire de petits toxicos et de petites putes américaines qui grâce à eux ont trouvé le chemin de Dieu. Ces gens-là sont venus se loger à deux pas du baby-tapin et du Sound pour faire du prosélytisme sur le terrain. A Teen Challenge, je bois du thé et je mange un beignet tout en taillant une bavette. Mais quand ils commencent à parler du Bon Dieu, je décampe. Au fond, eux aussi ils exploitent les toxicos : quand ils voient qu'on est au bout du rouleau, ils essaient de nous recruter pour leur secte.

Juste à côté de Teen Challenge, il y a la permanence d'un groupe communiste. Je lis quelquefois leurs tracts dans la vitrine. Ils veulent changer complètement la société. Ça me plaît. Mais dans la situation où je me trouve, leur baratin ne m'aide pas plus que le reste.

Je regarde aussi les vitrines des grands magasins de meubles de la Kurfürsten et de la Genthiner Strasse. Ça me fait penser à notre vieux rêve d'un appartement à nous, Detlev et moi. Après, je me sens encore plus malheureuse.

J'ai dégringolé à peu près au dernier stade d'une carrière de fixer. Quand les clients se font rares, je ne recule pas devant la délinquance. Oh, ça ne va pas bien loin, je ne suis pas née pour ça, je n'ai pas les nerfs assez solides. Le jour où une bande de fixers a voulu m'emmener faire un cambriolage, je me suis dégonflée. Mon plus grand exploit a été le vol d'un transistor dans une voiture, après avoir cassé une vitre avec un coup de poing américain. Encore m'avait-il fallu avaler les trois quarts d'une bouteille de vermouth pour me donner du courage. Généralement, j'aide les toxicos à fourguer la marchandise volée. J'assure aussi les transports de camelote brûlante pour des voleurs ordinaires : je dépose les objets dans des consignes automatiques, et je vais les y chercher. Ça me rapporte au maximum vingt marks, et pourtant c'est plus dangereux que la fauche. Mais de toute façon je ne sais plus où j'en suis.

A la maison, je raconte des craques à mon père et je me dispute avec Stella. Nous avions convenu de partager le boulot et la came, mais chacune croit que l'autre la roule. C'est vraiment l'enfer.

Mon père sait tout, évidemment. Depuis un bon moment déjà. Mais il est complètement désemparé. Moi aussi. La seule chose dont je suis sûre, c'est que mes parents ne peuvent plus m'aider.

Je ne supporte plus l'école. Même d'y faire simplement acte de présence. Je ne supporte plus de rester assise à ne rien faire. Je ne supporte d'ailleurs plus rien ni personne. Les clients me hérissent. Je suis devenue incapable de me balader tranquillement, comme avant, sur la Scène. Je ne supporte plus mon père.

Voilà donc une toxico de plus au bout du chemin. La déprime noire. Les idées de suicide. Mais je suis toujours trop lâche pour m'injecter le hot shot[1]. Je cherche toujours une issue.

Je décide d'entrer à l'hôpital psychiatrique. A l'hôpital Bonhoeffer, dit « Bonnies Ranch ». Pour un toxico, c'est à peu près ce qu'il peut y avoir de plus affreux. J'ai toujours entendu dire : « Mieux vaut quatre années de taule que quatre semaines au Bonnies Ranch. » Quelques fixers y ont été internés d'office après s'être écroulés en pleine rue, et à la sortie ils ont raconté des histoires abominables.

Mais je me dis, naïvement, que si je me livre volontairement, au moins quelqu'un se décidera à s'occuper de moi. Au Service d'Aide à l'Enfance ou ailleurs, on sera bien obligé de s'apercevoir qu'il y a une fille qui a besoin d'aide. D'urgence. Et ses parents sont incapables de l'aider. Ma décision d'aller à Bonnies Ranch ressemble à ces tentatives de suicide où on espère secrètement être sauvé pour que les gens se disent : « La pauvre, nous ne nous sommes pas assez occupés d'elle. Jamais plus on ne sera aussi méchants avec elle. »

1. La dose mortelle (A. Bourdreau, *Connaissance de la drogue*, Marabout).

Je vais voir ma mère pour lui faire part de ma décision. Elle se montre d'abord très froide. Je me mets tout de suite à pleurer. Ensuite, j'essaie de lui raconter mon histoire, sans trop déformer la vérité. Elle se met à pleurer à son tour, me prend dans ses bras et ne me lâche plus. On pleure comme des Madeleines toutes les deux, et c'est vraiment bon. Ma sœur, elle aussi, est tout heureuse de me revoir. Nous dormons toutes les deux dans mon ancien lit.

Bientôt, je ressens les premiers symptômes de la crise de manque.

Un nouveau sevrage commence. Je ne sais même plus le combientième. Je suis probablement la championne du monde du sevrage. En tout cas, je ne connais personne qui en ait fait, et de son plein gré encore, autant que moi. Et sans aucune chance de succès.

C'est presque comme la première fois. Ma mère prend un congé, m'apporte tout ce que je lui demande : Valium, vin, flans, fruits. Puis, le quatrième jour, elle me conduit à Bonnies Ranch. J'y tiens, parce que je sais pertinemment que sinon je recommence à me piquer dès demain.

On me fait immédiatement mettre toute nue et on m'expédie à la salle de bains. Comme une lépreuse. Il y a déjà deux mémés, complètement zinzin, en train de prendre leur bain. On me fourre dans la troisième baignoire, et on me surveille pendant que je me récure. On ne me rend pas mes affaires. A la place, j'ai droit à une chemise de nuit rétro — loin d'être neuve — et à une culotte qui me va des côtes aux genoux, je suis obligée de la tenir si je ne veux pas la perdre. On m'emmène au service des admissions, pour observation. J'y suis la seule malade de moins de soixante ans. Et elles sont toutes complètement louf. Sauf une, que tout le monde appelle Poupée.

Poupée s'occupe du matin au soir. Elle se rend très utile dans le service et donne un sérieux coup de main aux infirmières. Poupée est une personne avec qui je peux causer. Elle n'a pas l'air folle, elle a juste l'esprit très lent. Elle est là depuis quinze ans, depuis que ses frères et sœurs l'ont fait hospitaliser au Bonnies Ranch. Apparemment elle n'a jamais eu de traitement. On l'a simplement laissée là, au service des admissions. Peut-être parce qu'elle s'y rend tellement utile. Il y a tout de même quelque chose qui ne colle pas, à mon avis, si quelqu'un reste pendant quinze ans au service des admissions, juste parce qu'il pense un peu lentement.

Au cours de cette première journée, je passe à l'inspection devant tout un peloton de médecins. En réalité, la plupart des Blouses blanches sont des étudiants, qui me reluquent sans vergogne dans ma chemise de nuit rétro. Leur boss me pose quelques questions, je raconte naïvement que je voudrais suivre un traitement pendant quelques jours. Et aller ensuite dans un pensionnat où je pourrais préparer mon bac. Il dit : « Oui, oui », sans arrêt — comme on fait avec les fous.

Des histoires de fous me viennent à l'esprit. Je me demande ce que j'ai bien pu dire pour qu'on me traite comme quelqu'un qui se prend pour Napoléon. J'ai peur tout à coup : et si moi aussi on me gardait ici toute ma vie, affublée d'une chemise de nuit rétro et d'une culotte pour géante ?

Mais deux jours plus tard, comme je n'ai plus de symptômes de sevrage, on m'envoie au service B., on me rend mes fringues, et j'ai même le droit de manger avec un couteau et une fourchette (au service des admissions, on ne vous donne qu'une cuillère à bouillie). J'y rencontre trois autres toxicos, des filles que je connais. Nous nous asseyons à la même table, aussitôt baptisée par les mémés « la table des terroristes ».

L'une des filles, Liane, a déjà passé pas mal de temps en prison. Elle assure, elle aussi, que Bonnies Ranch c'est pire. Surtout parce qu'en taule il y a toujours moyen de se procurer de l'héro, alors qu'ici c'est très difficile.

A part ça, maintenant que nous sommes à quatre, on se marre bien. Pourtant, petit à petit, je recommence à paniquer. Impossible de tirer une phrase sensée des médecins lorsque je leur demande quand on va m'envoyer en thérapie. C'est toujours : « On va voir », ou ce genre de salades minables qu'ils débitent aux dingues à longueur de journée.

Il avait été convenu avec ma mère et l'Aide à l'Enfance que je passerais quatre jours à Bonnies Ranch — le temps de s'assurer que je suis clean —, après quoi j'irais en thérapie. Mais il n'est plus question de la place promise en centre de thérapie. Et pourtant j'ai fait mon sevrage toute seule et je suis arrivée presque clean.

Et, un beau jour, voilà qu'on veut me faire signer un

papier par lequel j'accepte, de mon plein gré, un séjour de trois mois à l'hôpital Bonhoeffer. Je refuse, bien sûr, et je déclare vouloir partir tout de suite : venue de mon propre chef, je peux par conséquent partir quand bon me semble. Là-dessus le médecin-chef s'amène et m'affirme que, si je ne signe pas, il demandera un placement d'office de six mois.

Je me sens piégée. Folle d'angoisse, je réalise que je suis livrée sans défense aux mains de ces idiots de médecins. Ils peuvent me coller n'importe quel diagnostic : névrose grave, schizophrénie, que sais-je encore. On n'a plus aucun droit quand on est interné dans un asile d'aliénés. Il va m'arriver la même chose qu'à Poupée.

Le pire, c'est que je ne sais plus moi-même quel est mon degré de dinguerie. Je suis névrosée, ça c'est certain. Mes entretiens avec les conseillers du centre anti-drogue m'ont au moins appris ça : la toxicomanie c'est une névrose, une impulsion obsessionnelle. Ce que j'ai pu débloquer quand j'y pense. Avoir fait tant de sevrages pour recommencer aussitôt, en sachant parfaitement que ça finira par me tuer. Tout ce que j'ai fait endurer à ma mère, la manière dont je me comporte avec les autres. Ça n'est pas normal, de toute évidence. Je dois être drôlement ravagée.

Et me voilà en train de me demander comment faire pour empêcher médecins et infirmières de se rendre compte que je suis cinglée pour de bon !

Ces infirmières me traitent comme une idiote. Enfin... comme les autres timbrées. Je me contrains à ne jamais me montrer agressive à leur égard. Quand les médecins me posent des questions, je leur donne des réponses toutes différentes de celles qui me viennent spontanément. J'essaie, de toutes mes forces, de ne pas être moi-même mais quelqu'un d'autre, une personne tout à fait normale. Et, dès qu'ils ont tourné le dos, je me reproche de n'avoir dit que des sottises. Cette fois pour sûr ils doivent penser que je suis complètement dingue.

Tout ce qu'on m'a proposé en matière de thérapie, c'est de faire du tricot. Mais ça ne me dit vraiment rien, et je ne crois pas que ça m'aiderait.

Il y a naturellement des barreaux devant les fenêtres. Mais comme Bonnies Ranch n'est pas une prison, ils sont en volutes — c'est plus décoratif. En tournant ma tête d'une certaine manière, je peux la glisser entre deux courbes : ça me permet de bien voir dehors. Alors je passe des heures ainsi, le cou coincé dans ce collier de fer. L'automne est venu, les feuilles jaunissent et rougissent. Entre deux arbres, les rayons du soleil déjà bas tombent droit sur ma fenêtre chaque jour pendant une heure.

Quelquefois, j'accroche ma tasse en métal à un bout de laine, je la fais passer par la fenêtre, et je m'amuse à la cogner contre le mur. Ou bien, pendant un après-midi entier, j'essaie — vainement — d'attraper une branche avec une cordelière, dans l'espoir de cueillir une feuille. Le soir, je me dis : « Si tu n'étais pas dingue en arrivant, tu l'es manifestement devenue. »

On ne m'autorise même pas à sortir dans le jardin tourner en rond avec les mémés. Les terroristes ont droit à un bol d'air quotidien. Pas moi. Je risquerais de m'évader. Ils ont raison d'ailleurs.

J'ai trouvé un vieux ballon de foot dans un placard. Je le lance inlassablement contre les panneaux de verre d'une porte verrouillée. Peut-être finiront-ils par se briser. On ne tarde pas à m'enlever le ballon. Je fonce tête la première sur les vitres. C'est du verre armé bien sûr. J'ai l'impression d'être un fauve dans une cage, une cage minuscule. Je galope le long des murs des heures entières. Une fois, je suis prise d'un terrible besoin de courir. Et je cours comme une dératée d'un bout à l'autre du couloir. Aller et retour, aller et retour — jusqu'à ce que je m'écroule d'épuisement.

Un jour, je fauche un couteau. Le soir, Liane et moi nous nous attaquons au mastic d'une fenêtre sans crémone mais sans barreaux. Le carreau ne bouge pas d'un millimètre. La nuit suivante, après avoir terrorisé les mémés qui n'osent pas broncher (certaines nous prennent effectivement pour des terroristes), nous démontons un lit pour tenter de desceller les barreaux d'une fenêtre restée ouverte. L'entreprise est évidemment vouée à l'échec, et nous faisons tant de bruit que la garde de nuit nous tombe dessus.

En me comportant ainsi, je n'ai plus aucun espoir, je le sens bien, de sortir un jour de la maison de fous. J'ai beau ne plus me droguer, ma santé est de plus en plus délabrée. J'ai un gros bide, mon visage est flasque et bouffi, mon teint blafard. Quand je me regarde dans la glace, je me trouve la tête de quelqu'un qui a déjà tiré quinze ans de Bonnies Ranch. Je ne dors presque plus. D'ailleurs, on est réveillées presque toutes les nuits par un incident dans le service. Et je suis toujours à l'affût d'une chance de m'évader. Tout en sachant que c'est inutile, je me pomponne tous les matins comme pour aller à la Scène : je me brosse longuement les cheveux, je me maquille, j'enfile même ma veste.

Un jour, cependant, je reçois la visite d'un type de l'Aide à l'Enfance. Lui aussi ne trouve rien d'autre à me dire que : « On va voir. » Mais au moins il m'apprend où est Detlev. Je lui écris aussitôt une longue lettre. Et dès que je l'ai mise à la boîte, j'en recommence une autre. C'est bon de pouvoir vider mon cœur. Enfin pas tout à fait : je sais bien que ces lettres vont être ouvertes. Probablement dès le départ, à Bonnies Ranch. En tout cas sûrement à l'arrivée à la prison. Je suis donc obligée de mentir : je raconte par exemple que je n'ai plus du tout envie de me droguer.

Peu après, je reçois des nouvelles de Detlev. Tout un paquet de lettres à la fois. Il m'écrit qu'il a fait une énorme connerie en volant ces Eurochèques, mais il n'avait qu'une idée en tête : aller à Paris se désintoxiquer. Il voulait m'en faire la surprise, puisqu'on n'y était jamais arrivé ensemble. Detlev m'écrit qu'il sera bientôt libéré, et ensuite il entrera en thérapie. Moi je lui dis que je vais commencer la mienne incessamment. Nous nous promettons l'un à l'autre qu'après la thérapie nous vivrons ensemble, dans notre appartement. Nous recommençons — cette fois par correspondance — à construire des châteaux en Espagne. Seulement, quand je ne suis pas en train d'écrire à Detlev, j'ai l'impression d'être condamnée à vie à Bonnies Ranch.

J'ai eu un coup de chance. Ma mycose est revenue. Jour après jour, je serine à la doctoresse que j'ai affreusement mal, qu'il faut m'envoyer à l'hôpital. Effectivement, un matin on m'emmène sous bonne escorte à l'hôpital Rudolf-Virchow, où on me garde tout de suite, car c'est tout de même assez grave. Je sais déjà, par Radio-Toxicos, comment on fait pour se tirer d'un hôpital. Je me procure un « permis de parc », c'est-à-dire l'autorisation d'aller dans le parc de l'établissement. Évidemment, on ne les délivre pas facilement aux toxicos. Mais je connais le truc : je vais voir une des infirmières — une fille charmante, avec de beaux yeux bridés — et je lui explique que j'aimerais bien aider ces pauvres vieilles dames clouées dans un fauteuil roulant. Est-ce qu'elle me permettrait de les promener de temps en temps dans le parc ? L'infirmière, qui ne se doute de rien, me félicite de mon bon cœur.

Je repère une vieille, je lui offre mes services. Elle me trouve « une petite fille bien mignonne ». Je pousse un petit peu son fauteuil dans les allées et je lui dis : « Attends-moi une minute, grand-mère, je reviens tout de suite. » Trente secondes plus tard, je suis dans la rue.

Je m'engouffre dans le métro, direction station Zoo. Jamais je n'ai eu une telle sensation de liberté. Je pousse jusqu'à la cafétéria de l'Université technique. Après avoir fait un petit tour, je vais m'asseoir sur un banc déjà occupé par trois jeunes fixers. Je leur raconte que je viens de m'évader de Bonnies Ranch. Ils en restent bouche bée d'admiration.

J'ai vachement envie d'un shoot. Un des garçons fait le revendeur. Il accepte de me faire crédit si je lui envoie des clients. Okay. Je me dépêche d'aller me piquer dans les toilettes du resto-U.

Je ne m'injecte que la moitié de la dose. Cette came n'est d'ailleurs pas formidable. Je me sens bien, mais je garde la tête claire. Il le faut, du reste, puisque je dois donner un coup de main au type. C'est un garçon très jeune, dans les seize ans, que je connais un peu pour l'avoir vu avec les fumeurs de haschisch au parc Hasenheide. Il va encore à l'école. C'est un revendeur novice, sinon il ne m'aurait pas donné la came tout de suite : j'aurais dû me la gagner d'abord.

Brusquement, je me rends compte que le coin grouille de flics en civil. Le type ne s'est aperçu de rien. Il ne comprend pas mes signaux d'alarme. Il faut que j'aille le rejoindre, lui souffler à l'oreille « les flics », pour qu'il réagisse. Je me dirige tout doucement vers le Zoo, et il m'emboîte le pas. Un toxico s'approche de moi. Je lui lance : « Ne bouge pas mon vieux. Il y a une rafle au resto-U. Mais je peux t'avoir de la came extra. » Le jeunot est déjà à côté de moi, et voilà qu'il sort le paquet de dope de sa poche en disant au mec de se faire une idée. C'est pas vrai ! Il y a une rafle à trois cents mètres, et ce crétin tire un paquet d'héroïne de sa poche !

Deux flics en civil qui rôdaient dans le coin s'avancent vers nous. Inutile de se mettre à courir, ils auraient vite fait de nous rattraper. Le revendeur balance ses petits sachets dans la nature — un vrai tourbillon de papier alu mauve. Il croit sans doute pouvoir mettre tout ça sur notre dos, à l'autre toxico et à moi.

On nous fait mettre bras levés contre une Volkswagen pour nous fouiller — des fois qu'on serait armés. Pourtant, le plus vieux d'entre nous n'a pas seize ans. Ce salaud de flic en profite pour me peloter les nichons. Mais je suis parfaitement cool. J'ai eu mon shoot, et après Bonnies Ranch plus rien ne me fait peur. Je reprends mon numéro de petite fille bien élevée. Du coup, les flics qui relèvent notre identité se montrent assez gentils. L'un d'eux me dit : « Seigneur ! Tu n'as pas quinze ans, qu'est-ce que tu fais ici ? » Je réponds : « Je me balade », et je me plante une cigarette dans le bec. Ça le met en rogne : « Jette-moi ça, c'est du poison. A ton âge ! » Je jette la cig.

On nous emmène au commissariat de la place Ernst-Reuter et on nous boucle dans une cellule. L'apprenti dealer perd les pédales. Il gueule sans arrêt : « Laissez-moi sortir ! Laissez-moi sortir ! » Moi j'enlève ma veste, je la roule pour m'en faire un oreiller, je m'allonge sur le châlit et je fais un petit somme. Une arrestation, ça n'a plus de quoi m'effrayer. Et ils ne savent sûrement pas encore que je suis une évadée de Bonnies Ranch.

Effectivement, on me relâche au bout de deux heures. Je retourne à l'Université technique. En chemin, ma conscience se met à me tourmenter. Ainsi, une fois de plus, j'ai replongé à la première occasion. Je pleure à chaudes larmes. Que faire maintenant ? Je ne peux tout de même pas me pointer chez ma mère, les pupilles en tête d'épingle et la bouche en cœur : « Coucou maman, me voilà. Je me suis tirée. Prépare-moi une bonne petite bouffe. »

Je vais au Centre antidrogue de l'Université technique (il est installé dans l'ancien resto-U). Les types qui travaillent là-dedans sont très cool. Ils me remontent suffisamment le moral pour que je me décide à téléphoner à ma mère. Elle est un peu rassurée en apprenant ma présence à l'Université. En arrivant à la maison, je me couche : j'ai quarante de fièvre. Je commence à délirer. Ma mère appelle le médecin des urgences, il veut me faire une piqûre. Je suis saisie d'une peur panique : ça ne me dérange pas de me piquer dans le bras deux ou trois fois par jour, mais une piqûre dans la fesse ça me flanque une trouille terrible.

La fièvre retombe aussitôt. Mais je ne suis plus qu'une loque — Bonnies Ranch m'a achevée, physiquement et psychologiquement. Dès que je suis en état de me lever, après trois jours de lit, je me précipite au Centre antidrogue. Pour y arriver, je suis obligée de traverser la Scène, à la cafétéria. Je le fais en courant, sans regarder ni à droite ni à gauche.

Pendant une semaine, j'y vais tous les jours. J'ai enfin trouvé quelqu'un qui m'écoute. Pour la première fois on me laisse parler. Jusqu'à présent, on m'a toujours tenu de grands discours. Ma mère, mon père, les types de Narconon. Tout le monde. Ici, on me demande de raconter ce qui m'arrive, d'essayer moi-même de faire le point. Je cours encore à la fac alors que j'ai déjà la figure jaune comme un citron. Ce matin-là, je rencontre des copains devant la cafétéria. Ils se sauvent littéralement en me criant : « Fiche le camp ! Tu ne vois pas que tu as la jaunisse ? »

Non, je ne veux pas le voir. C'est dingue : chaque fois que je suis clean depuis un bon bout de temps, avec en moi l'espoir de décrocher enfin, j'attrape la maladie professionnelle des fixers. Quand mon mal au ventre est devenu intolérable, je demande à ma mère de m'accompagner à la clinique Steglitz (je l'ai choisie parce que la bouffe y est correcte). Je passe deux heures dans la salle d'attente, à me tordre de douleur sur ma chaise. N'importe quelle infirmière est capable de faire le diagnostic, ça se lit sur mon visage tout jaune. Mais personne ne bouge. La pièce est pleine de gens, y compris des enfants. Si mon ictère est contagieux — ça m'est déjà arrivé — je risque de contaminer tout le monde.

Au bout de deux heures je décide que ça suffit. Je me traîne dans le couloir en m'appuyant au mur car je suis très faible et je souffre comme une damnée. Je recherche le service des contagieux. Un médecin passe. Je lui dis : « Donnez-moi un lit. Je ne veux pas contaminer tous ces gens. J'ai un ictère — mais peut-être vous en êtes-vous aperçu ? » Le type est désolé, il ne peut rien faire, il faut que je retourne à l'Accueil.

Lorsque je suis enfin reçue par un médecin, je préfère avouer tout de suite que je suis une toxico. La réponse tombe, glaciale : « Je regrette. En ce cas, nous ne sommes pas compétents. »

Quand il s'agit des toxicos, personne n'est compétent. Nouveau taxi. Ma mère est furieuse après ces médecins qui n'ont pas voulu s'occuper de moi. Le lendemain matin, elle m'emmène à l'hôpital Rudolf-Virchow. Comme je me suis sauvée de chez eux, je suis dans mes petits souliers.

Un jeune interne me fait une prise de sang. Je lui explique d'emblée : « Pas cette veine-là, elle est dure comme du bois. Il faut en chercher une autre par en dessous. Et puis il ne faut pas piquer tout droit, mais en oblique, sinon ça n'entrera pas. » Le type est tout désarçonné. Ça ne l'empêche pas de piquer dans une veine indurée. Il a beau aspirer, il ne sort pas une goutte de sang. Pour finir, l'aiguille s'arrache littéralement de mon bras, à cause du vide qui s'est formé dans la seringue. Après ça, il me demande où la planter.

Je dors deux journées entières. Ma jaunisse n'est pas contagieuse. Le quatrième jour, mes dosages hépatiques sont à peu près satisfaisants, mes urines beaucoup moins rouges, et mon visage retrouve peu à peu sa blancheur.

Comme convenu, j'appelle tous les jours le Centre antidrogue. J'espère qu'ils vont me trouver très vite une place en thérapie. Et un des dimanches, à l'heure des visites, la surprise : ma mère est accompagnée de Detlev, il vient d'être libéré.

Serments d'amour, baisers, caresses. La félicité. On a envie d'être seuls, on va faire un petit tour dans le parc de l'hôpital. C'est comme si on ne s'était jamais quittés. Et tout à coup on se retrouve dans le métro, direction Zoo. Nous avons de la chance : le premier type sur qui on tombe est un copain, Guillaume. C'est un veinard : il vit avec un pédéraste, médecin et écrivain très connu. Non seulement Guillaume a plein de fric, mais encore il fait ses études dans un collège privé.

Guillaume nous file un shoot, et je suis de retour à l'hôpital pour l'heure du dîner. Detlev revient le lendemain. On a du mal cette fois à se procurer de la came, et je ne rentre à l'hosto qu'à dix heures et demie. J'ai raté mon père, venu me dire au revoir avant de s'envoler pour la Thaïlande.

A sa visite suivante, ma mère arbore de nouveau son air désespéré. C'est le bouquet ! En plus, le type de Drogue-Info vient me voir et me traite d'irrécupérable. Je le lui jure, j'ai sincèrement la volonté de décrocher. Je le jure aux autres et à moi-même. Detlev dit que tout ça c'est de sa faute. Il chiale. Puis il va à son tour voir les gens du Centre, et le dimanche d'après m'annonce qu'ils lui ont trouvé une place en thérapie. Il entre demain.

Je le félicite : « Maintenant tout va bien marcher J'aurai une place, moi aussi, et on ne fera plus jamais de conneries. »

Nous allons nous promener dans le parc. Je propose : « Et si on allait en vitesse jusqu'au métro Zoo ? Je voudrais acheter le troisième tome de *Retour de la planète Tête de Mort* (un roman d'épouvante que je suis en train de lire). Ma mère ne l'a pas trouvé. »

Detlev : « Bravo ma vieille. Tu as absolument besoin d'aller au Zoo — juste là — pour acheter ton roman d'épouvante ? Tu ferais mieux de dire tout de suite que tu as envie d'un shoot. »

Ça m'exaspère de voir Detlev prendre des airs supérieurs, jouer les vertueux. En plus je n'ai vraiment aucune arrière-pensée, seulement envie de lire la fin de *Retour de la planète Tête de Mort.* Je réplique : « Tu débloques. D'ailleurs tu n'es pas obligé de m'accompagner. »

Bien sûr il m'accompagne. Dans le métro, je me livre à mon petit jeu habituel : asticoter les mémères.

Ça embête toujours Detlev. Il se réfugie donc à l'autre bout du wagon. Et, comme toujours, je gueule : « Eh mon vieux, pas la peine de faire celui qui ne me connaît pas ! Tu ne vaux pas mieux que moi, et tout le monde le voit bien ! » Sur ce, je recommence à saigner du nez. Depuis quelques semaines, ça me prend dès que je mets les pieds dans le métro. C'est horripilant et je passe mon temps à essuyer le sang de ma figure.

Heureusement, je trouve tout de suite le roman en question. De meilleure humeur, je suggère à Detlev de faire une petite balade : « Après tout, c'est ton dernier jour de liberté. » Nos pas nous conduisent automatiquement à la Scène. Stella est là, les deux Tina aussi. Stella est folle de joie de me revoir. Mais les deux Tina sont bien mal en point. En pleine crise de manque. Elles reviennent de Kurtürstenstrasse, complètement bredouilles. Elles avaient oublié que c'est dimanche. Et, le dimanche, les clients sont en week-end avec Madame et les gosses.

Je me sens très heureuse d'être sortie de toute cette merde. Je n'ai plus peur de la crise de manque. Je ne fais plus le tapin. Depuis des semaines. J'éprouve un sentiment de supériorité, une joie exubérante. Ce que c'est chouette : pour la première fois, je me balade sur la Scène sans avoir envie d'un shoot.

Nous sommes à un arrêt de bus, près du métro Kurfürstendamm. A côté de nous, deux métèques. Ils me font tout le temps des signes. Malgré ma jaunisse, je suis la plus fraîche de nous quatre, étant relativement clean depuis un bon bout de temps. De plus, je ne suis pas en uniforme de toxico : j'ai emprunté des fringues à ma sœur — le style très « jeune fille » — justement pour me distinguer des toxicos. A l'hôpital, je me suis même fait couper les cheveux. Assez court.

Les métèques n'arrêtent pas de me faire des clins d'œil. Je demande aux deux Tina : « Vous voulez que je vous les lève ? Même s'ils ne vous filent que quarante marks, vous pourrez toujours vous partager une dose. » De toute façon, dans l'état où elles sont, elles s'en fichent. Je m'avance donc, très décontract, vers les métèques : « Vous vouloir les deux filles ? Moi demander pour vous. Cinquante marks. Capito ? » Je désigne les Tina.

Eux, avec un sourire idiot : « Non, toi. Toi baiser. Toi hôtel. »

Très relax, pas agressive pour un sou, je réponds : « Non, pas question. Mais ces filles, extra. Quatorze ans. Cinquante marks seulement. » La plus jeune des Tina n'a effectivement que quatorze ans.

Les métèques restent de glace. Au fond, je les comprends. Les Tina en crise de manque ne sont vraiment pas appétissantes. Je retourne auprès d'elles leur annoncer que ça ne marche pas. Et puis le diable me souffle quelque chose à l'oreille. Je prends Stella à part : « Dans l'état où elles sont, les Tina ne trouveront pas de client. Allons-y toutes les deux. On va les allumer, et les Tina prendront la suite. De toute façon elles baisent avec les clients. On va leur demander cent marks, et s'acheter un demi-gramme. »

Stella ne se fait pas prier. Pourtant, pour elle comme pour moi, les métèques c'est ce qu'il y a de pire. Du moins aucune de nous deux n'avouerait à l'autre avoir eu quelque chose à faire avec un métèque.

Je retourne donc voir les deux Turcs. Ma proposition les fait bander tout de suite. Detlev, écœuré, me dit : « Ça y est, tu recommences à faire le tapin. » Moi : « Déconne pas, je ne ferai rien du tout. Tu vois bien que nous sommes quatre filles. » Je me figure agir uniquement par pitié pour les Tina. Il y a peut-être un peu de ça. Mais, inconsciemment, je cherche sans doute un moyen détourné de revenir à la drogue.

J'explique aux autres qu'il nous faut aller à l'hôtel Norma, où ils ont de grandes chambres. Ailleurs, on ne nous laissera jamais monter à six dans une piaule. Bon, en route. Tout à coup, voilà un autre métèque qui se joint à nous. Les deux autres déclarent : « Lui ami Aussi hôtel. »

Sur le moment, nous ne disons rien, nous nous contentons d'encaisser nos cent marks. Stella part avec un des types acheter de la came. Elle connaît un revendeur qui vend des demi-grammes bon poids. Ce qu'il y a de mieux dans le coin. Nous avons attendu le retour de Stella pour continuer notre chemin tous les huit : les quatre filles et Detlev devant, bras dessus bras dessous, occupant toute la largeur du trottoir, les trois métèques derrière.

Mais il y a de la tension dans l'air. Les deux Tina veulent l'héro tout de suite. Stella refuse, de peur bien entendu que les filles nous laissent tomber. D'autre part, il faut trouver un moyen de nous débarrasser du troisième métèque, il n'est pas compris dans notre marché.

Stella se retourne, le désigne du doigt et déclare d'un ton catégorique : « Si métèque-là venir, nous rien faire. » Elle a le culot de traiter ce Turc de métèque.

Mais les trois types se tiennent par la main et ne se laissent nullement impressionner. Stella propose de les semer, tout simplement. Ma première réaction est « Bonne idée ». J'ai des talons plats — pour la première fois depuis au moins trois ans —, je vais pouvoir courir. Mais, à la réflexion, ça ne me paraît pas bien malin : « Ils finiront certainement par nous retrouver, et ce jour-là qu'est-ce qu'on va prendre. » J'ai complètement oublié que, en principe, je ne fréquente plus la Scène et je ne fais plus le tapin.

Stella n'est pas contente. Elle reste en arrière, recommence la discussion avec les métèques. Nous arrivons au passage souterrain de l'Europa-Center. N'entendant plus rien derrière nous, je me retourne. Plus de Stella. Elle a disparu de la surface de la terre. Avec toute la came. Les métèques, qui se sont eux aussi aperçus de son absence, ont l'air tout agités.

C'est du Stella tout pur. Je suis furieuse. A mon avis, elle ne peut être que dans l'Europa-Center. Je fonce, Detlev sur mes talons. Les deux Tina restent en rade, les métèques leur sautent dessus. Je fais le tour du centre commercial en courant comme une folle. Detlev a pris par la gauche, moi par la droite. Pas trace de Stella. En plus, j'ai mauvaise conscience, à cause des Tina. J'ai vu les Turcs les traîner dans un hôtel. On attend de les voir ressortir après leur sale boulot. Ça dure des heures. Maintenant elles ont bien mérité leur shoot ! Je sais où trouver Stella. Les deux filles et moi on file au métro Kurtürstendamm. C'est presque désert, parce qu'à cette heure-ci la Scène se déplace vers le Treibhaus tout en haut de Kurfürstendamm. Mais comme nous cherchons Stella, nous descendons directement aux toilettes de la station de métro. A peine la porte franchie, j'entends Stella. En pleine action. En train d'engueuler quelqu'un. Il y a plein de cabines, mais je repère tout de suite celle de Stella. Je tape des deux poings contre la porte et je lui crie : « Stella, ouvre immédiatement ! Sinon il va t'arriver des bricoles ! »

La porte s'ouvre. Stella apparaît. La petite Tina lui envoie une baffe magistrale. Stella, en pleine défonce, déclare : « Tiens, je vous laisse toute la came, je n'en veux pas. » Et elle s'en va.

Évidemment, c'est un gros mensonge. Elle s'est envoyé plus de la moitié du demi-gramme, rien que pour ne pas partager. Les deux Tina et moi on met en commun le reste du sachet, plus la dose que nous venons d'acheter, et on divise le tout en trois parts égales.

Pour moi qui n'ai rien pris depuis longtemps, c'est plus qu'il ne m'en faut. Mes jambes ont du mal à me porter. On va au Treibhaus. Stella est là, en train de faire le rabatteur pour un dealer. On lui tombe dessus : « Dis donc, tu nous dois encore un quart. » Elle ne fait pas d'histoires. Il lui reste tout de même encore un brin de conscience.

Je lui lance : « Tu es une salope. Je ne t'adresse plus la parole. » Puis je file m'injecter ce qui me revient sur la dose restituée par Stella, et me chercher un Coca. Je m'assieds dans un coin, toute seule. Ce sont mes premières minutes de calme depuis le début de l'après-midi. Un court instant, j'espère voir arriver Detlev. Et puis je me mets à réfléchir.

Au début ça va encore. Je fais un bilan : d'abord ton meilleur ami te lâche, ensuite ta meilleure amie te fait une entourloupe. Tiens-toi-le pour dit : l'amitié, chez les toxicos, ça n'existe pas. Tu es absolument seule. Pour toujours. Tout le reste c'est de la foutaise. Et ce cauchemar, cet après-midi, tout ça pour un shoot ! Mais ça n'était rien d'extraordinaire après tout, le cauchemar est quotidien.

J'ai un moment de lucidité. Ça m'arrive quelquefois. Mais toujours quand je suis défoncée. A jeun, je fais n'importe quoi, je suis totalement irresponsable. Je l'ai encore amplement prouvé aujourd'hui.

Je m'abîme dans mes réflexions. Très calme — j'ai suffisamment d'héro dans le sang. Je ne retournerai pas à l'hôpital. D'ailleurs il est onze heures passées.

De toute façon ils m'auraient virée. Et plus aucun hôpital n'acceptera de me recevoir. Le médecin a averti ma mère : mon foie est au bord de la cirrhose. Si je continue comme ça, je n'en ai plus que pour deux ans, au maximum. Du côté de Drogue-Info, c'est foutu. Ce n'est même pas la peine que je les appelle, ils sont en liaison avec l'hôpital. D'ailleurs, s'ils ne veulent plus de moi, ce n'est que justice : il y a tant de toxicos à Berlin qui voudraient aller en thérapie, et si peu de places. Normal qu'on les réserve à ceux qui ont encore un peu de cran, une chance de décrocher. Et moi, de toute évidence, je n'en fais pas partie. J'ai probablement commencé un petit peu trop tôt pour avoir une chance de m'en tirer.

J'ai l'esprit très clair. Je fais mon bilan, tout en sirotant mon Coca. Sans oublier les questions pratiques. Où passer la nuit ? Ma mère ? Elle me claquera sûrement la porte au nez. Ou en tout cas elle n'aura rien de plus pressé demain matin que d'aller chercher les flics, et de me faire expédier en maison de redressement. Je le ferais à sa place. Mon père est en Thaïlande. Stella ? Exclue. Detlev ? Je ne sais même pas chez qui il crèche cette nuit. S'il a vraiment décidé de décrocher, il doit être chez son père. Et de toute façon demain matin il sera parti. Je n'ai donc même pas un lit. Ni pour cette nuit ni pour les suivantes.

La dernière fois que j'ai réfléchi lucidement à ma situation, je suis arrivée à cette conclusion : il n'y a plus pour moi que deux possibilités, décrocher définitivement ou s'injecter le hot shot, la dose mortelle. Aujourd'hui, malheureusement, la première solution est exclue. Cinq ou six sevrages ratés, ça suffit. Au bout du compte, je ne suis ni meilleure ni pire que les autres toxicos. Alors pourquoi me trouverais-je, moi, dans le tout petit lot de ceux qui s'en sortent ?

Je vais Kurfürstenstrasse. Je n'y ai encore jamais racolé de nuit. La nuit, les toxicos laissent la place aux professionnelles. Mais je n'ai pas peur. Je fais deux clients, très vite, et je retourne au Treibhaus. J'ai cent marks en poche et je m'achète un demi-gramme.

Je ne veux pas aller aux toilettes du Treibhaus ni à celles du Kurfürstendamm, il y a trop de monde. Alors où ? Je vais me chercher un autre Coca et je réfléchis.

Je me décide pour les toilettes du Bundesplatz. La nuit, elles sont désertes.

Je vais au Bundesplatz à pied. Je me sens très calme. Des toilettes publiques désertes, la nuit, ça a quelque chose d'étrange, d'angoissant. Pourtant, j'ai un curieux sentiment de sécurité. L'endroit est propre, bien éclairé. Ce sont les plus chouettes toilettes de Berlin, et je les ai pour moi toute seule. Les cabines sont immenses (une fois, on y est entré à six), avec des portes descendant jusqu'au sol. Il n'y a pas de trous dans les cloisons. Plusieurs toxicos ont déjà choisi ces toilettes du Bundesplatz pour s'y suicider : elles sont si bien !

Pas de mémères, pas de voyeurs, pas de flics. Rien ne me presse. Je prends mon temps. Je me lave le visage et me brosse les cheveux. Puis je nettoie soigneusement le nécessaire à injection que Tina m'a prêté. Le demi-gramme suffira, j'en suis sûre. Après mes derniers sevrages, un quart de gramme me mettait K.O. Aujourd'hui j'en ai déjà autant — et même plus — dans le sang, et je suis encore affaiblie par ma jaunisse. J'aimerais mieux avoir un gramme entier — Atze a fait ça avec un gramme entier — mais je me sens incapable de faire encore deux clients.

Je choisis, tranquillement, le W.-C. le plus propre. Je suis parfaitement calme. Vraiment. Je n'ai pas peur. Je n'aurais jamais pensé qu'un suicide manque à ce point de pathétique. Je ne pense pas à ma vie passée. Ni à ma mère. Ni à Detlev. Je ne pense qu'à mon shoot.

Comme d'habitude, j'éparpille mes affaires autour de la cuvette des W.-C. Je verse la came dans la cuillère

— prêtée par Tina, elle aussi. Je pense un instant que je suis, à mon tour, en train de faire une crasse à Tina. Tina qui attend sa seringue et sa cuillère. Puis je m'aperçois que j'ai oublié le citron — mais l'héro est de bonne qualité et se dissout sans.

Je cherche une veine sur mon bras gauche. Au fond, c'est un shoot comme tous les autres. Seule différence, c'est le dernier. Pour de bon. J'atteins la veine au deuxième essai. Le sang monte dans la seringue. Je m'injecte le demi-gramme. Je n'ai pas le temps d'actionner la pompe une seconde fois, je sens mon cœur se déchirer, ma boîte crânienne s'arracher de ma tête.

Quand je me réveille, il fait jour. Les voitures, dehors, font un vacarme infernal. Je suis allongée à côté de la cuvette des waters. Je retire la seringue de mon bras. J'essaie de me lever. Je constate alors que ma jambe droite est comme paralysée. Je peux la bouger un peu, mais au prix d'atroces douleurs dans les articulations, surtout celle de la cuisse. Je parviens, je ne sais comment, à ouvrir la porte. Je fais quelques mètres à quatre pattes, puis j'arrive à me redresser, j'avance en m'appuyant au mur et en sautillant sur une jambe.

A l'entrée des toilettes, deux garçons d'une quinzaine d'année en jeans ultra-moulants et vestes de satin — deux petites pédales — regardent ce fantôme sautant à cloche-pied. Ils ont juste le temps de me rattraper au vol avant que je ne m'effondre. Ils ont tout de suite pigé, et l'un d'eux me dit : « Eh bien, en voilà une histoire. » Je ne les connais pas, mais ils m'ont déjà vue à la station Zoo. Ils m'installent sur un banc. Il fait horriblement froid en ce matin d'octobre. L'un des garçons me donne une Marlboro. Je pense : « C'est drôle, pourquoi les pédés fument-ils toujours des Camel ou des Marlboro ? » Au fond, je suis bien contente de ne pas être morte.

Je raconte ce qui m'est arrivé : Stella m'a joué un sale tour, je me suis shooté un demi-gramme. Ils sont très gentils, ces deux petits jeunes : si je veux aller quelque part, ils vont m'y emmener. La question m'énerve, je n'ai pas envie de réfléchir. Je leur dis de me laisser sur le banc. Mais je tremble de froid, je suis incapable de marcher. Ils me proposent de me conduire chez un médecin.

Je ne veux pas de docteur. Ils disent qu'ils en connaissent un, un type très cool, un pédéraste. Un médecin de la pédale, ça me rassure : dans la situation où je me trouve, je me sentirai plus en confiance. Ils vont chercher un taxi et m'emmènent chez leur copain. Le type est vraiment cool. Il m'installe dans son propre lit, après quoi il m'examine. Il veut me faire parler de la drogue, de tout ça, mais je n'ai pas envie de parler. A personne. Je lui demande un somnifère. Il m'en donne un, avec d'autres médicaments.

Je recommence à avoir de la fièvre et à saigner du nez. Je dors pendant deux jours, presque sans interruption. Le troisième jour, quand ma tête se remet à fonctionner à peu près convenablement, je n'y tiens plus. Je ne veux pas réfléchir. Je m'oblige à ne pas réfléchir. Je rumine perpétuellement deux idées : 1) « Le Bon Dieu n'a pas voulu que tu casses ta pipe ce coup-ci. » 2) « La prochaine fois, tu prends un gramme entier. »

J'ai envie de sortir, d'aller à la Scène, de me shooter, de flipper — surtout ne pas penser. Jusqu'à l'heure du hot shot réussi. Je marche encore difficilement. Le médecin pédéraste, plein de sollicitude, me procure des béquilles. Je m'enfuis avec, mais je les jette en route : je ne veux pas faire ma réapparition appuyée sur des béquilles. En serrant les dents, je peux m'en passer.

Clopin clopant, me voilà au turf à la station Zoo. Je fais plusieurs clients. Il y a même un métèque dans le tas. Pas un Turc, un Grec. A vrai dire, je n'ai rien contre les métèques. C'est drôle, ce contrat qu'on a conclu, Babsi, Stella et moi, de ne jamais rien faire avec un métèque. De toute façon, maintenant ça m'est égal. Tout m'est égal.

Peut-être ai-je encore, quelque part, l'espoir que ma mère va venir me chercher. Si elle me cherche, elle viendra ici, à la station Zoo. C'est pourquoi je ne suis pas allée Kurfürstenstrasse. Mais j'ai bien le sentiment que plus personne n'est à ma recherche. C'était le bon temps, l'époque où ma mère attendait impatiemment mon retour.

J'achète une dose, je me fais un shoot, et je retourne au boulot. J'ai besoin d'argent pour le cas où je ne trouverais pas de client chez qui passer la nuit. Je devrais alors aller à l'hôtel.

Tout à coup je tombe sur Rolf, l'ancien micheton de Detlev. Detlev était revenu dormir chez lui ces derniers temps. Mais Rolf n'est plus un client. Il s'est mis à l'H, et maintenant il est de l'autre côté de la barrière. Il a du mal à trouver des clients : c'est qu'il a déjà vingt-six ans ! Je lui demande s'il a des nouvelles de Detlev. Il fond en larmes. Oui, Detlev est en thérapie. Sans lui la vie c'est de la merde, d'ailleurs la vie n'a pas de sens, il voudrait bien décrocher, il aime Detlev, il veut se supprimer. Bref, il me sort la litanie des toxicos. Toutes ces salades sur Detlev me débectent. Je ne comprends pas que Rolf, ce pédé minable, s'imagine avoir des droits sur lui. Detlev devrait laisser tomber sa thérapie et revenir. Rien de moins. Il lui a même laissé une clé de son appartement. En entendant ça, j'éclate : « Tu es vraiment un salaud, un dégueulasse. Tu laisses ta clé à Detlev, comme ça il saura qu'il a un point de chute le jour où la thérapie le fera chier. Si tu l'aimais vraiment, tu ferais tout pour qu'il décroche. Mais tu n'es qu'un sale pédé. »

Rolf est en crise de manque, et je n'ai aucun mal à le mettre en bouillie. Mais il me vient tout à coup une idée : et si j'allais dormir chez lui ? Je me calme et lui propose, en échange de son hospitalité, de faire un client et d'acheter une dose pour lui. Rolf est tout heureux que je vienne roupiller chez lui. En dehors de Detlev et moi, il ne connaît personne.

Nous dormons ensemble dans le grand lit. En l'absence de Detlev, je m'entends plutôt bien avec lui. Il me dégoûte, mais il est surtout pitoyable, ce pauvre petit bonhomme.

Voici donc les deux grands amours de Detlev dans le même grand lit à deux places. Et, tous les soirs, c'est le même cinéma : Rolf me rabâche qu'il aime Detlev, et pleure un bon coup avant de s'endormir. Ça me met les nerfs en pelote, mais je la boucle car j'ai besoin de cette place dans le lit de Rolf. Je ne me révolte même pas le jour où il me déclare qu'après leur désintox Detlev et lui vivront dans un bel appartement. D'ailleurs tout m'est égal. En plus, je me dis que Detlev et moi on a en quelque sorte Rolf sur la conscience : s'il ne nous avait pas rencontrés, il serait resté un simple grutier pédéraste et solitaire, qui se paye de temps en temps une bonne cuite pour oublier ses misères, et puis c'est tout.

Ça marche comme ça pendant une semaine. Le turf, un shoot, le turf, un shoot. Et la nuit les jérémiades de Rolf.

Un matin, je m'éveille en entendant quelqu'un ouvrir la porte de l'appartement et s'affairer dans le couloir. Rolf sans doute. Je gueule : « Ne fais pas tant de bruit, j'ai sommeil. » C'est Detlev.

On s'embrasse, on s'enlace. La joie des retrouvailles. Brusquement je réalise : « Tu t'es tiré ! »

Il m'explique. Comme tous les nouveaux, on l'a chargé pour trois semaines de sonner le réveil. Exiger la ponctualité d'un fixer, c'est à peu près lui demander l'impossible. Lui demander de se réveiller tous les matins à la même heure et de passer aussitôt à l'action — à savoir réveiller les autres — c'est lui imposer une épreuve terrible. C'est la raison pour laquelle ils ont mis au point ce système de sélection : ils réservent les rares places dont ils disposent à ceux qui ont encore de la force de caractère. Detlev n'a pas tenu le coup, trois fois il ne s'est pas réveillé, et ils l'ont viré.

Detlev me raconte que c'est pas mal du tout, la thérapie. Bon, c'est dur, mais la prochaine fois il réussira. En attendant, il va tâcher de rester clean — d'ailleurs il va se mettre très vite en quête d'une autre place de thérapie. Il me raconte aussi qu'il a retrouvé là-bas plusieurs de nos vieilles connaissances. Frank, par exemple, qui essaie de décrocher après la mort de son ami Ingo. A quatorze ans. Comme Babsi.

Je demande à Detlev ce qu'il va faire aujourd'hui. « Avant tout, un shoot. » Je lui demande de me rapporter de la dope. Il est de retour deux heures plus tard en compagnie d'un certain Piko, un ancien client. Piko sort un sac de plastique de sa poche, le pose sur la table. Je n'en crois pas mes yeux : il est plein d'H — dix grammes. Je n'en ai encore jamais vu autant. Sitôt revenue de ma stupéfaction, je lance à Detlev : « Tu es devenu dingue ou quoi, de rapporter dix grammes à la maison ?

— A partir d'aujourd'hui, je suis revendeur.

— Tu as pensé aux flics ? S'ils te pincent encore un coup, tu retournes en taule. Et pour des années. »

Detlev se fâche : « Je n'ai pas le temps de penser aux flics, et arrête de me casser les pieds. »

Il se met tout de suite au travail. Il fait de petites portions avec son canif, et les dispose sur des carrés de papier alu. Ils me paraissent beaucoup trop petits, je lui en fais la remarque : « Attention mon vieux, c'est l'apparence qui compte. Il faut faire des paquets plus grands, avec la même quantité de marchandise. Pense aux lessives : des paquets énormes pleins seulement aux trois quarts.

— Tu commences à me courir. Je fais de grosses doses. Les gens s'en apercevront tout de suite, et on va vite savoir que chez moi on est bien servi. »

Il me vient alors à l'idée de demander à qui appartient toute cette came. A Piko, naturellement. Le petit voyou ! Dans le temps, il cambriolait des bureaux. Tout juste sorti de taule, il est en liberté surveillée, et veut se remettre à flot sur le dos de ce pauvre nigaud de Detlev. Il a acheté la marchandise, au tarif revendeur, à des maquereaux de la Potsdamer Strasse qu'il a connus en prison. Mais pas question de la vendre lui-même — d'ailleurs il ne saurait pas, lui c'est juste un soiffard —, il va faire bosser Detlev.

Quand Detlev a terminé ses pliages, nous comptons les petits paquets. Il y en a d'un gramme, d'un demi et d'un quart. Je n'ai jamais été forte en maths, mais je vois tout de suite que le total ne donne que huit grammes : il a fait des doses beaucoup trop grosses. Si on n'avait pas vérifié, on aurait dû payer les deux grammes de notre poche.

Bon, on recommence tout. Comme il reste toujours un peu de poudre collée au papier, je la récupère pour mon usage personnel.

Detlev se décide à faire des paquets plus grands, et étale même sa marchandise avec une bouteille de bière, ça donne l'impression qu'il y en a plus. Cette fois, il ne fait que des quarts. On arrive finalement à un total de vingt-cinq doses.

Nous en consommons deux immédiatement : il faut bien tester la marchandise. C'est de l'héroïne de bonne qualité.

Le soir, nous emportons notre stock au Treibhaus. On en enterre la plus grande partie derrière l'établissement, à côté des poubelles. On ne garde jamais plus de trois sachets sur nous. Comme ça, en cas de rafle, on ne sera pas tout de suite étiquetés dealers. Ça démarre bien. Dès le premier soir, on liquide cinq grammes. Ça se sait vite que nous avons de la bonne came, et bien servie. Une seule personne dit du mal de notre marchandise : Stella, évidemment. Ce qui ne l'empêche pas de nous proposer ses services de rabatteuse. Moi, pauvre imbécile, j'accepte : elle aura un quart pour cinq vendus. Conclusion : il ne nous reste rien. Il a été convenu avec Piko que pour dix grammes vendus il nous en revient un et demi. Une fois les rabatteurs payés, notre activité de revendeur nous permet tout juste de couvrir nos besoins quotidiens en H.

Piko vient faire les comptes tous les matins. Le soir, nous avons généralement deux mille marks en caisse — ça représente mille marks de bénéfice net pour Piko. Et pour nous, un gramme et demi de came. Piko ne court pratiquement aucun risque. Sauf si nous le dénonçons.

Il a pris ses précautions. Il nous a tout de suite expliqué que si jamais on est arrêtés et si on le donne aux flics, on fera bien de commander nos cercueils. Ses copains de la Potsdamer Strasse se chargeront de ça. On ne leur échappe pas, même en taule, ils ont leurs gars partout. Il nous menace aussi de les faire intervenir au cas où on s'aviserait de falsifier les comptes. Nous le croyons sur parole. D'autant plus que j'ai affreusement peur des souteneurs — surtout depuis qu'ils ont torturé Babsi.

Detlev ne veut pas reconnaître que son Piko nous arnaque. « Que veux-tu ? me dit-il. D'abord, et c'est l'essentiel, ça t'évite de faire le trottoir. Je ne veux plus que tu te prostitues. Et moi je ne veux plus le faire non plus. Alors il faut bien en passer par là. »

La plupart des petits revendeurs sont dans la même situation que nous. On n'a jamais assez de fric pour acheter directement dix grammes de drogue à l'intermédiaire. D'ailleurs, on ne connaît pas la filière. Comment pourrions-nous entrer en contact avec les souteneurs de la Potsdamer Strasse ? Les petits revendeurs de rue, toxicos eux-mêmes, ont généralement besoin du vendeur au poids qui les paye en nature. Et ce sont ces pauvres camés qui se retrouvent en taule. Les types comme Piko sont pratiquement hors d'atteinte des flics, et n'ont jamais de difficulté pour remplacer un revendeur qui s'est fait coffrer. Pour deux shoot par jour, presque tous les fixers sont prêts à faire ce boulot.

Au bout de quelques jours, nous ne nous sentons plus en sécurité aux abords du Treibhaus. Ça grouille de flics en civil. C'est d'ailleurs un trop gros stress pour moi. Nous nous organisons autrement : je fais la rabatteuse au Treibhaus, et j'envoie les clients à Detlev planqué un peu plus loin.

Environ une semaine plus tard, un jour que Detlev, au mépris de toute prudence, se balade du côté du Treibhaus avec de la came plein les poches, une voiture s'arrête à côté de lui. Le conducteur lui demande le chemin de la station Zoo. Detlev panique et se sauve à toutes jambes, en jetant ses stocks dans le premier buisson venu.

Detlev m'explique que ce mec était sûrement un flic, car personne n'ignore où se trouve la station Zoo.

Ça va mal. Nous voyons un flic en chaque automobiliste, en chaque passant qui déambule sur le Kudamm. Nous n'osons même pas tenter de récupérer notre came : et si les flics nous y attendent ?

On est dans la merde. Demain matin, on ne pourra pas faire nos comptes avec Piko. Lui dire la vérité ? Il ne nous croira pas. J'ai une idée : on va lui raconter qu'on a été dévalisés par des métèques, ils nous ont tout pris, drogue et fric. « De toute façon, ça va barder. Alors autant dépenser les sous qu'on a déjà. Et puis c'est dégueulasse, ce salaud-là se fait mille marks par jour sur notre dos, et nous on n'a jamais un rond. Il faut que je m'achète des fringues. Je n'ai pas un vêtement chaud. Je ne peux tout de même pas me balader tout l'hiver avec ce que j'avais sur moi quand je me suis tirée de l'hôpital. »

Detlev finit par comprendre que ça ne va pas faire une grande différence si on donne à Piko deux cents marks ou rien du tout.

Le lendemain matin, de très bonne heure, nous sommes au marché aux puces. Quand je vois quelque chose qui me plaît, Detlev essaie le premier, moi ensuite. Nous ne voulons que des fringues que nous puissions porter l'un et l'autre. Je me décide pour une vieille veste en peau de lapin. Noire. Elle va très bien à Detlev. Il est drôlement mignon là-dedans. Après, on s'achète encore du parfum, une boîte à musique et quelques autres bricoles. Mais on ne dépense pas tout notre fric — on n'est pas capables d'acheter n'importe quoi, rien que pour le plaisir. On planque ce qui nous reste.

Nous sommes à peine de retour chez Rolf, Piko s'amène. Detlev dit qu'il ne s'est pas encore fait son shoot. Il le lui faut avant de se mettre aux comptes. Bien sûr ce n'est pas vrai, on s'est fixés comme d'habitude sitôt levés. Mais Detlev a peur de ce qui va se passer avec Piko.

Piko dit « Okay », et se plonge dans un de mes romans d'épouvante. Detlev s'injecte encore un quart, et s'assoupit avant même d'avoir retiré l'aiguille de son bras.

Je me dis bon, rien d'étonnant à ce qu'il ait envie de roupiller après deux shoot comme ça. Seulement, il faut lui enlever cette shooteuse du bras, sinon le sang va cailler sur l'aiguille, on aura un mal de chien à la retirer. Et en plus on n'en a pas de rechange. J'essuie la piqûre sur le bras de Detlev avec de l'alcool et un bout de coton. Je le trouve bizarre. Je soulève son bras, il retombe, tout flasque. Je secoue Detlev pour le réveiller, il glisse du fauteuil. Son visage est tout gris, ses lèvres sont bleues. J'ouvre sa chemise pour écouter les battements de son cœur. Rien.

Je fonce chez la voisine, une retraitée, et lui demande la permission de me servir de son téléphone. C'est une urgence. J'appelle Police-Secours : « Mon ami ne respire plus. C'est une overdose. » Je leur donne l'adresse. Sur ce Piko se pointe en criant : « Arrête, il est revenu à lui ! » Je dis au flic : « Non merci, inutile de vous déranger. Fausse alerte. » Et je raccroche.

Detlev est étendu sur le dos. Il a rouvert les yeux. Piko me demande si j'ai parlé de drogue aux flics, et si je leur ai donné l'adresse. « Non, pas directement. Je crois qu'ils n'ont pas embrayé tout de suite. »

Piko me traite de connasse hystérique. Il flanque une gifle à Detlev en lui ordonnant de se lever immédiatement. Je lui dis de laisser Detlev tranquille. Il me crie : « Ta gueule connasse ! Va me chercher de l'eau. » En revenant de la cuisine, je trouve Detlev debout, et Piko en train de le sermonner. Tout heureuse de voir Detlev sur ses pieds je vais l'embrasser, il me repousse. Piko lui envoie la flotte à la figure et lui dit « Viens mon gars, on fiche le camp. »

Detlev a encore le visage tout gris, il tient à peine sur ses jambes. Je le supplie de se recoucher. Piko se remet à crier : « Ta gueule ! » Et Detlev dit : « Je n'ai pas le temps. » Ils partent, Piko soutenant Detlev.

Je ne sais plus du tout où j'en suis. Je tremble de tout mon corps. J'ai bien cru un moment que Detlev était mort. Je me jette sur le lit et essaie de me concentrer sur un roman d'épouvante. On sonne à la porte. Je colle l'œil au judas. Les flics.

Je perds complètement les pédales. Au lieu de me sauver par la fenêtre, j'ouvre la porte. Je leur sors péniblement une explication : l'appartement est à un pédéraste qui est en voyage et me l'a prêté, ce matin deux jeunes ont fait irruption dans la chambre, ils se sont fait une piqûre dans le bras et l'un d'eux s'est effondré, alors j'ai appelé la police

Les flics me demandent le nom des types, si je peux les décrire, etc. Je raconte n'importe quoi. Ils relèvent mon identité. Le résultat ne se fait pas attendre : « Bon, tu viens avec nous. On nous a signalé ta disparition. »

Ils sont plutôt gentils avec moi. Ils me laissent le temps de fourrer deux bouquins dans mon sac en plastique et d'écrire une lettre à Detlev : « Cher Detlev. Comme tu dois t'en douter, je me suis fait embarquer. Autres nouvelles suivent à la première occasion. Je t'embrasse tendrement. Ta Christiane. » Je colle le mot avec un bout de scotch à la porte de l'appartement.

On m'emmène d'abord au commissariat de la Friedrichstrasse. Puis au dépôt, où on me fourre dans une cellule qui a l'air sortie d'un western : un mur tout en barreaux, et quand la porte s'ouvre ou se ferme ça fait le même bruit que chez le shérif de Dodge City. Je me colle contre la grille en me cramponnant aux barreaux. C'est vachement déprimant. Alors je me couche sur le bat-flanc, et comme je suis encore défoncée, je m'endors. On m'apporte un récipient en me demandant de pisser dedans, pour l'analyse d'urine. Et un seau à mettre en dessous, pour ne pas salir par terre. N'importe qui, passant par là, peut me voir pisser. On ne me donne rien à manger ni à boire de toute la journée.

En fin d'après-midi, je vois arriver ma mère. Elle passe devant la grille en me jetant un vague coup d'œil. Sans doute quelque chose à régler d'abord avec les flics. Puis on ouvre la porte, ma mère me dit « Bonsoir » et me prend par le bras. Très solidement. Une voiture nous attend dehors. Klaus, l'ami de ma mère, est au volant. Ma mère me catapulte littéralement sur le siège arrière, s'assied à côté de moi. Personne ne dit mot. Klaus a l'air d'avoir perdu son chemin, on tourne dans Berlin. Je me dis : « Ça y est, ils sont complètement gâteux. Même plus fichus de trouver la route de Kreuzberg. »

Nous nous arrêtons pour prendre de l'essence. Je dis à ma mère que j'ai faim, je voudrais des Bounties. Elle m'en achète trois. Au bout du deuxième, je me sens mal. Klaus est obligé de se garer : il faut que je sorte vomir. Nous sommes sur l'autoroute. Où m'emmènent-ils ? Dans une maison de redressement peut-être ? Je me sauverai. Et puis je vois le panneau « Aéroport Tegel ». Ça c'est le plus fort : ils veulent me chasser de Berlin.

Nous descendons de voiture. Ma mère, sans perdre une seconde, m'empoigne aussi fermement que tout à l'heure. Je prononce alors ma seconde phrase de la soirée : « Voudrais-tu s'il te plaît me lâcher ? » Je parle très lentement, en détachant chaque mot. Elle me lâche mais reste à portée de main. Klaus ferme la marche, sur le qui-vive lui aussi. Je suis plutôt amorphe. Qu'ils fassent ce qu'ils veulent, de toute manière ils ne tireront rien de moi. Quand ma mère m'entraîne vers la porte marquée « Hambourg », je jette tout de même un coup d'œil autour de moi, pour voir s'il y a moyen de se tirer. Mais je suis trop flappie pour essayer.

Hambourg ! Quelle poisse. J'ai une grand-mère, une tante, un oncle et un cousin qui habitent un village à cinquante kilomètres de Hambourg. On ne fait pas plus bourgeois Leur maison est si impeccablement tenue que c'est à vomir. Pas un grain de poussière. Un jour, j'y ai marché pieds nus pendant des heures, et le soir je n'ai même pas eu besoin de me laver les pieds tant ils étaient propres.

Dans l'avion, je fais semblant de m'absorber dans un roman d'épouvante. J'en lis d'ailleurs quelques pages. Ma mère est toujours muette comme une carpe. Elle ne m'a même pas dit où on va.

Au moment où l'hôtesse débite son baratin habituel — … voyage agréable... vous revoir bientôt, etc. — je m'aperçois que ma mère pleure. Et puis elle commence à parler, à la vitesse d'une mitrailleuse. Elle n'a toujours voulu que mon bien. Elle a rêvé ces jours derniers qu'on me trouvait morte dans des W.-C., les jambes toutes tordues, avec du sang partout. Assommée par un dealer. Et la police lui demandait de venir m'identifier.

J'ai toujours pensé que ma mère a des facultés parapsychiques. Si elle me disait un soir « Ne sors pas mon petit, j'ai une drôle d'impression », à tous les coups il se passait quelque chose : prise dans une rafle, arnaquée, une sale histoire, quoi. En l'entendant me raconter ce rêve je pense à Piko, à ses menaces et à ses amis les souteneurs. Ma mère vient peut-être de me sauver la vie. Je ne pense pas plus loin. Je me l'interdis. Depuis que j'ai raté ma sortie, je ne veux plus réfléchir.

Ma tante nous attend à l'aéroport. Nous déjeunons avec ma mère qui repart par le prochain avion. Je commande un Florida-Boy : ils n'ont pas ça dans cette boutique super-luxe. Hambourg c'est vraiment le trou perdu : même pas de Florida-Boy. Je ne bois rien du tout, et pourtant je crève de soif.

Ma mère et ma tante me font un amphi. A elles deux, en une demi-heure, elles tracent le programme de mes prochaines années : j'irai en classe, je me ferai de nouveaux amis, j'apprendrai un métier intéressant, je retournerai à Berlin nantie d'une qualification professionnelle. Comme c'est simple. Ma mère chiale en me faisant ses adieux. Moi je m'interdis d'éprouver quoi que ce soit.

Nous sommes le 13 novembre 1977.

La mère de Christiane

La journée a été très dure. J'ai pris sur moi, tendue à craquer. J'ai enfin pu pleurer pendant le vol de retour. J'étais triste et soulagée à la fois : triste de la séparation avec Christiane, soulagée de l'avoir enfin arrachée à l'héroïne.

Pour une fois, je suis certaine d'avoir pris la bonne décision. L'échec de l'expérience Narconon m'a confirmée dans le sentiment que la seule solution est d'emmener Christiane dans un endroit où elle ne trouvera pas d'héroïne. C'est sa seule chance de survie. Quand son père l'a prise avec lui, ça m'a donné la possibilité de juger avec un peu de recul. Et je suis arrivée à la conclusion que, si elle reste à Berlin, elle est condamnée. Mon ex-mari a eu beau m'assurer qu'elle s'était désintoxiquée, je n'y croyais pas. Il y a longtemps que je tremblais pour la vie de Christiane, et jamais je n'aurais pensé que ça pouvait être encore pire. Mais depuis la mort de Babsi je n'ai pas connu une minute de tranquillité.

Je souhaitais envoyer Christiane dans ma famille sans plus attendre mais son père n'a pas voulu. Et comme Christiane vivait sous son toit, il en avait obtenu temporairement la garde. Je n'ai pas réussi à le convaincre. Il n'arrivait pas à comprendre. Peut-être parce qu'il n'avait pas mon expérience. Peut-être aussi était-il incapable de s'avouer son échec.

Sur ce, j'ai reçu notification de l'inculpation de Christiane pour infraction à la loi sur les stupéfiants. Mme Schipke, de la brigade des stupéfiants, m'a avertie par téléphone. A son avis, je n'ai pas de reproches à me faire : « Que voulez-vous, quand on se pique on se pique — chaque toxico décide de son sort. » Elle connaît beaucoup de drogués de bonne famille appelés, comme Christiane, à comparaître devant le tribunal. Il ne faut pas me tourmenter, a-t-elle assuré.

J'ai été choquée de voir figurer la présence d'un sachet d'héroïne dans sa chambre parmi les preuves retenues contre Christiane. C'est moi qui l'avais trouvé, et dans mon affolement j'ai téléphoné à Mme Schipke. Quand elle m'a demandé — l'hypocrite — de le lui envoyer pour analyse, je ne me doutais évidemment pas que ma découverte serait un jour utilisée contre ma fille. Elle avait même ajouté, cette Mme Schipke : « N'indiquez pas l'expéditeur, comme ça on ne pourra rien prouver. »

Ce n'est pas juste, à mon avis, de condamner des jeunes comme Christiane pour leur toxicomanie. Christiane n'a fait de mal à personne. Elle se détruit elle-même. Qui peut la juger ? Sans parler du fait que, pour autant qu'on sache, jamais la prison n'a guéri un toxico.

La lecture de cet acte d'accusation a encore renforcé ma décision. J'ai pris mon courage à deux mains, je suis allée trouver les services de tutelle, et leur ai expliqué toute la situation. Pour la première fois depuis que je hante les bureaux des administrations, on m'a écoutée attentivement. Le travailleur social qui s'est occupé de moi, M. Tillmann, jugeait également préférable d'éloigner Christiane de Berlin. En attendant qu'on me rende le droit de garde — ça peut prendre un certain temps — il allait s'occuper de lui trouver une place dans un centre de thérapie. Mon ex-mari donnera plus facilement son accord pour ça. C'est sûr. Je sentais que, pour une fois, il ne s'agissait pas de promesses en l'air, M. Tillmann prenait vraiment à cœur le cas de Christiane.

Un après-midi, un peu après cet entretien, on sonne à la porte. Christiane. Elle revient de la consultation antidrogue. Elle est exténuée, bourrée d'héroïne, parle de suicide et d'overdose. Je commence par la calmer et la coucher. Puis j'appelle M. Tillmann. Il arrive aussitôt. Et à nous trois, avec Christiane, on met sur pied un plan d'action. Elle va d'abord passer quelques jours à l'hôpital psychiatrique pour se désintoxiquer physiquement. Puis elle ira, directement, rejoindre une communauté thérapeutique (on lui aura trouvé une place d'ici là, soit par la consultation antidrogue, soit par M. Tillmann).

Christiane se montre pleine de bonne volonté. M. Tillmann s'occupe des formalités, et tout va très vite. Nous obtenons un rendez-vous chez le psychiatre et chez le médecin de la Sécurité sociale. Muni du certificat médical, M. Tillmann va voir mon ex-mari, le persuade de signer la demande de placement volon-

taire. Je peux emmener Christiane à l'hôpital Bonhoeffer.

Quinze jours plus tard, elle est transférée à l'hôpital Rudolf-Virchow pour le traitement de sa mycose. J'étais convaincue que les gens de Bonnies Ranch ne lâcheraient pas une enfant toxicomane dans la nature, qu'ils la surveilleraient pendant le voyage et continueraient à s'occuper d'elle à Rudolf-Virchow. Mais ils se sont contentés de la déposer. Après, ça n'était plus leur affaire. Et elle n'a eu aucun mal à s'évader.

Quelle incurie. Ça m'a enlevé mon dernier reste de confiance dans les institutions. Je me suis dit : « Tu ne peux compter que sur toi-même pour aider ton enfant. » M. Tillmann a essayé de me remonter le moral.

Heureusement, la fugue de Christiane a été de courte durée. Elle est venue pleurer dans mes bras dès le lendemain soir. Elle demandait pardon. Elle s'était encore shootée. Je ne l'ai pas grondée. Autrefois, il m'arrivait de décharger ma colère sur elle, désespérée de mon incapacité à l'aider. Maintenant mon agressivité s'est éteinte. Je l'ai prise dans mes bras et nous avons causé. Calmement.

Christiane tenait à poursuivre le plan d'action prévu. Je lui ai dit : « D'accord », mais en lui faisant clairement comprendre qu'à la première bêtise elle filerait chez sa grand-mère. Sans discussion possible. Elle m'a donné sa parole d'honneur.

Pendant plusieurs jours, elle est allée régulièrement à la consultation antidrogue. Elle s'est vraiment obstinée. Il lui est arrivé d'attendre son tour pendant des heures. Et, de retour à la maison, elle s'asseyait à sa table et rédigeait son curriculum vitae pour les formalités d'admission.

Je voyais le bout du tunnel. On lui avait trouvé une place dans une communauté thérapeutique — c'était pratiquement sûr. Nous parlions ensemble des fêtes de Noël : elle ne pourrait certainement pas les passer à la maison, puisqu'on était déjà début novembre.

Entre-temps, mon ex-mari avait compris l'inanité de ses efforts et renoncé à s'opposer à nos projets. Le sol redevenait ferme sous nos pieds.

C'est alors que Christiane a eu sa seconde jaunisse. Brusquement, une nuit, elle a fait 41 de fièvre. Le lendemain matin, je l'ai emmenée à la clinique Steglitz. Elle était jaune comme un coing, elle ne tenait plus debout. La doctoresse qui l'a examinée m'a dit : « Elle a le foie engorgé à force de se droguer. » Malheureusement on ne pouvait pas la garder, la clinique n'ayant pas de service d'isolement. C'était un mensonge. Depuis je me suis renseignée : la clinique Steglitz a un service d'isolement de vingt-cinq lits. En réalité, ils ne veulent pas de toxicos, ils se trouvent trop bien pour ça. Enfin bref, la doctoresse a établi une demande d'admission à l'hôpital Rudolf-Virchow.

L'état de Christiane s'est amélioré en quelques jours, elle a retrouvé son dynamisme, et se préparait à entrer en thérapie. Le conseiller du centre antidrogue de l'Université technique est même venu la voir. On la tenait tous à bout de bras. Il y a longtemps que je n'avais pas été aussi optimiste.

Jusqu'au jour où son amie Stella est venue la voir. J'avais pourtant prié l'infirmière de ne laisser entrer personne en mon absence — à l'exception, bien sûr, du conseiller du centre antidrogue.

Mais j'ai commis une faute impardonnable : je lui ai amené Detlev. Elle avait tellement envie de le voir. Detlev venait d'être relâché et mis en liberté surveillée. Il était lui aussi admis dans un centre de thérapie. Je n'avais pas le cœur de les empêcher de se revoir : ils s'aiment, ces deux-là. Et je me disais, peut-être ils s'encourageront mutuellement, ça les soutiendra de savoir l'autre aussi en thérapie. Comment ai-je pu me montrer aussi naïve ?

Christiane a commencé par s'éclipser quelques heures. Un soir, venant la voir comme d'habitude après mon travail, je m'aperçois qu'elle s'est piquée. Elle était rentrée quelques minutes avant mon arrivée. La chose en elle-même ne me paraissait même pas grave. Mais quand elle s'est mise à me raconter des craques, prétendant être juste allée en ville manger des spaghettis — quand elle a recommencé à mentir, alors là j'ai senti mes jambes se dérober sous moi.

J'ai demandé l'autorisation de passer la nuit avec Christiane. En payant naturellement. L'infirmière m'a expliqué que ce n'était malheureusement pas possible. Mais à l'avenir on surveillera Christiane. Trois jours plus tard, l'infirmière vient à ma rencontre à l'entrée du service en m'annonçant : « Votre fille n'est pas là.

— Ah bon ? Pouvez-vous me dire où elle est ?

— Nous ne le savons pas. Elle a obtenu l'autorisation de se promener dans le parc, et elle n'est pas rentrée. »

Ce que j'ai éprouvé en entendant ces paroles, je ne

peux pas le décrire. Je suis revenue à la maison m'asseoir à côté du téléphone. Le soir, à onze heures vingt, coup de fil de l'hôpital : elle est de retour. L'indifférence de l'infirmière m'a bouleversée. « Si elle se sauve elle se sauve. C'est son problème. Les drogués on en a l'habitude, ils se sauvent tous. » Voilà exactement ce qui m'a été répondu quand j'ai adressé des reproches à l'infirmière.

La doctoresse n'a pas semblé s'émouvoir davantage. Elle m'a tout simplement déclaré qu'elle n'y pouvait rien. Si Christiane commet une nouvelle infraction au règlement, ils seront obligés de la renvoyer pour indiscipline. Du reste, on a maintenant le résultat des analyses biologiques : si elle continue comme ça, elle ne dépassera pas sa vingtième année. On va tenter de la raisonner. Mais c'est malheureusement tout ce qu'on peut faire.

Le lendemain soir, nouveau coup de fil de l'hôpital. Christiane s'est encore sauvée. J'ai passé la nuit sur le canapé, à côté du téléphone. Christiane n'est pas revenue. Elle a disparu pendant deux semaines entières, sans donner de ses nouvelles.

Les deux ou trois premiers jours, nous sommes partis à sa recherche, mon ami et moi. On a fait le tour classique des discothèques et des stations de métro. Puis l'hôpital m'a demandé de venir prendre ses affaires. Quand je me suis retrouvée à la maison avec son sac, ses livres et tout son bric-à-brac, j'ai décidé, pour la première fois, de baisser les bras. De la laisser se casser la gueule.

Je me suis dit : « Bon. si c'est ce qu'elle veut, qu'elle

voie où ça la mène. » J'ai cessé de la chercher. J'étais blessée au-delà de toute expression. Je voulais lui montrer que ma patience était épuisée. Maintenant, je ne sais pas combien de temps j'aurais été capable de persévérer dans cette attitude.

J'ai signalé sa disparition au commissariat et laissé sa photo. Ils finiront bien par mettre la main dessus, probablement à l'occasion d'une rafle. Après, je la mets dans le premier avion et je l'emmène loin de Berlin.

Au bout de quinze jours — un lundi matin — je reçois le coup de téléphone attendu : Christiane est au commissariat de la Friedrichstrasse. Mon interlocuteur se montre extraordinairement compréhensif, bien que Christiane soit en train de faire un raffut épouvantable. Je le prie de la garder sous surveillance. Je viendrai la chercher en début d'après-midi, et nous quitterons aussitôt la ville par avion.

Je suis allée prendre les billets. Un aller-retour pour moi, un aller simple pour Christiane. Ça m'a fait mal de prononcer cette phrase. Ensuite j'ai téléphoné à ma famille.

J'ai demandé à mon ami de m'accompagner au dépôt. Je me disais, à nous deux, on l'empêchera de s'enfuir.

Christiane n'a pas dit un mot. Moi non plus. Je ne m'en sentais pas capable.

Tout le temps des formalités d'embarquement, je sentais mes genoux trembler, mon cœur battre la chamade. Christiane était toujours muette. Ne me regardant même pas. Jusqu'au décollage, elle est restée silencieuse, immobile dans son fauteuil, à se ronger les ongles ou à lire un roman qu'elle avait apporté. Elle n'a pas tenté de s'enfuir.

Quand l'appareil a pris de la hauteur, elle s'est mise à regarder par la fenêtre. La nuit tombait déjà. J'ai dit à ma fille : « Bon, c'est fini. Le chapitre drogue est clos. Tu vas chez tante Evelyne. Commencer une vie nouvelle. »

Christiane

J'ai passé mes quatre premiers jours chez grand-mère en crise de manque. Dès que j'ai pu me lever, je me suis mise en grande tenue de toxico : de la veste en peau de lapin aux bottes à talons ultra-hauts. Et je suis allée me promener dans les bois avec le chien de ma tante.

Tous les matins c'est le même scénario : je me harnache et me maquille comme si j'allais au métro Zoo, puis je pars me balader en forêt. Mes hauts talons s'enfoncent dans le sable, je trébuche tous les dix mètres, j'ai les genoux couverts de bleus à force de chutes. Mais quand grand-mère propose de m'offrir des « chaussures de marche » je refuse horrifiée — le seul terme de « chaussures de marche » me répugne.

Je me rends compte petit à petit que ma tante, qui a tout juste trente ans, est une personne avec qui on peut parler. Même si je n'ose pas aborder avec elle mes vrais problèmes. D'ailleurs, ceux-là, je n'ai pas envie d'en parler, ni même d'y penser. Mon vrai problème s'appelle la came et tout ce qui s'y rattache : Detlev, la Scène, le Kudamm, la défonce, ne pas être obligée de penser, être libre. J'essaie de ne pas trop penser.

même sans dope. En réalité, je ne pense qu'à une seule chose : tu vas bientôt foutre le camp. Mais, contrairement aux autres fois, je ne fais pas de plan d'évasion. C'est juste une idée : un jour tu vas foutre le camp. Je n'en ai sans doute pas vraiment envie. J'ai trop peur de ce que, ces deux dernières années, j'ai appelé liberté.

Ma tante m'emprisonne dans un réseau serré d'interdictions. J'ai quinze ans, mais si par hasard on m'accorde l'autorisation de sortir, je dois être rentrée à neuf heures et demie précises. Je n'ai pas connu ça depuis l'âge de onze ans. Ça m'exaspère. Mais, bizarrement, j'obéis presque toujours.

Nous sommes allés faire les achats de Noël à Hambourg. Départ de bon matin. Et en avant dans les grands magasins. L'horreur. Des heures à se frayer un chemin au milieu d'un flot de bourgeois minables en train de harponner des objets ou de fourrager dans leurs portefeuilles bien garnis. Ma grand-mère, ma tante, mon oncle et mon cousin essaient des fringues. On ne trouve pas de cadeau pour la tante Edwige, la tante Ida, Joachim, ni pour M. et Mme Machinchose. Mon oncle a encore besoin d'une paire de semelles à poser soi-même, et puis d'un truc pour la voiture qu'il vaut mieux acheter dans un grand magasin, c'est moins cher.

Ma grand-mère est si petite, fouine avec tant d'entrain dans les grands magasins, qu'elle est sans cesse perdue au milieu des grappes humaines. Après il faut la chercher. De temps en temps je me retrouve toute seule, et alors bien sûr je pense à me tirer. J'ai déjà repéré une Scène à Hambourg. Il me suffirait de sortir dans la rue, de lier conversation avec deux ou trois types à tête de toxico, et tout continuerait comme avant. Mais je ne m'y décide pas. Car je ne sais pas ce que je veux exactement. Bien sûr je pense : « Regardez-moi ces gens-là : la seule chose qui les fait flipper, c'est d'acheter et de courir les magasins. Plutôt crever dans un W.-C. dégueulasse que de devenir comme eux. » Et sincèrement, si un fixer m'avait abordée, je serais partie.

Mais au fond je ne veux pas partir. Et même, à plusieurs reprises, je supplie la famille de me ramener à la maison : « Je n'en peux plus. Rentrons. Vous reviendrez faire les courses sans moi. » Mais ils me regardent comme si j'étais subitement devenue folle : pour eux, faire les achats de Noël est sans doute le moment le plus excitant de l'année.

Le soir, on ne retrouve pas la voiture. On cavale de parking en parking, plus de bagnole. Pour ma part, j'apprécie la situation : tout à coup, nous sommes devenus une communauté. Tout le monde parle à la fois, chacun a une autre idée, mais nous avons enfin un but commun : retrouver cette fichue bagnole. Mais moi je trouve toute l'histoire très drôle et je n'arrête pas de rire, tandis que les autres sont de plus en plus affolés. Il fait de plus en plus froid, tout le monde grelotte sauf moi : mon organisme en a vu d'autres.

Pour finir, ma tante se plante sous la bouche d'air chaud à l'entrée du Karstadt et refuse de bouger d'un millimètre. Mon oncle est obligé de l'arracher de force à ce cocon douillet. On finit quand même par retrouver la voiture, et l'affaire se termine par un éclat de rire général. Le voyage de retour se passe dans une ambiance extra. Je me sens bien. J'ai l'impression de faire partie d'une famille.

Je m'adapte un petit peu. Du moins j'essaie. C'est difficile. Il faut que je surveille mon langage. Chaque phrase. Chaque mot. Quand je laisse échapper un « merde », ma grand-mère me reprend aussitôt : « Un si vilain mot dans une si jolie bouche. » Comme ça m'énerve, j'ai envie de discuter, mais il vaut mieux pas, je finis toujours par piquer une colère.

Noël arrive. Mon premier réveillon en famille, sous le sapin, depuis deux ans : l'année dernière, comme celle d'avant, j'ai passé la nuit de Noël à la Scène. Je ne sais pas si je dois être contente ou pas. Je décide, en tout cas, de faire un effort pour en avoir l'air, au moins au moment des cadeaux. Mais là, je n'ai pas à me forcer, ils m'ont vraiment fait plaisir. C'est la première fois que j'ai tant de cadeaux de Noël. Un moment, cependant, je me surprends à calculer combien tout ça a coûté, et combien de doses d'héro ça représente.

Mon père est venu passer Noël avec nous. Comme d'habitude il ne tient pas en place. Le 25 et le 26 au soir, il m'emmène en discothèque. Les deux fois, je siffle six ou sept Coca-rhum, après quoi je m'endors sur mon tabouret de bar. Mon père est ravi de me voir boire de l'alcool. Moi, je me dis que je vais bien finir par m'habituer à ce bled, à ces jeunes ploucs et à la musique disco.

Le lendemain, mon père rentre à Berlin : il y a un match de hockey sur glace qu'il ne veut pas rater. C'est sa nouvelle passion.

Après les vacances de Noël, je reprends mes études. J'entre en quatrième. Ça me fait peur : je n'ai pratiquement rien fait depuis trois ans, et l'année dernière, en plus, j'ai beaucoup manqué — malade, en désintox, ou je séchais tout simplement les cours. Mais, dès le premier jour, ma nouvelle école m'a bien plu. Ce matin-là, on nous a fait un grand dessin, couvrant tout un mur de la salle de classe. Et on m'a tout de suite permis de participer à ce travail collectif. Nous avons dessiné des maisons, de belles maisons anciennes. Exactement semblables à celle où je voudrais habiter un jour. On a peuplé la rue de gens souriants, on y a mis aussi un chameau attaché à un palmier. Un dessin génial. Et on a écrit en dessous : « Sous les pavés, la plage. »

Je m'en aperçois par la suite : il y a un dessin presque identique au club de jeunes. Mais ici la légende dit : « Sois pas pleurard, sois pas soûlaud, prends la faucille et le marteau. » Au club, apparemment, les politisés donnent le ton.

Je constate bientôt que les jeunes ruraux, même ceux de la petite ville proche de notre village, ne sont pas très heureux non plus. Il y a certes, extérieurement, de grandes différences avec Berlin : beaucoup moins de chahut à l'école, la plupart des profs sont encore capables d'autorité. On a même une autre allure : la grande majorité des jeunes s'habillent encore très « comme il faut ».

J'ai beaucoup de trous dans mes connaissances, mais je veux réussir : au moins passer mon brevet. Pour la première fois depuis l'école primaire, je fais mes devoirs. Au bout de trois semaines, je suis à peu près intégrée dans la vie de la classe, et je me dis que je tiens le bon bout.

Un jour — on était en plein cours de cuisine — convocation chez le Directeur. Il est assis à son bureau et feuillette nerveusement un dossier. J'ai compris : c'est le mien, il vient de le recevoir de Berlin. Je sais aussi que mon dossier ne dissimule rien de mes activités extra-scolaires. L'Aide à l'Enfance a informé la direction de mon école.

Monsieur le Directeur toussote quelques instants, puis m'annonce qu'à son grand regret il ne peut me garder dans son établissement. Je ne remplis pas les conditions requises pour être admise dans un Collège d'Enseignement secondaire. Il faut croire que mon dossier l'a vraiment traumatisé, il n'a même pas pu attendre la fin du cours et m'a fait chercher en pleine classe pour me virer.

Je ne dis rien. Je suis incapable de prononcer un mot. On ne veut pas me garder une heure de plus. Je dois aller me présenter dès le prochain inter-classes au directeur du cours complémentaire. J'obéis comme une automate. Une fois dans le bureau du directeur du cours complémentaire, je pique une crise de larmes. Il me dit que tout ça n'est pas si grave. On use tout aussi bien ses fonds de culotte sur les bancs du cours complémentaire : l'important, c'est de bien travailler et d'avoir son diplôme.

Quand je me retrouve dehors, j'essaie de faire le point — ça fait longtemps que ça ne m'est pas arrivé. Je ne m'apitoie pas sur moi-même. Il va falloir payer les pots cassés. Je m'en rends bien compte. Je réalise tout à coup que tous mes rêves de vie nouvelle, quand je serai débarrassée de la drogue, c'est de la connerie. Les autres ne me voient pas telle que je crois être aujourd'hui, mais me jugent d'après mon passé. Tous les autres : ma mère, ma tante, monsieur le Directeur.

Je découvre aussi qu'il m'est impossible de changer de peau, de devenir une autre Christiane du jour au lendemain. Mon corps et mon esprit ne cessent de me rappeler le passé. Mon foie esquinté me présente la note pour ce que je lui ai fait subir. Et la vie avec ma tante ça n'est pas cool tous les jours. Je me mets en boule pour un oui pour un non, on s'engueule tout le temps. Le moindre stress me rend malade, toute précipitation m'est insupportable. Et, les moments de grosse déprime, je me dis qu'un bon shoot arrangerait si bien tout ça !

Après mon renvoi du CES, j'ai perdu toute confiance en ma réussite scolaire. Je n'ose même plus essayer. Une fois de plus je me sens sans volonté. J'ai été renvoyée sans pouvoir me défendre. Pourtant, ce directeur ne pouvait certainement pas savoir après trois semaines si je vais suivre ou pas. Je ne fais plus de projets d'avenir. Bon, je peux retourner dans une école polyvalente — il y en a une dans les environs, je n'aurai qu'à prendre le bus — et là je pourrai faire la preuve de ma matière grise. Mais j'ai trop peur de me planter. Trop peur d'un autre échec.

Je comprends peu à peu — il me faut un certain temps — ce que signifie la « descente en cours complémentaire ». Dans ce patelin il y a deux discos, des sortes de clubs de jeunes. L'un fréquenté presque uniquement par des lycéens et des élèves du CES, l'autre par des apprentis et des élèves du cours complémentaire. Au début, j'allais au Club des lycéens. Après mon renvoi du CES j'ai bientôt l'impression qu'on m'y regarde de travers. Alors je vais à l'autre.

C'est pour moi une expérience toute nouvelle. A Berlin, ce genre de ségrégation n'existe pas. Ni à l'école polyvalente ni, à plus forte raison, chez les toxicos. Ici elle commence à la cour de récréation, divisée en deux par une grande bande blanche qu'il est interdit de franchir. D'un côté les élèves du CES, de l'autre ceux du cours complémentaire. Si je veux causer avec mes anciens condisciples, nous devons nous tenir de part et d'autre de la bande blanche. On sépare soigneusement les jeunes à l'avenir prometteur de ceux qui sont déjà jetés au rebut — nous autres du cours complémentaire.

Telle est donc la société à laquelle on me demande de m'adapter. « S'adapter », c'est le terme favori de ma grand-mère. Ça ne l'empêche pas de me conseiller, après mon renvoi du CES, d'éviter les jeunes du cours complémentaire en dehors des heures de classe, et de me faire des amis parmi les lycéens et les collégiens. Je lui réponds : « Il faut que tu te fasses une raison, ta petite-fille est au cours complémentaire. Je m'adapte et je me ferai des amis au cours complémentaire. » Ça fait un de ces grabuges !

Ma première réaction avait été de me désintéresser complètement du travail scolaire. Mais je m'aperçois que le professeur principal est un type vachement bien.

Il a un certain âge, des idées complètement rétro — un vrai facho, quoi. J'ai même quelquefois l'impression qu'il n'est pas dénazifié à cent pour cent. Mais il a de l'autorité, il sait se faire respecter sans gueuler. Quand il entre dans la classe tout le monde se lève. Spontanément. Il est bien le seul pour qui on fait ça. Il n'a jamais l'air stressé et s'occupe individuellement de chacun de nous. De moi aussi. Beaucoup de nos jeunes profs sont sûrement super idéalistes, seulement ils sont dépassés par leur boulot. Pour des tas de trucs ils ne sont pas plus avancés que nous, les élèves. Quelquefois ils laissent complètement courir puis, voyant que c'est le bordel total, ils poussent une gueulante. Surtout, ils n'ont pas de réponses claires aux problèmes qui nous préoccupent. Ils sortent toujours des « Si » et des « Mais » — ils sont tout aussi déboussolés que nous.

Notre professeur principal ne nous laisse aucune illusion sur l'avenir qui attend de nos jours les élèves d'un cours complémentaire. Il ne dissimule pas que ça sera vachement dur. Mais d'après lui on pourra, avec un peu d'application, être plus forts que les lycéens dans un certain nombre de matières. Par exemple en orthographe — aujourd'hui les bacheliers ne connaissent plus l'orthographe. Le fait de savoir rédiger correctement et sans fautes une demande d'emploi nous donnera donc un atout supplémentaire. Il essaie de nous apprendre la manière de se comporter avec les gens qui se croient des êtres supérieurs. Et il a toujours quelque maxime à citer. Généralement du siècle dernier. On peut en rire — d'ailleurs la plupart des élèves ne s'en privent pas — mais moi je trouve qu'elle contient chaque fois un petit grain de vérité. Je ne partage pas toujours, loin de là, les opinions de ce professeur. Mais ce qui me plaît en lui, c'est qu'il a l'air de savoir encore distinguer le blanc du noir.

La grande majorité des élèves ne l'aiment pas beaucoup. Ils le trouvent trop exigeant, ça les énerve de l'entendre tout le temps faire la morale. De toute façon, la plupart de mes camarades ne s'intéressent à rien. Quelques-uns se donnent un peu de mal pour avoir un bon livret scolaire dans l'espoir que ça leur permettra de décrocher un boulot, même en sortant d'un cours complémentaire. Ils font sagement leurs devoirs — exactement ce qui est demandé. Lire un vrai livre, s'intéresser à autre chose que le programme, ça ne leur vient pas à l'idée. Quand d'aventure le professeur principal ou un des jeunes profs essaie de lancer une discussion, il n'obtient que des ricanements stupides. Ceux de ma classe n'ont pas plus de projets d'avenir que moi : d'ailleurs, comment un élève de cours complémentaire pourrait-il faire des projets ? S'il a la chance de trouver une place d'apprenti il sera bien obligé de la prendre, que le boulot lui plaise ou non.

Beaucoup, en réalité, se fichent complètement de ce qu'ils feront plus tard. Leur raisonnement est celui-ci : de toute façon, personne ne meurt de faim dans ce pays. On n'a aucune chance de réussir dans la vie quand on sort d'un cours complémentaire, donc pourquoi s'en faire ? Quelques-uns de ces types sont de futurs gangsters — ça se voit déjà —, d'autres ont déjà commencé à boire. Quant aux filles, elles ne se cassent pas la tête :

un jour ou l'autre, elles trouveront un type pour pourvoir à leurs besoins. En attendant on peut toujours être vendeuse, ouvrière d'usine — au besoin en travaillant à la chaîne —, ou encore traîner à la maison.

Tout le monde n'est pas comme ça, mais telle est bien l'ambiance générale de cette école. Pas d'illusions, et surtout pas d'idéal. Je suis démoralisée : ce n'est pas ainsi que j'imaginais ma vie d'après-la-drogue.

Je me suis souvent demandé pourquoi les jeunes sont si mal dans leur peau. Plus rien ne leur fait plaisir. Une mob à seize ans, une bagnole à dix-huit, ça va pratiquement de soi. Et quand on ne l'a pas on se sent minable. Moi aussi, dans tous mes rêves, je me vois avec un appart et une voiture, c'est évident. Se crever comme ma mère pour un logement ou un salon neuf, c'est débile. C'était bon pour nos parents, avec leurs théories dépassées. Pour moi — et je crois pour beaucoup de ceux de ma génération — ces quelques trucs matériels, ce petit peu de confort, c'est le « minimum vital ». Il nous faut quelque chose en plus. Ce qui donne un sens à la vie. Et ça on ne le voit nulle part. Mais un certain nombre de jeunes — dont je suis — sont toujours à la recherche de ce qui pourrait donner un sens à leur vie.

Quand on a discuté en classe du national-socialisme, j'ai éprouvé des sentiments très ambivalents. D'un côté, j'étais profondément écœurée par toutes ces atrocités — penser que des êtres humains sont capables de ça ! Mais de l'autre, je me disais qu'autrefois il existait encore des choses auxquelles les gens croyaient. Un jour, j'ai même sorti en plein cours : « A un certain point de vue, j'aurais bien aimé vivre à la période nazie. Au moins les jeunes savaient où ils en étaient, ils avaient des idéaux. Mieux vaut je crois, pour un jeune, se tromper d'idéal que de ne pas en avoir du tout. » Je ne parlais pas tout à fait sérieusement. Mais il y a un peu de ça.

Même dans notre campagne, les jeunes se lancent déjà dans toutes sortes de trips [1], tant ils sont insatisfaits de l'image de la vie offerte par les adultes. Notre petit village n'est plus épargné par la violence : on cogne au lieu d'encaisser. Le mouvement punk (arrivé avec deux ans de retard sur Berlin) a fait quelques adeptes des deux sexes. Ça m'a toujours effrayée de voir des gens, pas du tout tarés par ailleurs, considérer le punk comme un trip extra, alors que c'est seulement de la brutalité toute pure. Même leur musique manque complètement d'invention, ça n'est que du boumboum.

J'ai un copain qui est devenu punk. Jusqu'au jour où il s'est mis à se balader avec une épingle à nourrice dans la joue et un casse-tête dans la poche, c'était vraiment un type avec qui on pouvait causer. Et puis un jour, grosse bagarre au bistrot du village : ils lui ont brisé deux chaises sur la tête, et il a reçu un coup de

1. « Le sens actuel de trip tend à beaucoup s'élargir et à désigner l'ensemble des activités ou des sentiments du sujet. Par ex. : "être sur un trip parano", "mon trip c'est le zen". » *Qui sont les drogués*, par le Dr Bensoussan, cité par Dico Didro. (*N.d.T.*)

bouteille cassée dans le ventre. A l'hôpital, ils l'ont sauvé de justesse.

Le plus pénible, pour moi, c'est la rudesse des relations entre garçons et filles. On nous raconte des tas de salades sur l'émancipation et la libération des femmes. Pour ma part, je croirais volontiers que jamais les garçons n'ont traité les filles avec autant de brutalité. On dirait que toute leur grossièreté ressort. Assoiffés de pouvoir et de succès, ils vont les chercher auprès des bonnes femmes, faute de pouvoir les obtenir ailleurs.

La plupart des mecs fréquentant les discos de mon patelin m'inspirent une véritable horreur. Peut-être parce que j'ai l'air un peu différente des autres, ils sont tout le temps après moi. Ces sifflets, ces « Alors ma vieille, on va faire un tour ? », me débectent encore plus que le manège des clients Kurfürstenstrasse. Eux au moins, même quand ils vous font signe au volant de leur voiture, vous octroient encore un sourire. Mais ces caïds de village ne se donnent même pas cette peine. Je crois bien que la plupart des michetons se sont montrés plus gentils, et même plus tendres avec moi, que ces petits mecs envers leurs nanas. Ils veulent baiser sans un mot ou un geste aimable, sans la moindre manifestation de tendresse — et, bien entendu, il ne leur viendrait même pas à l'idée de payer pour ça.

Ça me dégoûte tellement que je ne supporte plus qu'un garçon me touche. Toutes ces histoires de drague me paraissent parfaitement dégueulasses. Pourquoi un garçon s'arroge-t-il automatiquement le droit, au plus tard la deuxième fois où il sort avec une fille, de se mettre à la peloter ? Et la fille se laisse faire, même si elle n'en a aucune envie. Tout simplement, c'est la règle du jeu. Et elle a bien trop peur, si elle refuse, que le type la plaque et raconte à tous ses copains : c'est une petite bêcheuse frigide.

Moi je ne me laisse pas faire. Même quand j'aime beaucoup un garçon et que j'ai envie de sortir avec lui, je commence par mettre les choses au point : « N'essaie pas de me toucher. S'il doit y avoir quelque chose entre nous, c'est moi qui prendrai l'initiative. » Mais depuis six mois que j'ai quitté Berlin, je ne l'ai jamais fait. Et j'ai toujours rompu quand le garçon voulait coucher avec moi.

Ça aussi, bien sûr, ça fait partie de la facture à payer pour mon passé. J'avais beau me figurer la prostitution comme un effet secondaire, inévitable, de la toxicomanie, n'ayant rien à faire avec mon véritable moi, ça a tout de même affecté ma relation avec les garçons. J'ai souvent l'impression, à voir le comportement des mecs, qu'ils veulent m'exploiter encore une fois.

J'essaie de faire profiter les filles de ma classe de mon expérience des hommes. Sans pouvoir leur dire exactement comment je l'ai acquise. Mais mon message n'a jamais été vraiment entendu. Certes je suis devenue, dans ma classe, une espèce de « Madame Courrier du Cœur » à qui on vient raconter tous ses problèmes avec les garçons et demander conseil — elles l'ont bien senti, j'ai plus d'expérience —, mais je n'ai pas pu leur faire comprendre ce que je voulais vraiment dire.

La plupart de ces filles ne vivent que pour les garçons et acceptent passivement la cruauté, l'insensibilité de leurs relations avec eux. Si un type plaque sa nana et s'en va avec une autre fille, elles ne critiquent pas le type mais sa nouvelle petite amie. C'est elle la pute, la salope, la je ne sais quoi. Et, souvent, les mecs les plus brutaux sont les plus admirés.

Tout ça, je ne l'ai vraiment compris que pendant le voyage de notre classe dans le Palatinat. Nous étions logés tout près d'une discothèque, et la plupart des filles ont voulu y aller dès le premier soir. A leur retour, elles ne parlaient que de mecs canons avec des machines terribles — c'est-à-dire les motards. Les motards, pour elles, c'étaient des dieux.

Je suis allée jeter un coup d'œil à cette fameuse disco. Ce qui s'y passe, c'est pas compliqué : les types des environs viennent là — avec leur mob, leur moto ou leur bagnole — draguer les filles en excursion scolaire.

Je m'efforce donc de faire comprendre aux filles de ma classe que ces mecs ne cherchent qu'à les exploiter. Peine perdue. Une heure au moins avant l'ouverture de la disco, voilà les nénettes en position devant le miroir à se maquiller et à se tortiller les cheveux. Après quoi elles n'osent plus faire un mouvement, de peur de déranger leur belle coiffure.

Devant ce miroir, elles abandonnent toute personnalité. Elles ne sont plus que leur propre masque, chargé de plaire aux chevaucheurs de gros cubes. Ça me rend dingue de voir ça. Moi aussi, il n'y a pas si longtemps, je me maquillais et me déguisais pour plaire à des mecs : d'abord aux fumeurs de hasch, ensuite aux fixers. Moi aussi je me suis dépouillée de ma personnalité — pour n'être plus que « la toxico ».

Pendant tout le voyage, il n'a plus été question que de ces dragueurs minables. Pourtant la plupart des filles avaient un jules à la maison. Elke, qui partageait ma chambre, a même passé toute la première soirée à écrire au sien. Le lendemain, elle est allée à la disco et en est revenue toute déprimée. Elle m'a raconté qu'un type l'avait pelotée. A mon avis, c'était juste pour montrer aux autres qu'un de ces mecs terribles s'était intéressé à elle. Bourrée de remords, elle pleurait comme une Madeleine, mais s'imaginait en pincer pour le motard — son jules n'a pas encore de moto. Le soir suivant, elle est rentrée au trente-sixième dessous et a chialé toute la nuit. Ce mec avait demandé à une autre fille de la classe, en la désignant : « Dis-moi, est-ce que cette nana-là est baisable ? » Pour une autre fille, Rosie, ça a tourné à la catastrophe. Un prof l'a surprise en train de se faire baiser dans une voiture. La malheureuse était complètement bourrée, le type lui avait fait boire des Coca-rhum à la chaîne.

Rosie était vierge. Et maintenant, bien sûr, en pleine déprime. Les autres filles ont convoqué une assemblée générale pour décider de la sanction à prendre : son renvoi à la maison a été demandé à l'unanimité. Sans songer un seul instant à blâmer le type qui l'avait fait boire puis plus ou moins violée. J'ai été la seule à voter contre. Tout ce qu'elles ont vu, c'est qu'à cause de cette histoire nos profs ont décrété une interdiction générale de disco.

Ça me dégoûte, ce manque total de solidarité entre

les filles. Dès qu'il est question des garçons, tous les liens d'amitié sont oubliés. Exactement comme entre Babsi, Stella et moi quand il était question d'héroïne.

Bien que je ne sois pas directement concernée, cette histoire me laisse un mauvais goût dans la bouche. Les deux derniers jours du voyage, je fais une sale rechute. Je ne dessoûle pas jusqu'à notre retour.

Malgré tout, je suis décidée à m'arranger du monde tel qu'il est. Je ne pense plus à me tirer. Je le sais très bien, ça signifierait chercher de nouveau refuge dans la drogue. Ce qui, je le conçois de plus en plus clairement, n'est pas une solution. Je me dis qu'il doit bien y avoir un moyen terme entre fuir cette société pourrie et s'y adapter totalement.

J'ai trouvé un appui : un ami. Il m'a apporté une grande sérénité.

Avec lui on peut parler. Mais il sait toujours remettre les choses en place. Capable de rêver, mais aussi de trouver en toute circonstance une solution pratique. Il pense lui aussi que quelque chose est pourri. Mais il estime qu'en se donnant du mal on peut réussir un jour à se racheter, pour ainsi dire, à cette société. Il veut se lancer dans le commerce, faire plein de fric. Après, il s'achètera une cabane en rondins au Canada, en pleine forêt, et c'est là qu'il vivra. Detlev aussi rêvait du Canada.

Mon ami est lycéen et m'a donné le goût des études. Je me suis aperçue que même le cours complémentaire pouvait m'apporter quelque chose, à condition de travailler par moi-même et pas seulement pour le carnet de notes. Je me suis mise à lire énormément. Un peu n'importe quoi. Le Werther de Goethe et celui de l'écrivain est-allemand Plenzdorf, les livres d'Hermann Hesse, et surtout ceux d'Erich Fromm. Son livre *L'Art d'aimer* est devenu ma Bible. J'en ai appris des pages entières par cœur, à force de les relire. J'en ai aussi copié des passages pour les accrocher au-dessus de mon lit. Ce Fromm est un type cool, un esprit extraordinairement pénétrant. Si on appliquait ses idées, la vie devrait avoir un sens. On tiendrait le coup. Mais c'est terriblement difficile d'observer ces règles de vie car les autres ne les connaissent pas. J'aimerais bien demander à Erich Fromm comment il fait pour vivre selon ses principes dans le monde qui est le nôtre. Moi, en tout cas, je constate que, quand on veut s'en servir pour affronter la réalité, ça ne marche pas toujours.

Quoi qu'il en soit, ce livre devrait être une lecture obligatoire dans toutes les écoles. A mon avis. Mais je n'ose même pas en parler en classe, les autres risqueraient encore de se payer ma tête, avec des ricanements débiles. Une fois, je l'ai ouvert pendant un cours. Je pensais y trouver une réponse au problème qu'on venait de soulever. Le prof a regardé le titre du bouquin et me l'a immédiatement confisqué. Quand je suis allée le réclamer après le cours, il a refusé de me le rendre en disant : « Ah, mademoiselle lit des ouvrages pornos pendant les heures de classe ! » Authentique. Le nom de Fromm ne lui disait rien, et avec ce titre, *L'Art d'aimer,* il ne pouvait s'agir que de pornographie. Forcément. La petite pute toxico a apporté de la littérature porno en classe pour corrompre les élèves.

Le lendemain, il m'a rapporté le livre en en disant le plus grand bien. Néanmoins, mieux valait ne pas l'apporter à l'école parce que le titre prête à confusion.

J'ai eu des ennuis beaucoup plus graves. Avec le directeur. C'est un type qui manque de confiance en lui. Encore un frustré. Malgré ses fonctions, il n'a aucune autorité. Alors il essaie de compenser en nous menant à la baguette. Quand on a cours en première heure avec lui, il nous fait chanter et faire de la gym. Pour nous mettre en train, à ce qu'il prétend. Le seul moyen d'avoir une bonne note avec lui, c'est de répéter exactement ce qu'il a dit.

On l'a aussi comme prof de musique. Un jour, il a voulu nous faire plaisir et nous parler de la musique qui nous intéresse. Il ne cessait de mentionner « le jazz d'aujourd'hui ». Je ne comprenais vraiment pas ce qu'il entendait par là. Peut-être la musique pop ? J'ai demandé : « Que voulez-vous dire par "jazz d'aujourd'hui ?" Le pop et le rock sont très différents du jazz. » Peut-être avais-je eu encore une fois un ton irrespectueux ? En tout cas, je n'avais pas réfléchi aux conséquences de mes paroles. Le directeur s'est mis dans une colère épouvantable et m'a renvoyée de la classe, en hurlant comme un possédé.

Avant de refermer la porte, j'ai tout de même tenté de m'excuser : « Je crains que nous ne nous soyons mal compris. » Alors il m'a rappelée. Mais je ne voulais pas perdre complètement la face, et j'ai passé le reste de l'heure de cours dans le couloir. Je n'ai tout de même pas perdu tout contrôle de moi-même : je n'ai pas fichu le camp.

En fin de matinée, convocation au bureau du directeur. Il a un dossier à la main. Le mien bien sûr. Il le feuillette, fait semblant de lire. Puis me dit qu'ici on n'est pas à Berlin. Il m'a accordé l'hospitalité dans son école, et je suis priée de me conduire en conséquence. Étant donné les circonstances, il est en droit de me renvoyer du jour au lendemain.

Pour le coup, j'ai complètement perdu les pédales. Je ne voulais plus retourner à l'école. J'étais incapable de faire face. C'était trop pour moi, moi que des incidents bien moins graves suffisent à déboussoler.

Je rentre dans ma coquille. Avant — et en partie sous l'influence de mon ami — je m'étais promis de bien travailler pour tenter, malgré les difficultés que ça représente quand on sort d'un cours complémentaire, de repasser dans le cycle long et de préparer mon bac. Il n'en est plus question. Je sais que je n'y arriverai jamais. Il faudrait passer des examens psychologiques, obtenir une autorisation spéciale de l'inspecteur d'Académie, etc. Or je sais bien que mon dossier me précédera partout.

Il me reste mon ami, ce garçon si raisonnable. Et puis, petit à petit, je noue des relations avec d'autres jeunes du village. Des gens très différents de moi, mais très sympas. Dans l'ensemble, ils sont mieux dans leur peau que les jeunes de la petite ville voisine. Ils forment une vraie communauté. Ils ont même créé leur propre club. Un club sans dragueurs. Il y règne encore un certain ordre, tout à fait à l'ancienne mode. Bon, de temps en temps les garçons boivent un coup de trop.

La plupart de ces garçons et filles m'ont acceptée, bien que je sois très différente d'eux.

J'ai même cru, un certain temps, que je pourrais devenir comme eux ou comme mon copain. Mais ça n'a pas duré. J'ai rompu avec le gars quand — au bout de pas mal de temps — il a voulu coucher avec moi. Je ne peux pas. Je ne peux pas coucher avec un autre que Detlev. Ce n'est même pas pensable. Je l'aime toujours. Je pense beaucoup à lui, même si je m'efforce de ne pas le faire. Je lui écris quelquefois, à l'adresse de Rolf. Mais je suis assez raisonnable pour ne jamais envoyer la lettre.

J'ai appris qu'il est de nouveau en prison. Stella aussi.

J'ai rencontré quelques jeunes des environs vers lesquels je me sens particulièrement attirée. Je peux leur parler plus librement de mes problèmes. Auprès d'eux, je me sens considérée, je n'ai pas peur qu'ils découvrent mon passé. Ils ont à peu près les mêmes idées que moi sur le monde. Inutile de jouer un rôle, de « s'adapter » : nous sommes sur la même longueur d'onde. Cependant, au début, j'ai essayé de garder mes distances. Parce que tous, plus ou moins, ils tâtent de la drogue.

Ma mère, ma tante et moi, nous avons cru toutes les trois que, par ici, la drogue est inconnue. En tout cas les drogues dures. Quand la presse parle de l'héroïne, ça se passe toujours à Berlin, à la rigueur à Francfort. J'étais d'ailleurs convaincue d'être la seule ex-toxico à cent lieues à la ronde.

Le premier voyage-shopping avec ma tante m'a

détrompée. C'était début 1978. Nous sommes allées faire des achats à Norderstedt, une ville nouvelle, une sorte de cité-dortoir, dans la banlieue de Hambourg. Comme toujours, je remarque d'abord les types avec l'air un peu ailleurs. Je me demande : « Ils fument, ils se piquent, ou ils sont tout simplement étudiants ? » Nous entrons dans un snack. Un groupe de métèques occupe une table. Deux d'entre eux se lèvent brusquement, vont s'asseoir à une autre table. Je ne sais pas pourquoi, mais je sens tout de suite du trafic d'héroïne dans l'air. Je dis à ma tante que je veux quitter ce bistrot, sans lui expliquer pourquoi.

Cent mètres plus loin, devant une boutique de jeans, on atterrit en pleine Scène. Je repère immédiatement les fixers. Et je m'imagine que, eux, me reconnaissent, ils ont reconnu la toxico. Je panique. J'attrape ma tante par le bras, je lui dis qu'il faut partir d'ici tout de suite. Elle se doute de quelque chose, essaie de me calmer : « Tu n'as plus rien à voir avec ça. » Je lui dis : « Je ne suis pas encore capable d'affronter ça. »

A peine à la maison, je me change et je me démaquille. Je n'ai plus jamais remis depuis mes bottes à talons aiguille. De ce jour, j'essaie de ressembler — physiquement du moins — aux filles de ma classe.

Mais, au club, je me trouve de plus en plus souvent en compagnie de gens qui fument du hasch et qui trippent. Une fois, j'ai fumé un joint ; une autre fois, j'ai trouvé un prétexte pour refuser.

Et puis je suis entrée dans une bande formidable. Des jeunes de villages voisins, presque tous des apprentis, et qui en ont vachement dans le citron. Des gens qui réfléchissent et se posent des questions. Quand je discute avec eux, ça m'apporte quelque chose. Et, surtout, ils ne sont ni brutaux ni agressifs. Il y a une ambiance très paisible dans cette bande.

Un jour, je pose une question idiote : pourquoi toujours ce besoin de planer un peu ? Ils me répondent : c'est évident, il faut bien se déconnecter de toute la merde de la journée.

Ils sont tous vachement frustrés dans leur boulot. Sauf un : il est syndicaliste et chargé, dans son entreprise, des problèmes des jeunes travailleurs. Lui trouve un sens à ce qu'il fait toute la journée. A son avis, on peut changer la société. Le soir, les trois quarts du temps, il n'a même pas besoin d'un joint pour se sentir bien. Il se contente de savourer quelques gorgées de vin rouge.

Les autres sortent toujours frustrés et agressifs de leur travail, qui leur paraît totalement dénué de sens. Ils parlent tout le temps de le plaquer. Quand on se retrouve, il y en a toujours un pour raconter ses démêlés avec le maître d'apprentissage ou un autre pépin. Les autres lui disent alors : « On ne pense plus au boulot. » On fait circuler un joint, et la soirée commence pour de bon.

D'un côté, j'ai plus de chance qu'eux : mon travail scolaire me plaît quelquefois. De l'autre, nous sommes dans le même bateau ; moi non plus je ne sais pas à quoi ça va me servir. A quoi bon tout ce stress ? J'ai compris maintenant que je ne pourrai passer ni mon bac, ni même avec un excellent certificat de fin de scolarité, une ancienne droguée n'a guère de chance de trouver un job intéressant.

Mon certificat de fin de scolarité est en effet excellent. Mais pas de possibilité d'apprentissage. On me file un emploi temporaire, en vertu d'une loi destinée à empêcher les jeunes chômeurs de traîner dans la rue. Il y a presque un an que je ne me pique plus. Mais je sais, bien entendu, qu'il faut plusieurs années avant d'être vraiment désintoxiqué. Pour le moment, ça ne me pose pas de gros problèmes.

Le soir, quand nous nous retrouvons, tous les gars et les filles de la bande, autour d'une pipe de hasch et d'une bouteille de vin rouge, les problèmes quotidiens sont oubliés. Nous parlons des livres que nous venons de lire. Nous nous intéressons à la magie noire, à la parapsychologie et au bouddhisme. Nous sommes à la recherche de gens branchés sur un bon trip, dans l'espoir qu'ils nous apprendront quelque chose. Parce que nous, on a été sur des trips plutôt moches. Une des filles de la bande, une élève infirmière, a apporté des petites pilules. Pendant un certain temps, je marche à nouveau au Valium. Je ne touche pas au LSD, j'ai trop peur de faire un mauvais voyage. Les autres, ça leur réussit assez bien dans l'ensemble.

Dans notre petite ville, on ne voit pas de gens défoncés aux drogues dures. Si quelqu'un en prend, il va flipper à Hambourg. Il n'y a pas non plus de revendeur d'héroïne, de sorte qu'on ne s'y met pas aussi facilement qu'à Berlin, Hambourg, ou même Nordersted.

Mais, si on en veut vraiment, pas difficile de s'en procurer. Des types ont des contacts. Quelquefois même, des revendeurs passent dans le coin avec tout un assortiment. Il suffit de demander quelque chose pour planer, ils répondent : « Qu'est-ce que tu veux ? Valium, Valeron, hasch, LSD, coco, héroïne ? »

Dans notre bande, tout le monde pense être capable de se contrôler, ne pas risquer de s'accrocher à la drogue. En tout cas, la situation est différente sur bien des points de ce qu'elle était il y a trois ou quatre ans à la cité Gropius.

Si la drogue nous apporte également une certaine liberté, elle n'est pas du tout du même genre. Nous n'avons pas besoin du Sound, de musique assourdissante. Le scintillement des enseignes lumineuses du Kurfürstendamm n'a aucun charme à nos yeux. Tous autant que nous sommes, nous haïssons la ville. Notre trip à nous c'est la nature. Tous les week-ends, nous partons à l'aventure à travers le Schleswig-Holstein. Nous laissons la voiture quelque part, et nous continuons à pied jusqu'à ce qu'on trouve un endroit super cool. On se balade souvent dans les marais — là, on est sûrs de ne rencontrer personne.

Mais le plus fantastique, c'est notre carrière de gypse. Un trou gigantesque en pleine campagne. Presque un kilomètre de long sur deux cents mètres de large et près de cent mètres de profondeur. Des parois verticales. En bas, tout au fond, il fait très doux, il n'y a pas de vent. Et il pousse des plantes que nous n'avons vues nulle part ailleurs. Cette vallée des merveilles est sillonnée de ruisseaux cristallins, des cascades jaillissent de la muraille. L'eau teinte de brun rouille la roche blanche. Le sol est jonché de morceaux de pierre blanche ressemblant à des ossements d'animaux préhistoriques, à moins que ce ne soit vraiment des ossements de mammouth. Les excavatrices géantes et les tapis roulants qui font toute la semaine un vacarme infernal semblent, le dimanche, immobiles et silencieux depuis des siècles. Le gypse les a eux aussi habillés de blanc.

Nous sommes absolument seuls. Séparés du monde extérieur par d'abruptes murailles blanches. Aucun son ne nous en parvient. Nous n'entendons d'autre bruit que celui des cascades.

Nous avons décidé d'acheter la carrière le jour où elle ne sera plus en exploitation. Nous nous installerons au fond. Nous y construirons des cabanes, nous planterons un immense jardin, nous élèverons des animaux. Et nous dynamiterons l'unique chemin menant à la surface.

De toute façon, nous n'avons aucune envie de retourner là-haut.

Note

Nous avons rencontré Christiane F., alors âgée de quinze ans, au début de l'année 1978, dans un tribunal à Berlin où elle déposait en qualité de témoin. Nous lui avons demandé une interview, dans le cadre d'une enquête sur les problèmes de la jeunesse. Nous avions prévu deux heures pour cet entretien. Elles sont devenues deux mois, tandis que, d'enquêteurs, nous étions transformés en auditeurs passionnés — et profondément émus. Ce livre est né de l'enregistrement du récit de Christiane. Son histoire nous en apprend plus, à notre avis, sur la situation d'une grande partie de la jeunesse que le rapport le plus documenté. Christiane F. a voulu que ce livre voie le jour parce que, comme presque tous les drogués, elle souhaite rompre le silence embarrassé qui plane sur le problème de la toxicomanie chez les adolescents. Tous les survivants de sa bande, ainsi que les parents, ont soutenu notre projet, et accepté, afin d'en souligner le caractère documentaire, de publier des noms et des photos. Par égard pour les familles, nous n'avons cité que les prénoms. Nous avons joint au récit de Christiane des déclarations et des textes de sa mère et d'autres personnes qui se sont occupées d'elle, afin de compléter l'analyse par un autre éclairage.

Kai Hermann, Horst Rieck.

KAI HERMANN, né en 1938, est journaliste indépendant après avoir collaboré à *Die Zeit, Der Spiegel, Twen* et au *Stern.* Il a publié plusieurs ouvrages, notamment : *La Révolte des étudiants* et *Intervention décisive à Mogadiscio.* Il est lauréat du prix Theodor-Wolff, et titulaire de la médaille Carl-v-Ossietzky. Il vit actuellement à Landsatz, Kreis Lüchow-Dannenberg.

HORSTRIECK, né en 1941, journaliste indépendant, vit à Berlin. Il a collaboré notamment au *Stern* et à *Die Zeit*, où il s'est consacré plus particulièrement aux problèmes de la jeunesse.

Le professeur HORST-EBERHARD RICHTER, docteur en médecine et en philosophie, né en 1923, a occupé de 1952 à 1962 les fonctions de médecin-chef au « Centre de consultation et de recherches pour les troubles psychologiques de l'enfance », à Berlin. Depuis 1962, il est directeur de la Clinique universitaire pour les maladies psychosomatiques de Giessen. Il a publié notamment *Psychanalyse de la famille, Parents, enfants et névrose, le Groupe* (Mercure de France).

Cet ouvrage a été réalisé par

FIRMIN DIDOT

GROUPE CPI

Mesnil-sur-l'Estrée

pour le compte de France Loisirs
en novembre 2001

Imprimé en France
Dépôt légal : décembre 2001
N° d'édition : 36035 - N° d'impression : 57621